U1021565

职业操盘手——骑马13招

徐子城　著

中国财政经济出版社

图书在版编目（CIP）数据

职业操盘手——骑马13招/徐子城著．—北京：中国财政经济出版社，2011.10

ISBN 978-7-5095-3115-0

Ⅰ.①股… Ⅱ.①徐… Ⅲ.①股票交易-基本知识 Ⅳ.①F830.91

中国版本图书馆CIP数据核字（2011）第187620号

责任编辑：林治滨　　责任校对：徐艳丽

封面设计：厚积文化·朱江　　版式设计：董生平

中国财政经济出版社出版

URL：http：//www.cfeph.cn

E-mail：cfeph@cfeph.cn

（版权所有　翻印必究）

社址：北京市海淀区阜成路甲28号　邮政编码：100142

营销中心电话：88190406　北京财经书店电话：64033436　84041336

三河市金元印装有限公司印刷　各地新华书店经销

710×1000毫米　16开　20.25印张　268 000字

2012年2月第1版　2012年2月河北第1次印刷

印数：1—5 000　定价：48.00元

ISBN 978-7-5095-3115-0/F·2638

（图书出现印装问题，本社负责调换）

本社质量投诉电话：010-88190744

作 者 简 介

徐子城：职业投资人，具有丰富的实盘经验，指导过众多的证券从业人员及机构操盘手，熟悉庄家操作手法，注重盘面量价结构，认为股价的运动是有灵魂、有生命，又与智慧高度结合的盘面艺术，以捕捉黑马股及大牛股而见长。著有《股市天元》、《盘口点金》系列丛书。其中《量价精要》、《王者之略》、《黑马盘口》、《鸟瞰庄家》等著作被一些证券机构、投资公司选作在岗从业人员或操盘手的培训教材。

作者作品：

《股市天元——骑马 13 招》，中国财政经济出版社 2005 年 5 月版，定价：24 元；

《股市天元——准确捕捉黑马股》，地震出版社 2006 年 8 月版，定价：48 元；

《股市天元——量价精要》，中国财政经济出版社 2007 年 6 月版，定价：46 元；

《股市天元——黑马盘口》，中国财政经济出版社 2007 年 6 月版，定价：46 元；

《股市天元——王者之略》，中国财政经济出版社 2007 年 6 月版，定价：46 元；

《股市天元——鸟瞰庄家》，中国财政经济出版社 2008 年 2

月版，定价：58元；

《股市天元——K线精华》，中国财政经济出版社2008年2月版，定价：46元；

《股市天元——熊市技术》，中国财政经济出版社2008年4月版，定价：46元；

《盘口点金——在变幻中玩转黑马股》，上海财经大学出版社2009年4月版，定价：20元；

《量价实战新典》，机械工业出版社2009年6月版，定价：38元；

《牛股命门》，机械工业出版社2009年6月版，定价：38元；

《庄家那点事》，机械工业出版社2009年6月版，定价：38元；

《盘口点金（二）——爆炸成交量擒黑马》，上海财经大学出版社2010年4月版，定价：30元；

《炒股就7招》，上海财经大学出版社2011年1月版，定价：30元。

前　言

如果您是一位老股民的话，一定听说过一本叫做《股市天元——骑马 13 招》的股市技术书籍，但在市面上早已售罄。它是我于 2005 年所出版的，受当时各方面条件所限，以至于该书在编写过程中给我留下了两点遗憾：一是书名虽取作“十三招”，但实际上只收录了不完整的六招；二是受本人当时对股市的认知与理解所限，导致书中各招内容都不够完善、精准，更没有在其中建立一套完整的交易系统。

即便如此，该书也得到了众多读者的认可与肯定。虽然它已出版多年，但是我仍然不断地收到各方股民来信，询问该书的修订再版事宜，并提出了许多宝贵意见，这也让我逐步萌发了重修此书的念头。我由此将改进后的全部招式、技巧以及选股理念毫无保留地展示给大家。

在本次的重修版本中，除了将我这些年对股市新的理解与认识揉入其中及增添新的内容之外，还通过几个重要选股理论帮您迅速提升看盘水平，解读股市行为，让您在较短的时间内建立起完整的、操作性极强的操盘系统。

最后，衷心的祝愿大家在未来的日子里，多选黑马，财源广进！

徐子城
2011.12

目　　录

导　论 1

第 1 招 3

建仓法门

第一节　金角、银边、草肚皮/ 7

第二节　组合建仓/ 38

第 2 招 51

汰弱留强

第一节　相对理论/ 52

第二节　平行理论/ 79

第 3 招 97

底部密码

第一节　银边与量带/ 100

第二节　草肚皮与量堆/ 104

第4招 119
铁索连船
第一节 增建仓组合/ 121
第二节 连环建仓/ 135

第5招 141
智破回档
第一节 回档坑的形成/ 143
第二节 回档坑的研判/ 145

第6招 159
巧使均线
第一节 强势翻转/ 160
第二节 三线托底/ 169
第三节 三线见腰/ 180

第7招 191
提压试盘
第一节 测定人气/ 192
第二节 左顾右盼/ 194

第8招 203
连环出击
第一节 强力启动/ 204
第二节 区别拉升/ 208

目　　录

第 9 招 219
突破验证
第一节　底部两强一准/ 220
第二节　腰部两强一准/ 230

第 10 招 237
小谢青发
第一节　传统均线/ 239
第二节　最强之音/ 241

第 11 招 251
一叶知秋
第一节　地上叶/ 253
第二节　天上叶/ 261
第三节　角中叶/ 267

第 12 招 275
影线发威
第一节　形单影孤/ 277
第二节　众志成城/ 284

第 13 招 295
顶部判断
第一节　两线交叉法/ 297
第二节　异常判断法/ 302

附　录 309
案例全程解析

后　记 314

导　论

股市是一个神奇的魔幻世界：有人在此一夜暴富，有人在此倾尽家财；股市是一个巨大的利益漩涡，扭转着无限的光明与无尽的黑暗，吸引着不同身份、不同年龄的投资者不断地涌入。当我们踏入这个门槛儿，开始这一金钱游戏之时，就注定要面对着无数的困难与诱惑，与自己的性格弱点和庄家的威逼利诱相斗争，并在涨涨跌跌的股价中不断周旋。在战胜重重困难之后，究竟能否获得最终的胜利，还取决于我们是否摸清了股市波动的根本原因。

股价涨跌的本质是什么？请您认真思考，这个问题十分重要，它直接关系到我们要想于股市中获利应该从何处入手。以前，我以为股价涨跌的本质是上市公司的基本面，但在实践中发现，有许许多多 ST 类股票及处于微利状态的垃圾股一旦发起飙来，比所谓的绩优股还猛，而某些形象颇好的绩优股竟然能在不断波动的股市中数年如一日地坚守价位，甚至是逐步走低，什么业绩、潜力、利好统统都只是个噱头而已。慢慢地我感觉到股价涨跌的本质是趋势，在大的上涨趋势下，所有股票是鸡犬升天；在大的下跌趋势中，所有股票又都统统跟着稀里哗啦地掉价，但是通过深入思考，趋势又从何而来呢？如果说股市趋势的形成与地球自转、公转之类的学说有关的话，那也太不靠谱了！因此，我认为股价涨跌的本质是利益，所有的人进入股市都是冲着利益而来，只要给股价腾出足够的运行空间，它便会在利益的驱使下不断地涨跌。当股价跌得过低或遇到重大利好之时，有实力、有远见的庄家们看到了获利的空间，就会蜂拥而至，在获利的同时也促成了牛市行情；相反，当股价涨得过高或遇到重大利空之时，赚得盆满钵丰的庄家们又开始不约而同的兑现利益，进而又促成了熊市行情。正如2000多年前太史公司马迁所说“天下熙熙，皆为利来；天下攘攘，皆为利往。”一个“利”字，毫不留情地道破了股价涨跌的本质。

既然我们已经摸清了股市（或股价）涨跌的本质是由实力庄家为追逐利益而促成的，那么，我们只要摸清庄家在股市里的脾气秉性就可以踏准股市节拍了。本书中我将通过股票的价格走势（K线）、成交量形态、均线配置和趋势倾向四项最基础的指标及13种不同的技术手段（或称13个步骤），向您系统的阐述庄家在各个不同阶段的行为特征，以达到让您在茫茫股海中不致迷失并轻松获利最终目的。

第 1 招

建仓法门

炒什么股——炒庄股！

炒股，炒的就是股票。不过我们将要向大家所介绍的选股方法可不是围绕那些在股市中表现平庸的个股所展开的，而是针对能在短时期内为我们带来巨大利润的庄股来定位的。

庄股的表层特点——资金实力雄厚！短时间内涨幅大！

说到庄股就要先从庄家谈起，庄家最大的特点就是资金实力雄厚，它们通常都坐拥十几亿元、数十亿元、甚至上百亿元、上千亿元的资金。股票和普通商品一样，在某段时期内的价格涨跌是由这段时期内的供求关系所决定的，所以手握重金的庄家是完全有能力操控股价走势的，而那些被庄家所操控的个股就叫做“庄股”。我们平时所说的黑马股、大牛股都是庄股，它们要是发起疯来股价可以在较短的时间内连翻数倍，甚至数十倍，我们如若能在其上涨之初买入此类股票，那可是相当的给力！

第 1 招

建仓法门

发现庄股的运动轨迹——建仓、拉升、出货；发现庄家利润 = 出货 - 建仓的差价。

接下来我们再来谈一谈庄家是怎样在股市中获利的。首先，庄家要在股价处于低迷时期内大量买进廉价筹码，主力的这一行为叫做“建仓”；接下来，庄家不会像我们买入股票后一样的呆在那里被动地等待股价上涨，而是会主动出击，利用手中的巨额资金有组织、有计划地将股价不断推高，主力的这一行为叫做“拉升”；最后，庄家会把在建仓时期所买入的廉价筹码于拉升后的高价位分批卖出，主力的这一行为叫做“出货”。从以上步骤中不难看出，庄家是通过在建仓与出货之间赚取差价来获得利润的。

生财之道，绝佳买点——在庄家建仓完毕时跟进，与股价一起飞。

既然我们已经锁定了庄股为操作对象并摸清了庄家的获利途径，那么要想捕获庄股的最好办法就是在庄家建仓时跟进，然后一路坐顺风车，等到拉升之后再随主力一同卖出即可。关键的问题是，我们该如何识破庄家建仓的伎俩呢？建仓是庄家在股市牟取暴利的第一步，也是最为至关重要的一步，找到了它就等于抓住了股价上涨的根源，就可以获得无尽的财富，所以本书的核心选股方法也将从这里讲起……

庄家建仓基本技巧——“金角”、“银边”、“草肚皮”。

庄家的建仓技巧可谓五花八门，但万变不离其宗，归纳起来不外乎“打压建仓”、“水平建仓”、“拉高建仓”三种形式。您听说过“金角、银边、草肚皮”吗？它是围棋术语。在下围棋开始阶段的布局占位中，靠近角落的位置要比靠近边缘的位置重要一些，而靠近边缘的位置又比靠近中间的位置（肚皮）重要一些，因此，这一开局理念被贴切地称之为“金角、银边、草肚皮”。这里我们借用“金角”、“银边”、“草肚皮”三个术语，来分别形容三种不同的建仓方式。具体来说，“金角”对应“打压建仓”，“银边”对应“水平建仓”，“草肚皮”对应“拉高建仓”。

是真金——就不怕烈火炼。

本书中我们所要介绍的都是一些经典的选股方法。所谓“经典的选股方法”是指那些经得起实践推敲、时间检验并且在历次行情中都屡试不爽的选股方法，而不是那些用过了几回就失灵、失效的选股方法。所以在本书中，我们于每一节里所选的案例，都争取让它横跨10年以上，并分布于历次行情之中。

第1招

建仓法门

第一节 金角、银边、草肚皮

（一）金　角

实战法则：如果我们发现某只位于底部区域的个股，从某天开始加速下跌，又在不久之后放量回升，于盘中形成一个“角”。我们就在该走势图中，以该股加速下跌的第一根K线为基点，画出一条水平直线，待股价由下向上突破该线并在该线上方缩量回落过程中受到该线支撑时买入该股。

打压建仓（金角）：庄家先吸纳少量的股票，然后借助行情或利空将股价在短时间内快速向下打压，最后再从低位不断地大规模向上收集筹码（如图1－1所示）。

我们以乐凯胶片（600135）为例，分析庄家于“打压建仓”过程中，在盘中所留下的痕迹（**提示：**观察与分析盘面时，应特别关注股价和成交量）：

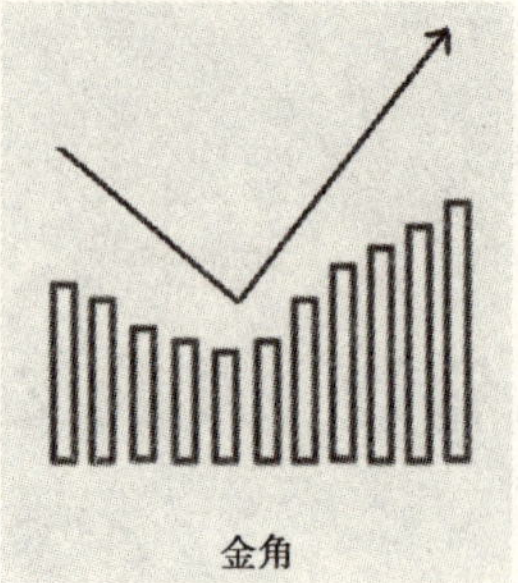

图1－1

➢ 第一步：A点到C点，快速向下打压。

该股于1999年4月8日开始加速下跌（如图1－2中A点所示），至4月22日于加速下跌后形成一根带有较长下影线的小阴线（如图1－2中B点所示），从A点到B点的这段加速下跌是庄家借助当时大盘走弱而有意打压所形成的。此后该股跌势减缓，转为小幅下行，这表明股价已跌无可跌。

➢ 第二步：C点到D点，从低位不断地大规模向上收集筹码。

缓跌至5月18日该股又开始放量上攻（如图1－2中C点所示），经过数天的上涨后，至5月27日其股价以一根大阳线顺利地突破了前期加速下滑点A点（如图1－2中D点所示），在从C点到D点的这段上攻过程中，其股价下方形成了一组巨大的“成交量堆”（如图1－2中所示），这是由庄家大量建仓所至。

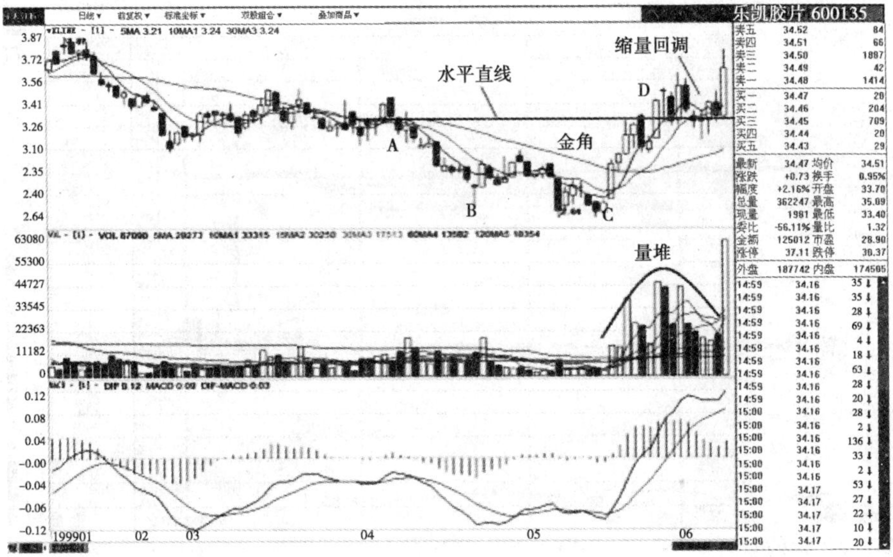

图 1－2

➢ **最终，股价大涨。**

其后，该股在 D 点上方只略微向下回落一下便止跌企稳，并以此为基础放巨量展开拉升行情（如图 1－3 中所示）。

从价量走势中——推导出“金角”形态。

由上例可知，主力在整个“打压建仓”过程中，会致使股价于盘中形成由上至下，再由下至上的一种快速折返局面，而股价走势的这种快速折返局面，又恰好在走势图中形成了一个“角”的形状，因此，我们也形象地把“打压建仓”称之为“金

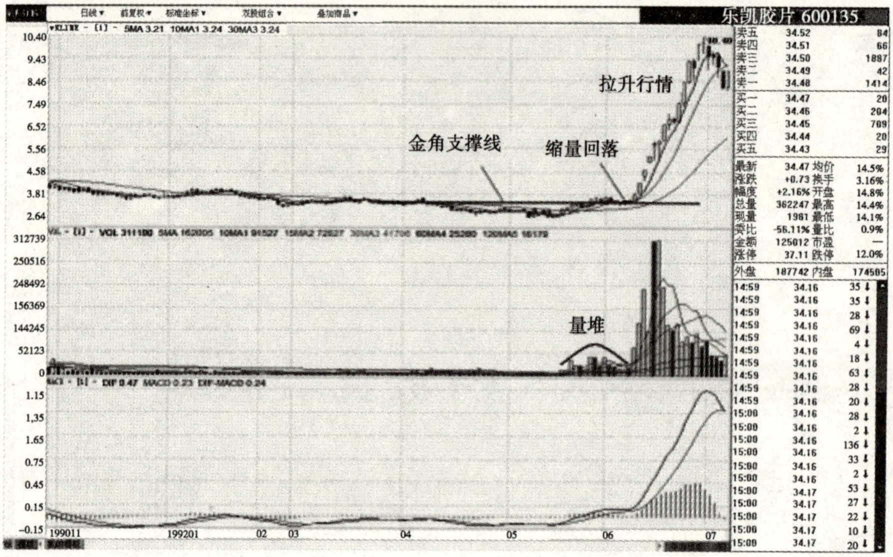

图 1－3

角”或“金角建仓”。注意，“金角”的后半边必须明显放量，这是庄家建仓的最好证明，也是整个图形中含金量最高的部分。

我们最关注的买点在哪里——“金角支撑线”。

一般来说，“金角”在形成之后会出现一个特有的买点。接下来我们分析寻找这个买点的主要技巧：

我们以“金角”在形成之初庄家快速向下打压股价的第一根K线为基点，在走势图中画出一条水平直线，不知道您发现了没有，乐凯胶片（600135）的股价在“金角”的后半部分，放量突破这条水平直线之后没升多高便又缩量回落到这条水平直线之上，并以此为支撑进行缩量整理，最终又在这里展开了主升行情（如图 1－2 中所示）。问题解决了，今后我们于实盘操作过程中再碰到“金角”的话，就可以如法炮制画出水平直线，于“金角”形成后股价突破并缩量回落至该线之上时买入。根据这条水平直线的实际特性，我们给它起个好听的名字叫“金角支撑线”。

“金角支撑线”的魅力何在——它关系到庄家的建仓成本！

股价为什么会在“金角支撑线”上获得支撑并最终展开拉升行情呢？这是因为“金角支撑线”是以庄家快速向下打压股价的第一根 K 线为基点所画成的，此后庄家会在该线以下的价位进行集中建仓，随着主力吸货强度的不断加大，股价最终会重新返回这条水平直线之上，待主力建仓完毕之后又开始打压震仓，在向下清洗浮筹过程中庄家绝不会轻易再让股价跌回到这条水平线之下，让您拥有和他相差无几的建仓成本，所以该线的支撑特性也就显现出来了。

曾有许多人问过我：“金角建仓”中主力快速向下打压股价的深度应以多少为宜？这一点要视当时市场的具体状况而定。通常，在强势的市场氛围下，庄家是很少使用“金角建仓”的，因为股市趋势太强的话，庄家于打压时所抛出去的筹码就很难再收得回来了，相反还服务了别人。

“金角建仓”的特点——优缺点参半。

在长时期的实践过程中我们发现，“金角建仓”是一种集优缺点于一身的建仓方式："先打压，后吸纳"会大幅的降低庄家的收集成本，这是它的优点，但是，由于其在形成过程中快速折返的动作过于仓促，又使得庄家不能够拥有充裕的建仓时间，这是其不足。

实盘案例一：

名称：五粮液　类别：金角建仓　时间：1999年

寻买点——画出"金角支撑线"。

五粮液（000858）的股价在1999年4月16日形成一根带有较长上影线的阳十字星（如图1－4中A点所示），并且十字星下方明显放量，这可能是由庄家在当日吸纳筹码所致，其目的在于日后向下打压股价之用。之后该股一路快速下跌，直到5月17日才见底企稳（如图1－4中B点所示），此时我们可以以A点为基点，于盘中画出"金角支撑线"（如图1－4所示）。随后该股放量上涨，并在上涨过程中形成7连阳，最终股价也成功的向上突破了"金角支撑线"（如图1－4中C点所示）。

纵观该股从加速下跌到加速上涨的整个过程，刚好于走势图中形成了"金角"，并且股价在"金角"后半边加速上涨形成7连阳的同时也于其下方形成了明显的"成交量堆"。以上几点完全符合"金角建仓"的要求。接下来我们只需耐心等待股价缩量回落并触及"金角支撑线"即可。其后该股从C点上方缩量向下回落，当股价在下跌惯性作用下略微跌破"金角支撑线"后，便马上止跌企稳，并逐步展开放量上攻之势，我们可在此处买入（如图1－4所示）。

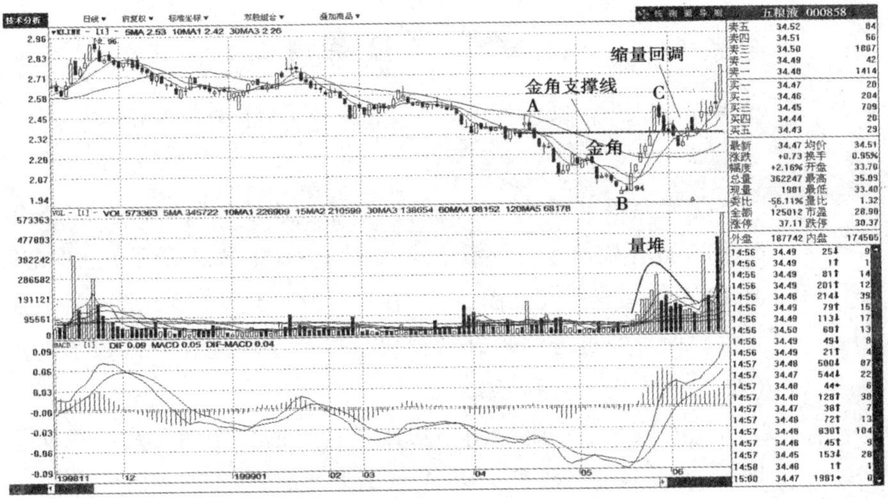

图1-4

最终，该股涨幅巨大（如图1-5所示）。

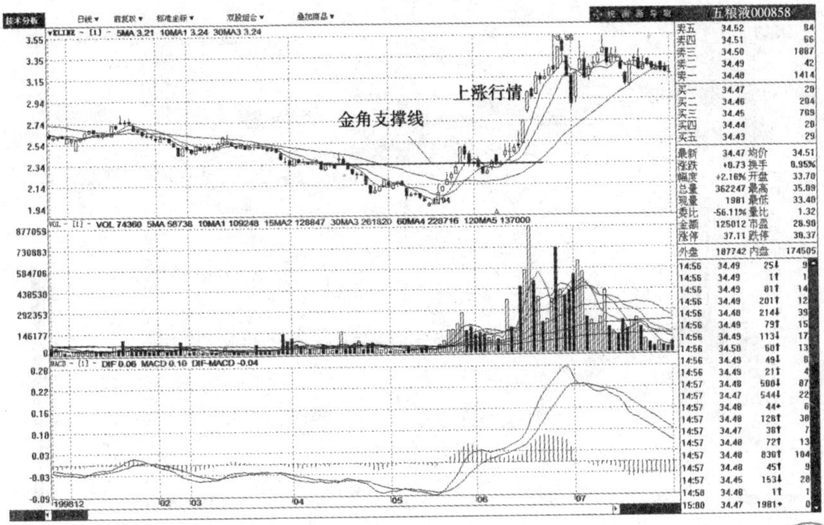

图1-5

实盘案例二：

名称：豫光金铅　类别：金角建仓　时间：2005 年

豫光金铅（600531）的股价在经过连续阴跌后，于 2005 年 6 月 30 日开始加速向下滑落（如图 1－6 中 A 点所示），并在 7 月 19 日探底成功（如图 1－6 中 B 点所示）。其后该股开始放量上涨，股价经过连续攀升后很快就收复了失地，并占领了高点（如图 1－6 中 C 点所示）。

这时该股已在走势图中形成了标准的“金角”及“成交量堆”。有经验的老股民会以 A 点为基点，画出“金角支撑线”，然后耐心等待股价缩量回落并在此线附近形成放量反转局面（如图 1－6 所示）。

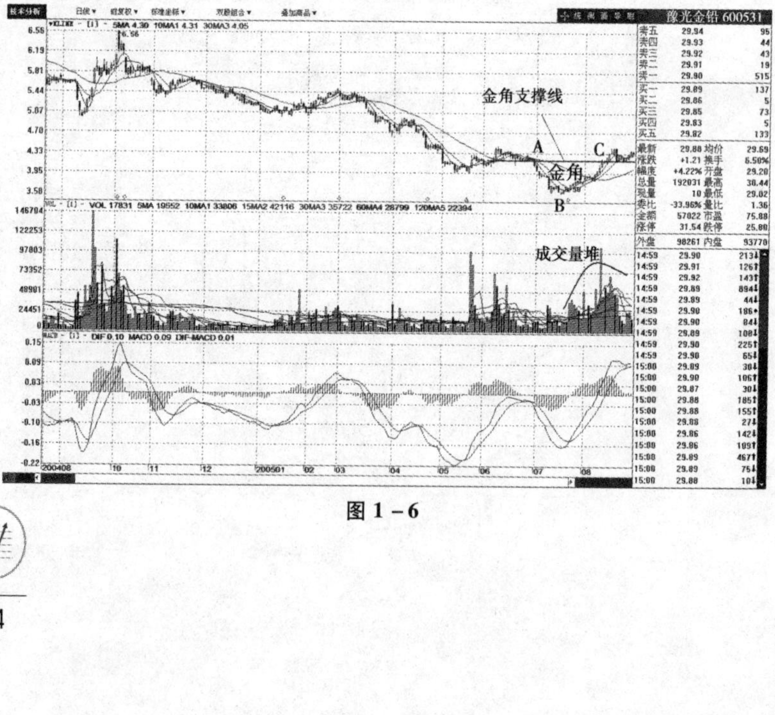

图 1－6

建足仓——“金角”横向伸张。

不过这次豫光金铅（600531）可让我们久等了，其股价在“金角支撑线”之上运行了好长一段时间，才于相应高位形成钝化局面，其后又逐级缩量下调，在略微跌破“金角支撑线”后，好像受到了某种神奇力量的支撑，迅速形成放量上攻之势，并且最终涨幅不菲（如图 1－7 所示）。

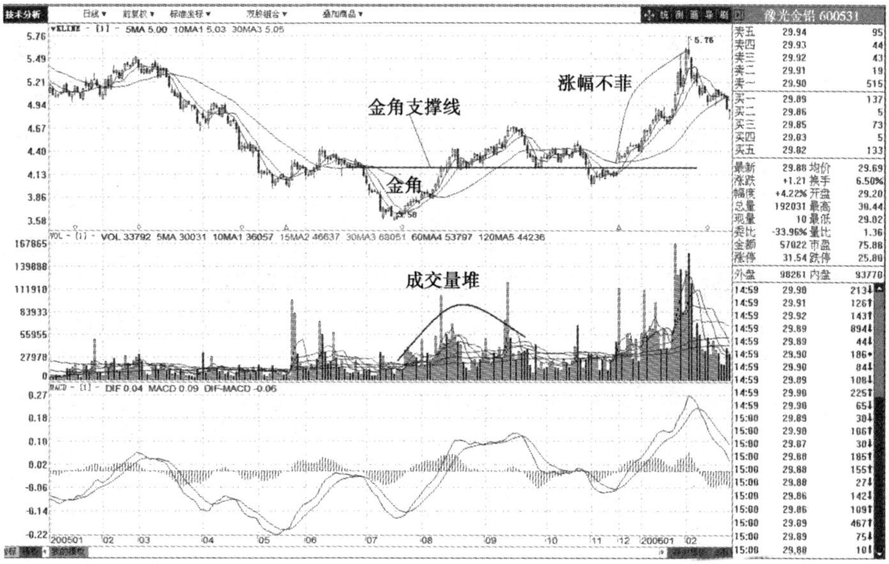

图 1－7

提示：“金角支撑线”只是我们预测庄股洗盘深度的一个大体衡量标准，事实上，股价在回调过程中不一定每次都准确无误地回踩到它，控盘较好的个股可能还未向下触及到它便已止跌回升，而控盘稍差的个股则很可能会向下跌穿它，但无论是哪种情况，股价最终的回调着落点都不会远离它。

实盘案例三：

名称：中炬高新　类别：金角建仓　时间：2008年

中炬高新（600872）的股价在经过长期下跌后，于2008年10月24日开始加速赶底（如图1－8中A点所示），至11月4日止跌（如图1－8中B点所示）。该股在止跌日前后出现了以小阴、小阳线为主的缩量盘整局面，一般来说，这都是股价跌无可跌，并有望迅速反转的征兆。果不其然，其后该股放量回升，并一举突破了前期股价加速下滑点A点（如图1－8中C点所示）。

这时我们可在走势图中画出“金角支撑线”，待日后股价缩量回调至此线附近时择机买入。后来该股的确精准地缩量回落到该线上方并且受到其有力支撑，股价也由此展开了猛烈的飙升行情（如图1－8所示）。

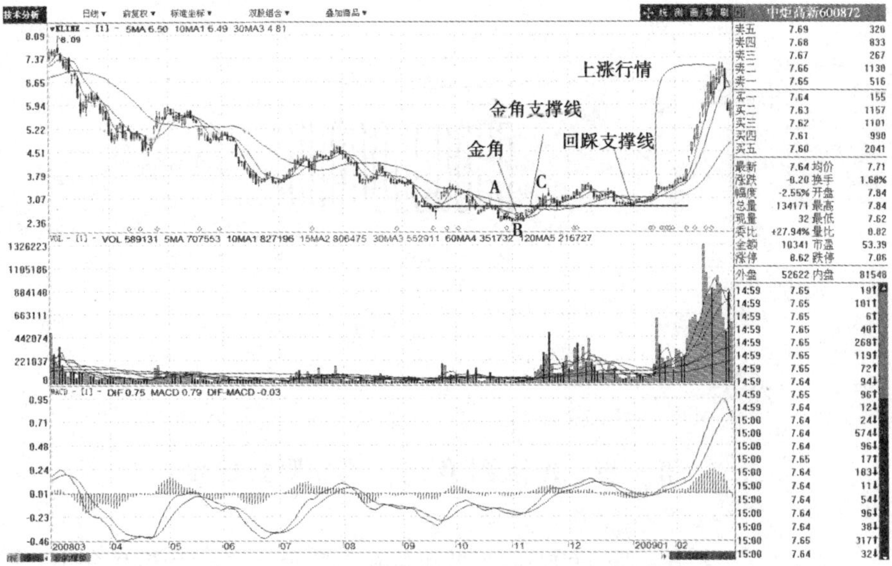

图 1－8

（二）银　　边

> **实战法则：** 当我们发现某只股票，于低位保持长时间的放量横盘，并且又在横盘末期形成放量上涨，则可于第一时间介入该股。

水平建仓（银边）：庄家将股价长期限制在一个相对较低的价格范围内，然后再在这个价位附近反复不断地震荡吸筹（如图 1－9 所示）。

下面我们来看看“水平建仓”在形成过程中，盘中会如何

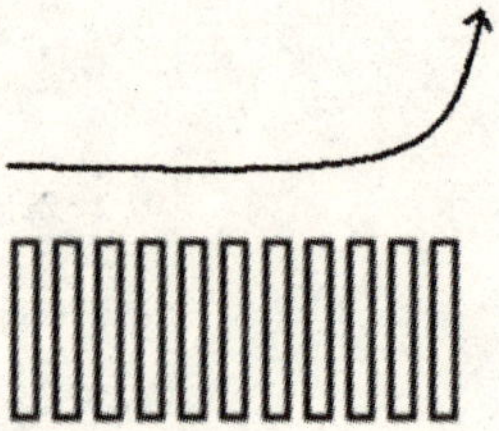

银边

图 1－9

表现：

➢ 第一步：A 点到 B 点，确立吸货价位。

老白干酒（600559）的股价在见底企稳后，于 2008 年 10 月 20 日开始放量攀升（如图 1－10 中 A 点所示），至 11 月 20 日经过 1 个月的上涨后，该股已经有了相当的升幅（如图 1－10 中 B 点所示）。

➢ 第二步：锁定价位，然后以此为基准反复不断地震荡吸纳。

其后该股股价既没有出现明显的回落，也没有形成明确的上涨，而是在相对高位以放量盘整的方式向前推进。从 2008 年 11 月 20 日—2009 年 7 月 7 日的近 8 个月时间里，该股都是这样运行的，以致在走势图中形成一条近似水平的 K 线带及 K 线带下方丰厚的“成交量带”（如图 1－10 所示）。

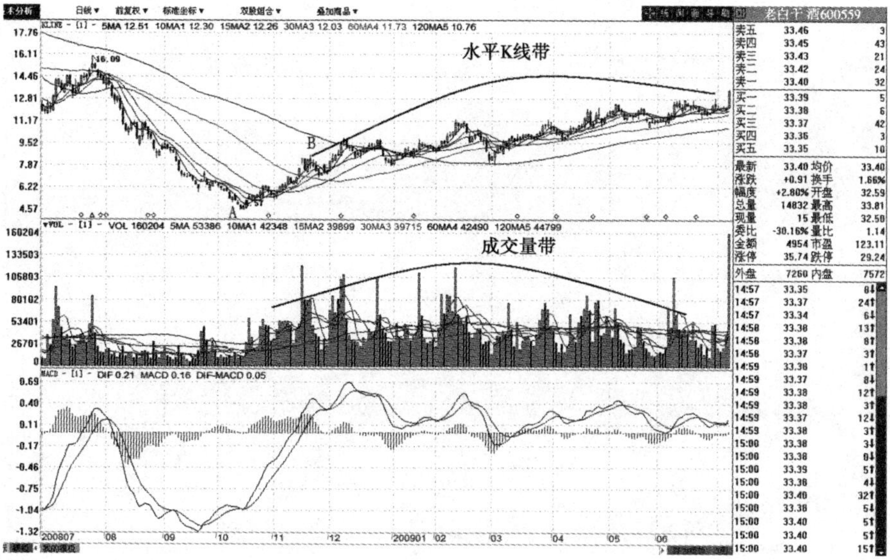

图 1－10

➢ 最终，股价大涨。

自水平 K 线带之后，该股一路飙升（如图 1－11 所示）。由此，我们不难从中推测出，前面那条水平 K 线带及其下方的“量带”，是由庄家建仓所致。

从价量走势中——推导出“银边”形态。

从上面的案例中我们可以看出，主力在整个“水平建仓”过程中，会致使股价于走势图中形成一条近似水平的 K 线带，而这条近似水平的 K 线带则被我们形象地称之为“银边”或“银边建仓”。“银边”的下方一定要有突出的“成交量带”相配合。

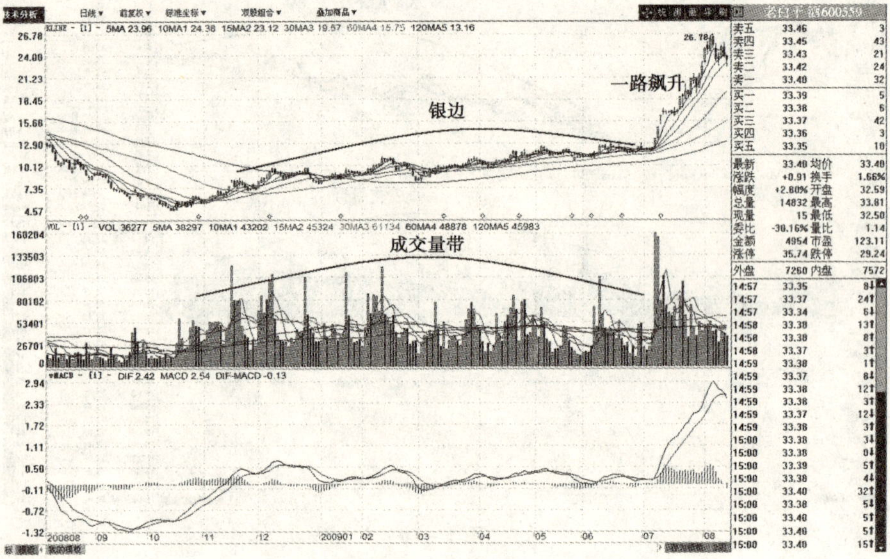

图 1－11

“银边建仓”的特点——利大于弊。

总体来说，“银边建仓”的优点要大于缺点，其平稳的运行态势，可以使庄家的整体建仓成本保持在一个相对较低的价位上，但耗时过长是其美中不足。

实盘案例一：

名称：莱钢股份　类别：银边建仓　时间：2000 年

莱钢股份（600102）的股价于 2000 年 1 月 19 日形成一根带有巨量的大阳线（如图 1－12 中 A 点所示），之后其股价便在此大阳线的收盘价附近一路震荡前行，这种趋势一直持续到 5 月 8 日（如图 1－12 中 B 点所示）。在整个震荡盘整过程中，该股于其股价下方形成了一条丰厚的“成交量带”（如图 1－12 中 A 点所示）。

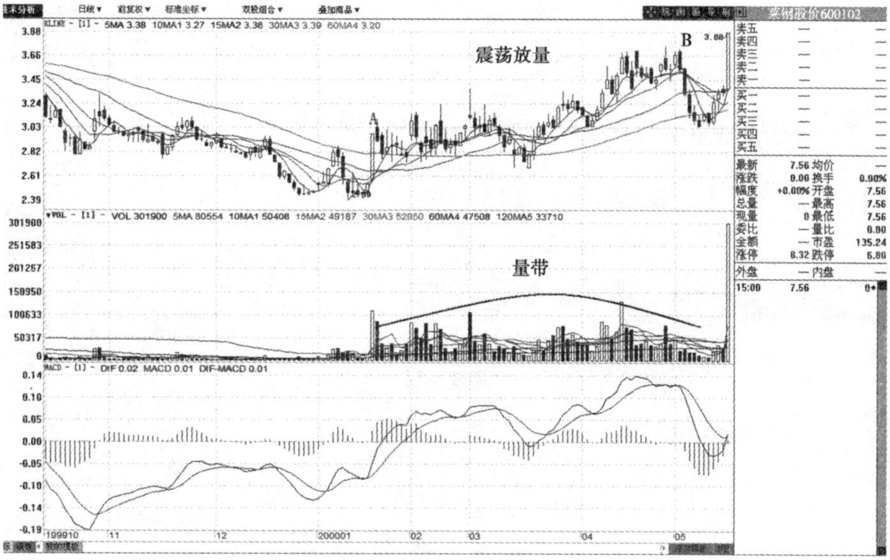

图 1－12

“银边”＋“量带”——不涨才奇怪！

“银边”＋“量带”这是典型的建仓走势。其后该股在略作缩量回调后便一路大涨，我们可在其股价向上脱离“银边”之时跟进。

后来股价的涨幅之大、涨势之猛，足以证明“银边建仓”的巨大威力（如图 1－13 所示）。

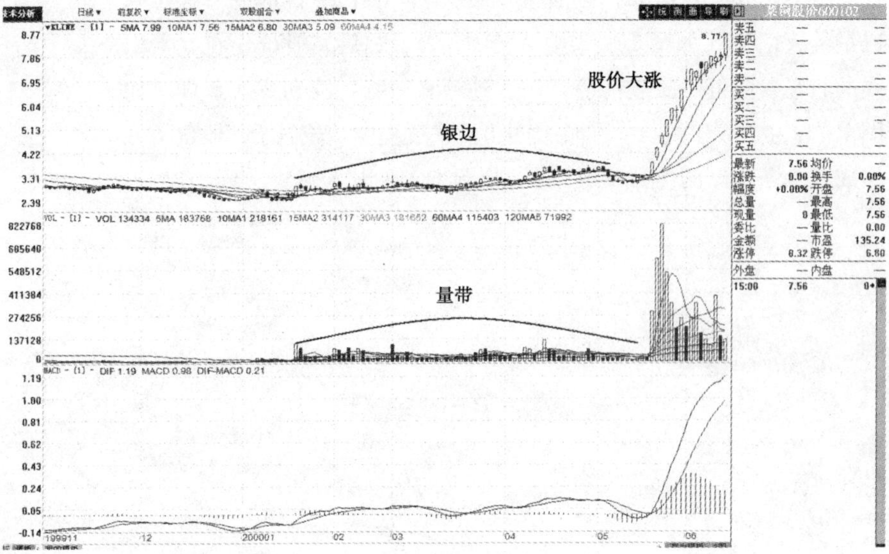

图1-13

实盘案例二：

名称：江西水泥　类别：银边建仓　时间：2003—2004年

江西水泥（000789）于2003年11月20日，形成一根放量中阳线，在此基础上，该股于第二天大幅跳空高开，又形成一根伴有巨量的中阳线，并且与第一根中阳线之间存有“跳空缺口”（如图1-14所示）。其后该股便一直以小阴、小阳的方式在该“跳空缺口”之上震荡前行，并且在前行过程中持续放量，其间股价也一直没有向下回补“缺口”。至2004年2月13日该股已于走势图中形成一条历时2个多月的“银边”及“量带”（如图1-14所示）。

至此，我们可以做出该股庄家利用“银边”进行吸货的判断。此后该股只在向下缩量回试一下 30 日均线后，便一路上涨（如图 1－14 所示）。

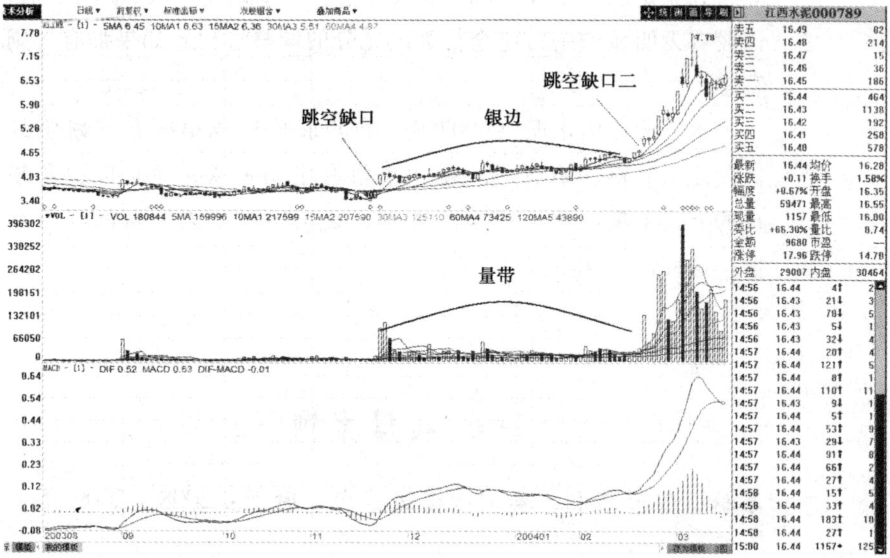

图 1－14

“跳空缺口”的性质很重要——买入之前要分清。

既然提到了“缺口”，就不妨再多说一下。我认为，“向上跳空缺口”的形成，是股票内部能量集中爆发的体现，此后股价大致会呈现出两种走势：

第一，以强大的推动力，不断向上攀升。例如，江西水泥（000789）在“银边”末端，所形成的那个“跳空缺口”之后的股价走势（如图1－14所示）；

第二，由于短期内能量消耗过大，该股因此一蹶不振并逐渐走软。

究竟是以上哪种情况？还要看在此“跳空缺口”形成之前，该股有无明显的主力建仓行为及充分的调整过程，如果都有，则看多。

本节的江西水泥（000789）在其股价形成第一个“跳空缺口”之后，既没有连续上涨，也没有走弱走软，而是以放量横盘的方式来集结更大的上涨能量，走出一段令人惊慕的涨升行情，这种情况并不多见。

实盘案例三：

名称：安徽水利　类别：银边建仓　时间：2008—2009年

安徽水利（600502）的股价从2008年11月4日开始急速向上拉升（如图1－15中A点所示），至17日已有了相当的一段升幅（如图1－15中B点所示）。此后该股便在此基础上一路放量小幅攀升，至2009年6月10日已于走势图中形成了一条历时长达半年之久并且倾斜向上的“银边”，“银边”下方还带有极为丰厚的“量带”（如图1－15所示）。此后该股在略作回调后，便开始一路飞涨（如图1－16所示）。

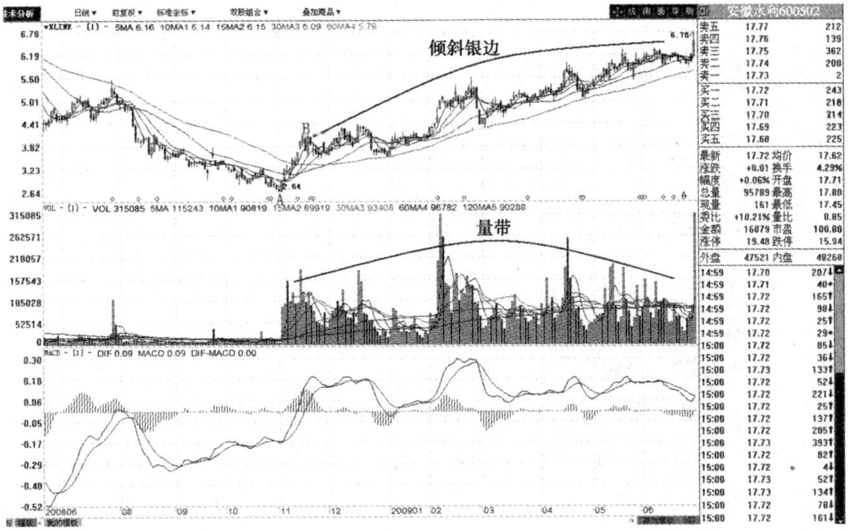

图 1 – 15

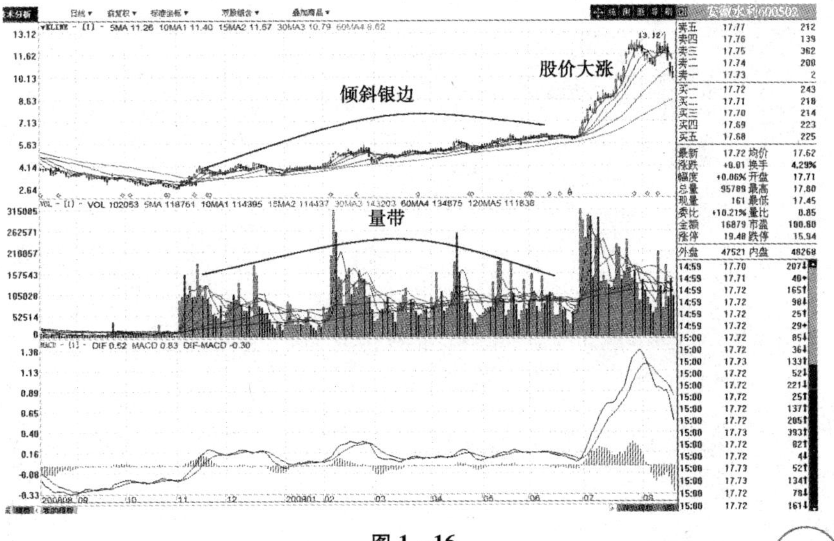

图 1 – 16

“倾斜银边”——是股价涨速与涨幅的有力保障。

安徽水利（600502）所形成的“银边”是倾斜向上的。从理论上讲，处于倾斜向上状态的“银边”要强于处于水平状态的“银边”。这是因为，与“水平银边”相比较，“倾斜银边”所反映出的是庄家急迫的建仓心态与昂贵的建仓成本，这也暗示了主力日后必将把股价拉升的更快，更高。

例如，阳光城（000671）在2009年上半年，于“倾斜银边”后强而有力的升势，足可以有力地证明我们的上述观点（如图1－17所示）。

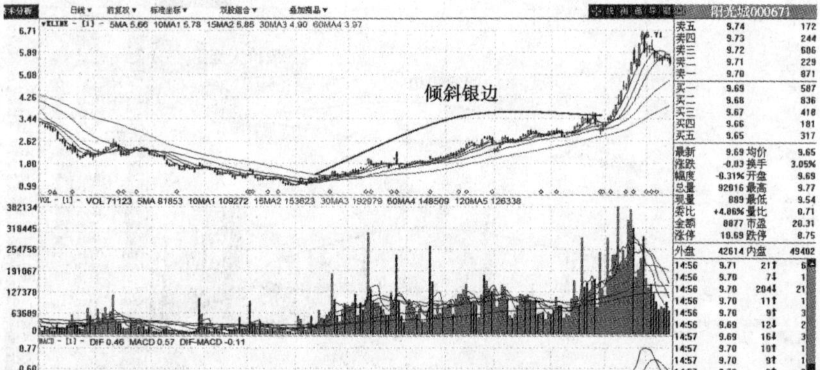

图1－17

(三)草 肚 皮

实战法则：如果我们发现某只股票的价格走势于盘中形成类似“肚皮”状的凸起形态，并且“肚皮”下方有充沛的成交量相配合，则可在它缩量之后的再度放量反转之时介入。

拉高建仓（草肚皮）：某些股票由于突发的利好、潜在的题材或其他一些原因，而迫使庄家不得不在短时间内加量、加价大举吸纳（如图 1－18 所示）。

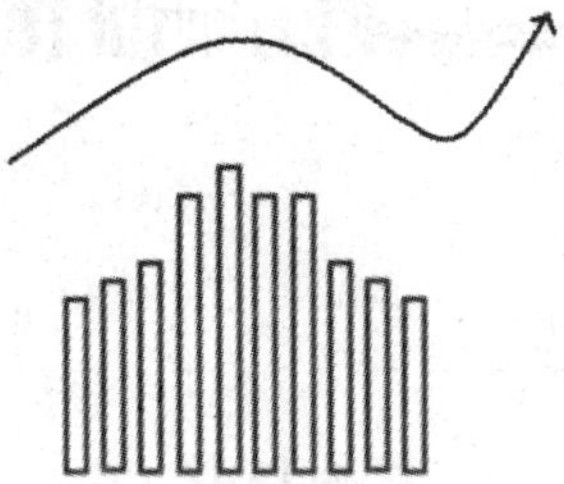

图 1－18

最后我们再来看看，“拉高建仓”的价量结构有什么与众不同：

➢ 第一步：A 点到 B 点，拉高股价，主动地大量收集筹码。

深圳机场（000089）的股价于 1999 年 3 月 19 日以 1.25 元

的价位开始放量上涨（如图1－19中A点所示），这种上涨趋势一直持续到4月14日，其股价最高点也达了到1.54元（如图1－19中B点所示）。回过头看，该股的这段升势，从3月19日到4月14日大概有20个交易日，从9.80元到12.55元有28%上涨空间，可以说该股在短期内的涨幅还是不小的，并且在上涨过程中于股价下方形成了巨大的“成交量堆”。

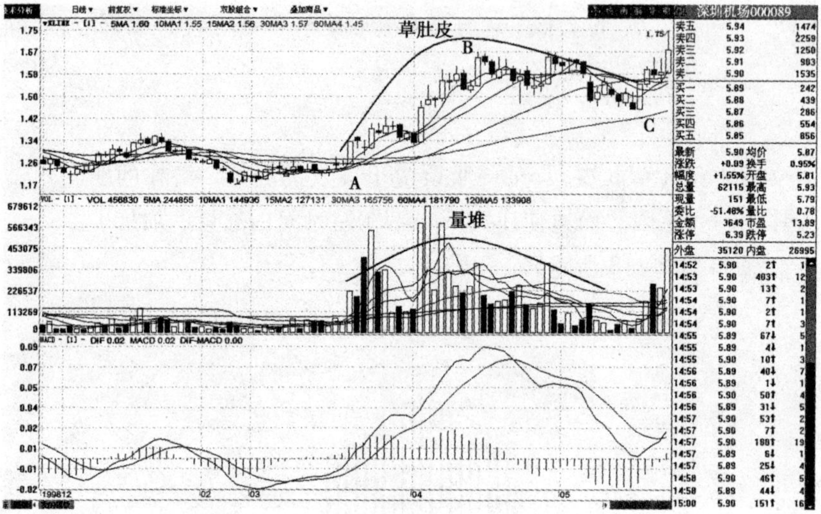

图1－19

➤第二步：B点到C点，逐步打压股价，以清洗浮筹为主要目的。

随后该股又从B点逐级缩量向下回落，至5月18日其股价已回落至1.46元，并在此处止跌企稳（如图1－19中C点所示），这时该股的成交量已经萎缩得很小了。可以说在从A点到B点又至C点的这段区间内，庄家已买入了该股大量的筹码，并导致存留于市场中的浮动筹码在逐步减少（如图1－19所示）。

➢ 最终，股价大涨。

自 C 点之后该股再度放量大涨，并且涨势惊人（如图 1－20 所示）。

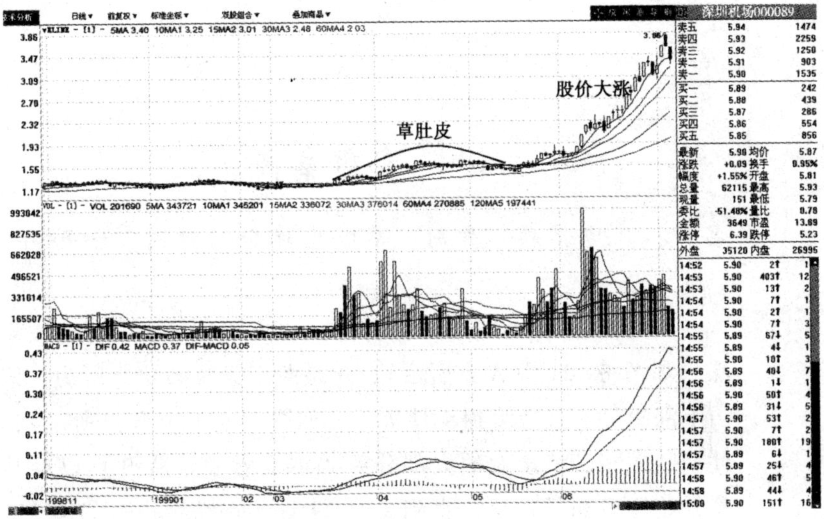

图 1－20

从价量走势中——推导出“草肚皮”形态。

深圳机场（000089）在从 A 点到 B 点再到 C 点的这段距离内，股价于走势图中形成抛物线状，看上去很像一个凸起的“肚皮”，所以这种强势的建仓方式被我们形象地称为“草肚皮”或“草肚皮建仓”。“草肚皮”下方巨大的“成交量堆”，是由庄家大量吸筹所至，也是其重要标志之一。

“草肚皮建仓”的特点——利大于弊。

“草肚皮建仓”的优点是耗时短，建仓量大；缺点是建仓成本偏高。

实盘案例一：

名称：广电信息　类别：草肚皮建仓　时间：1999年

广电信息（600637）的股价从1999年2月9日开始放量上涨（如图1-21中A点所示），这是股庄家拉高建仓所为。该股的上涨趋势一直持续到4月9日（如图1-21中B点所示），在此期间庄家已将该股的大部分筹码纳入囊中。从B点以后其股价开始逐级缩量回落，直到4月29日才止跌企稳（如图1-21中C点所示），至此成交量也已萎缩到了很小了，这表明盘中浮筹已被清洗得非常干净了。由A点至C点，我们可在走势图中看到一个清晰的“草肚皮”及其下方的“成交量堆”（如图1-21所示）。

“草肚皮”+“量堆”——想不涨都难！

根据“草肚皮”的特性，我们可以在该股再度放量上涨时买入，C点之后该股果然再次放量飙升（如图1-22所示）。

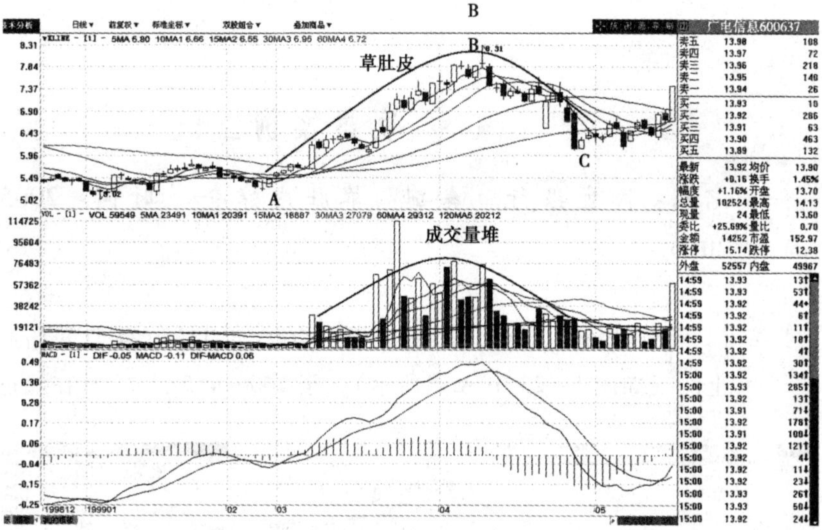

图 1－21

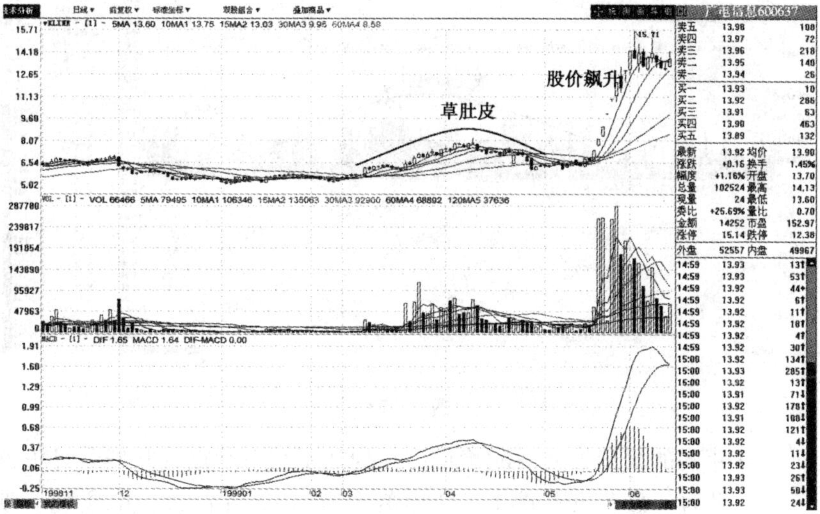

图 1－22

实盘案例二：

名称：民生银行　类别：草肚皮建仓　时间：2005—2006年

民生银行（600016）的股价于2005年11月24日开始放量上涨（如图1-23中A点所示），至2006年5月17日在经过半

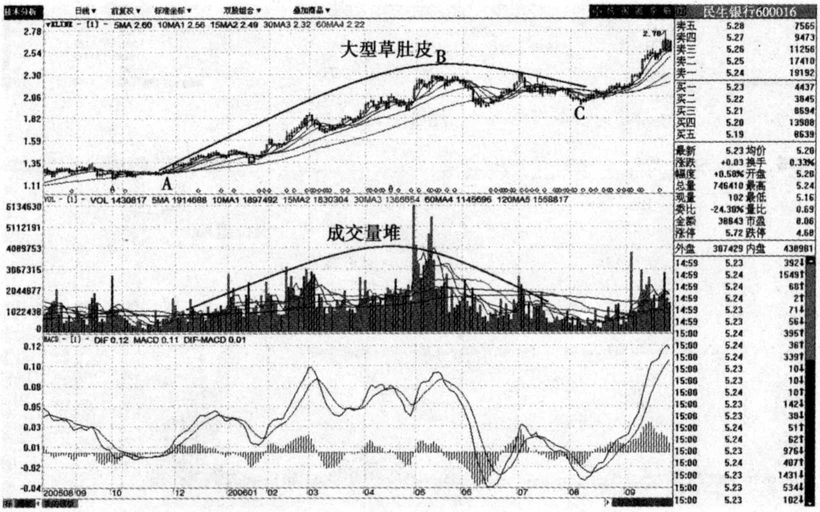

图1-23

年多的缓步攀升后股价也已经到达了相对高点，其攀升势头也就此告一段落（如图1-23中B点所示），在此过程中该股于股价下方形成了巨大的“成交量堆”。后来该股又逐级缩量回落，但股价没跌多少便在2006年8月7日缩量止跌（如图1-23中C点所示）。由始至终，该股于盘中形成了一个历时长达9个月左

右的“大型草肚皮”。

主力建仓规模越大——其后股价升幅也就越大！

“大型草肚皮”可不是用来装样子的，此后该股连翻数倍（如图1－24所示）。

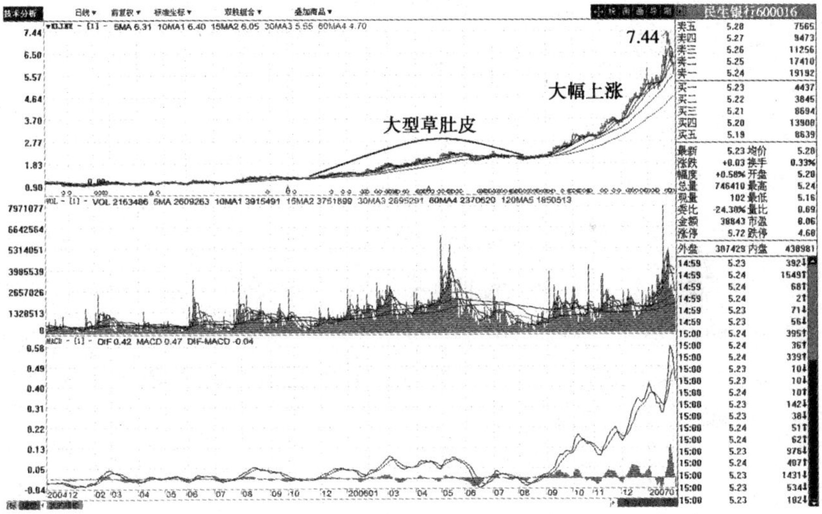

图1－24

实盘案例三：

名称：智光电气　**类别**：草肚皮建仓　**时间**：2008—2009年

成交量——是评判“草肚皮”优劣的核心要领！

智光电气（002169）的股价在2008年11月—2009年3月，于盘中形成了一个形态标准的“草肚皮”，并且“草肚皮”下方有着极为丰厚的“成交量堆”，我们不难从中看出主力全力建仓的真实状况（如图1-25所示）。

后来该股果然不负所望，股价在短期内不断向上飙升（如图1-25所示）。

实盘案例四：

名称：靖远煤电等　**类别**：草肚皮建仓　**时间**：2008—2009年

在前几节中，我们所介绍的都是些外形顺滑，整体走势呈抛物线状的标准案例，但由于股市环境复杂，庄家实力及操作手法

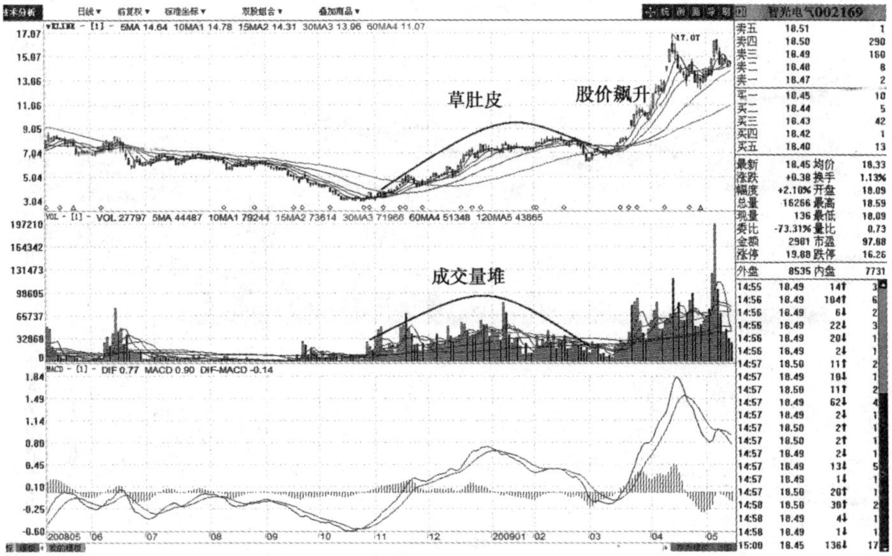

图 1－25

各异，就难免会使某些个股的“草肚皮”于实际形成过程中呈现出不规则形态。

例如，靖远煤电（000552）的“草肚皮”，不太丰满（如图 1－26 所示）；栋梁新材（002082）的“草肚皮”，呈现方形（如图 1－27 所示）；新大陆（000997）的“草肚皮”，则呈现出三角形（如图 1－28 所示）；拓日新能（002218）的“草肚皮”，看上去有些奇形怪状的（如图 1－29 所示）。

抓要点，重细节——而不苛求形态。

学习股票技术，最重要的是懂得灵活运用并能于实战中不断地变通。我们只要抓住了“草肚皮建仓”的本质，任它再怎么

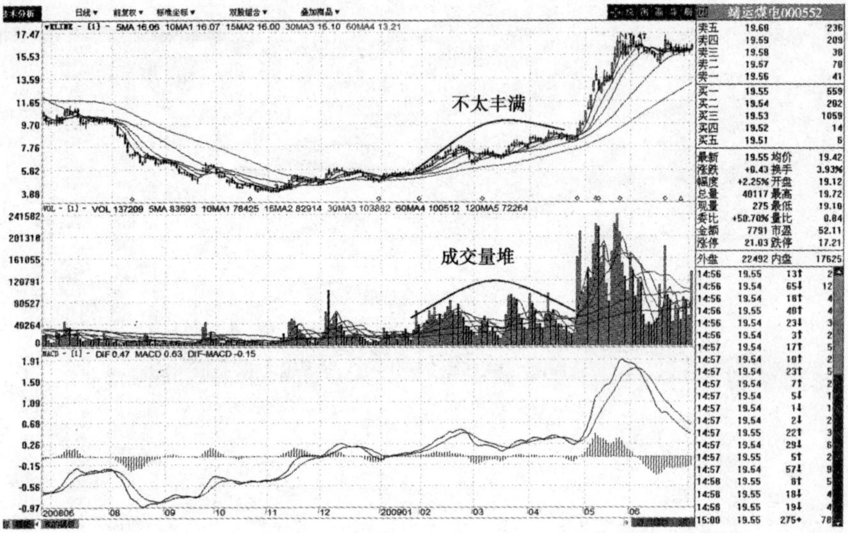

图 1 – 26

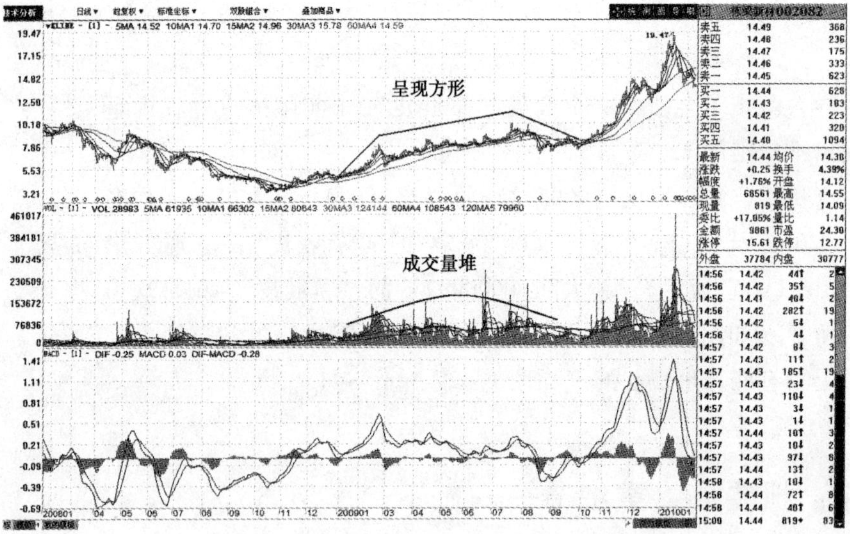

图 1 – 27

百般变化也无碍于我们识别出它。比如，上述各不规则形态个

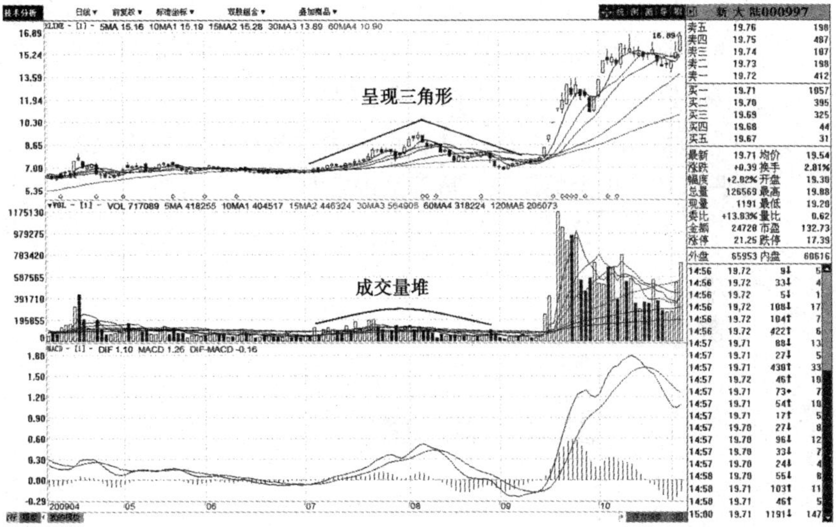

图 1-28

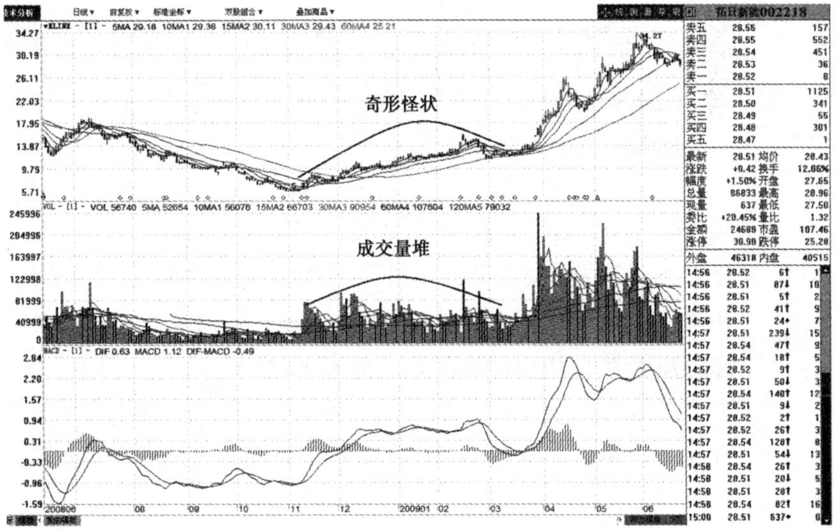

图 1-29

股，都于股价强势运行过程中释放出丰厚的“成交量堆”，又在其后形成缩量回调及再度放量启动等庄股于大幅上涨之前所经常出现的技术性过门儿环节，由此我们也就不难判断出这些主力于其股价放量走强过程中进行建仓的真实意图。

可以说“草肚皮”是股市中流行最广的一种建仓方式，几乎有70%以上的庄股行情都是由它而起。

第二节 组合建仓

“金角”、“银边”、“草肚皮”三者当中谁更重要——“草肚皮”第一；“银边”其次；“金角”最次。

在上节中，我们分别介绍了“金角”、“银边”、“草肚皮”，并说到股市中有70%的股价升势是由“草肚皮”而起。那么，您想知道剩下的30%是怎么个分配情况吗？其中“银边”就占了25%左右，剩余的5%左右才是“金角”。从上述情况来看，可以说“银边”和“草肚皮”是庄家的两种主流的建仓方式。

"银边"和"草肚皮"好在哪里——可供庄家无限期建仓！

上述分配格局的形成绝非偶然，"银边"和"草肚皮"有着可供庄家无限期建仓的优越性能。什么叫"无限期建仓"？就是主力可以根据自己的实际需要，想建多久的仓就建多久的仓。

比如，中远航运（600428）的"银边建仓"起于2003年11月，止于2006年7月，总计长达31个月；成飞集成（002190）的"草肚皮建仓"起于2008年11月，止于2010年6月，总计长达18个月。也正是因为此二股拥有着如此充裕的建仓时间，才会使其股价在随后的上涨行情中连翻数倍（如图1－30、图1－31所示）。

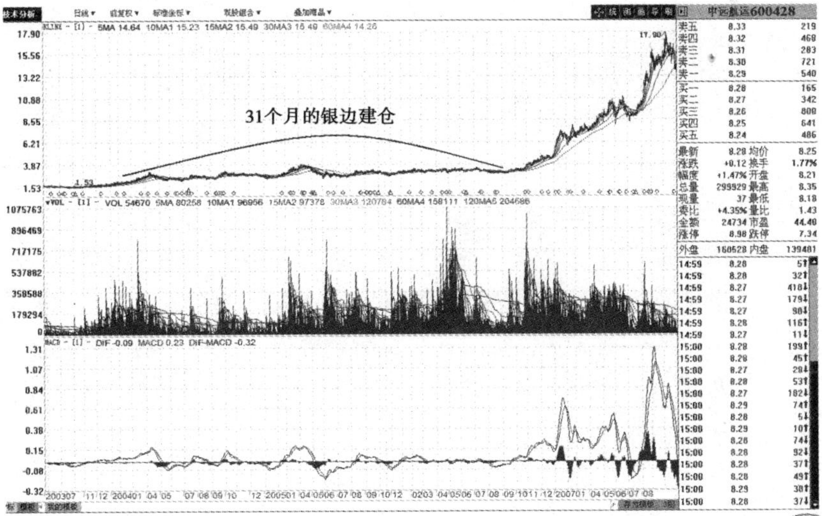

图1－30

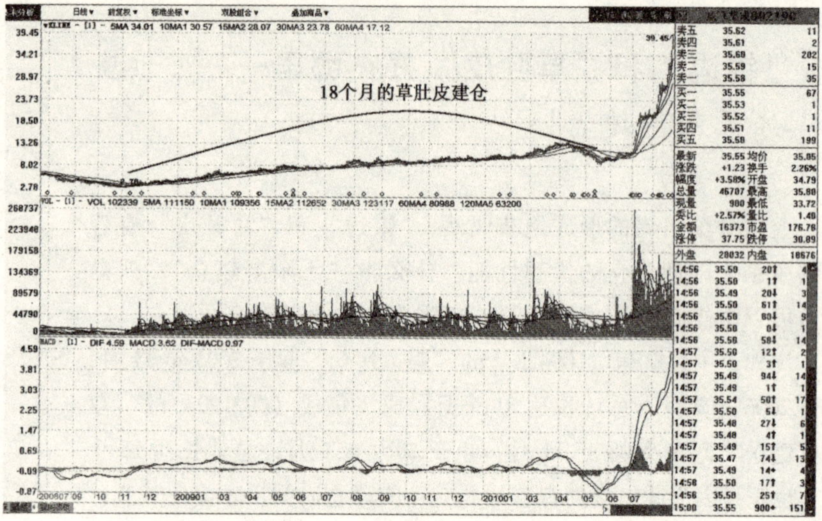

图1-31

“草肚皮”——庄家建仓之首选。

另外，“草肚皮建仓”除了具备不受环境、时空等因素限制的优势外，还具有较强的迷惑性，因此它才会被主力格外的重用。说它具有较强的迷惑性，是因为其抛物线状的外形很容易给投资者造成一波行情已由涨到跌基本完结的假象，而使他们纷纷卖出或不敢买入，实则在其背后隐藏着一股强劲的上涨动能。实乃“坐庄生财之必备良药”啊！

“金角”——一种缺点格外突出的建仓方式。

而“金角建仓”则完全不具备上述优势，它的形成周期一般都在20—30个交易日左右，但其真正用于吸纳筹码的时间却只是这个周期的半数。通常大庄家的建仓周期会长达数月，乃至数年，所以“金角建仓”根本就无法满足他们超长的时间需求。我们且不说“金角”被打压的过深以及形成周期过长会给主力建仓造成什么样的不良后果，如果真是这样的话，单其形态本身也就不复存在了，因为大幅度的折返过程将演化成涨跌行情，哪里还谈得上什么“角”了。

“金角”虽然不实用，但是却适用——可演化为“银边”或“草肚皮”的滩头阵地。

不实用并不代表一无是处，更不代表不存在，相反，“金角”在庄家建仓过程中某个环节上的“出镜率”还很高！但它已由“主角”转变为“配角”了。因为在很多情况下它都充当了“银边”或“草肚皮”于形成前的一个由头，类似功能的中草药在中医药学里被称做“药引子”。也可以说成是由于“金角建仓”的时间周期太过局限，满足不了庄家大规模建仓的需要，所以主力便在此基础上继续向外拓展时空，后来又根据主力操作风格的不同，又分别演化出“银边”和“草肚皮”两种形态。

实盘案例一：

名称：莱钢股份等　**类别：**组合建仓　**时间：**1999年、2009年

“金角”横向拓展——转变成“银边”。

实际上，前面我们所介绍过的莱钢股份（600102），其建仓过程就是“金角”与“银边”的完美组合。不过该股在“银边”之前出现了2个“角”，其中第一个“角”在形成过程中所释放出的成交量比较小，因此也不具备太大的实际意义，一般我们称这样的“角”为“虚角”；在“虚角”后面那个于形成过程中明显放量的“角”则是“实角”，也正是由它不断向后拓展而形成后面的“银边”的（如图1－32所示）。

还有，在2009年下半年股价大涨的金种子酒（600199），在上半年也形成了典型的“金角”＋“银边”组合（如图1－33所示）。

实盘案例二：

名称：广电电子等　**类别：**组合建仓　**时间：**1999年、2005年

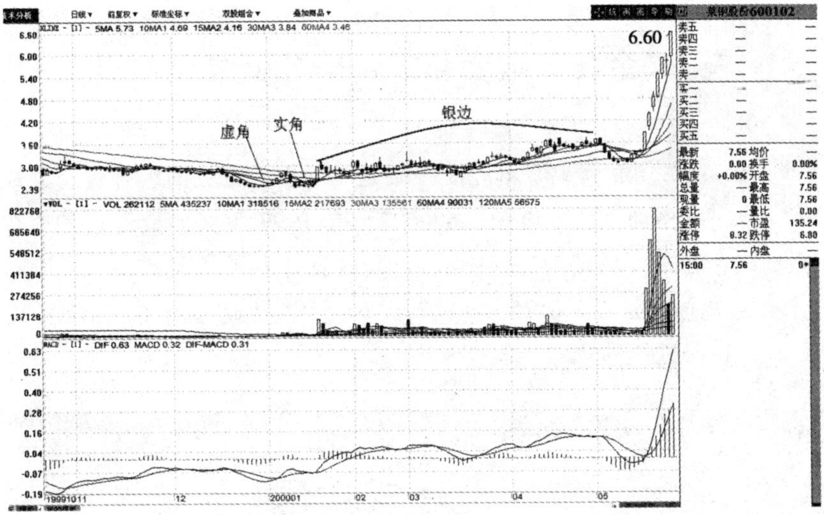

图 1－32

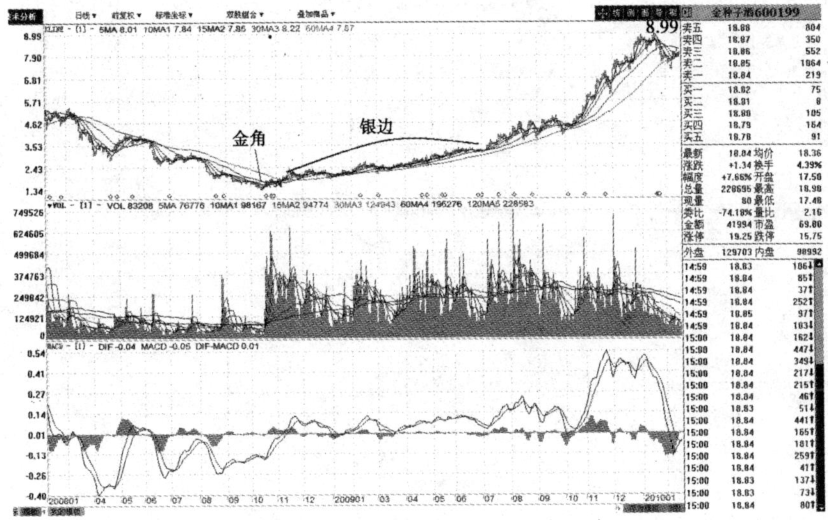

图 1－33

“金角”向上拓展——转变成“草肚皮”。

“金角” + “草肚皮”则是一种更为常见的组合建仓方式。

例如，广电电子（600602）在1999年就形成过这种组合建仓方式（如图1－34所示），其后股价大涨（如图1－35所示）；铁龙股份（600125）也曾于2005年形成过类似组合（如图1－36所示）。

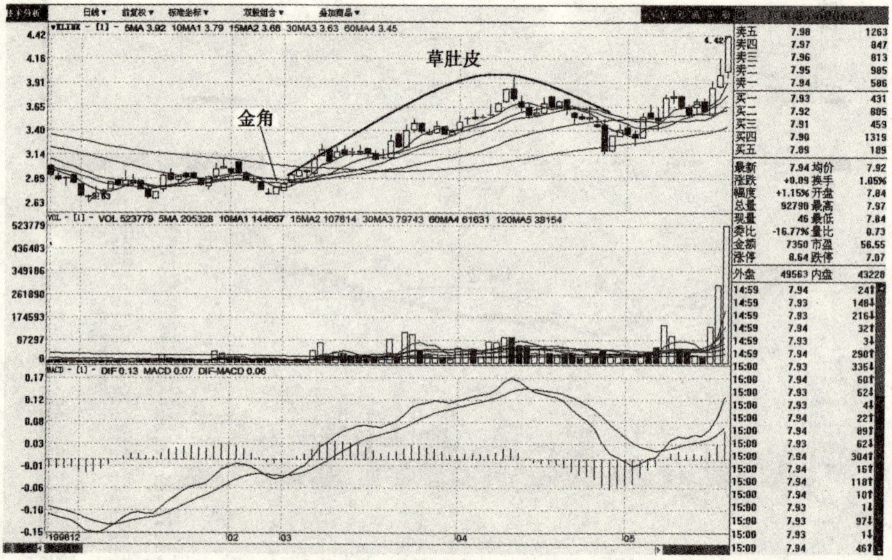

图1－34

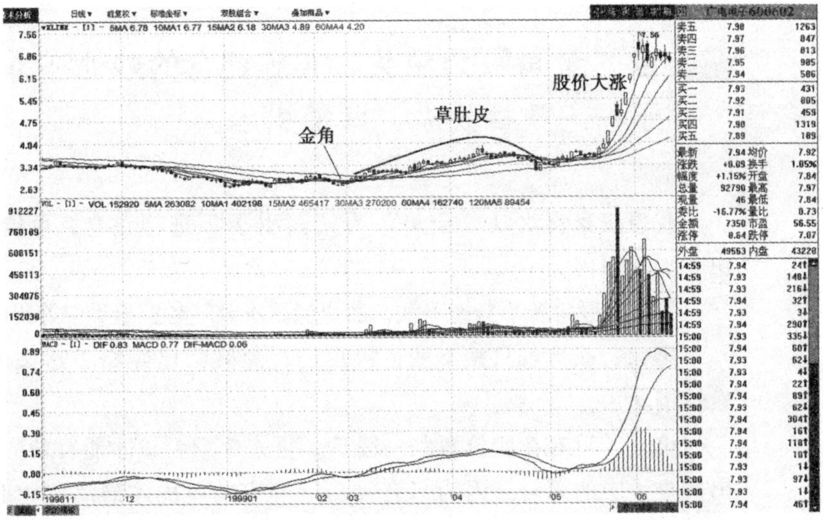

图 1－35

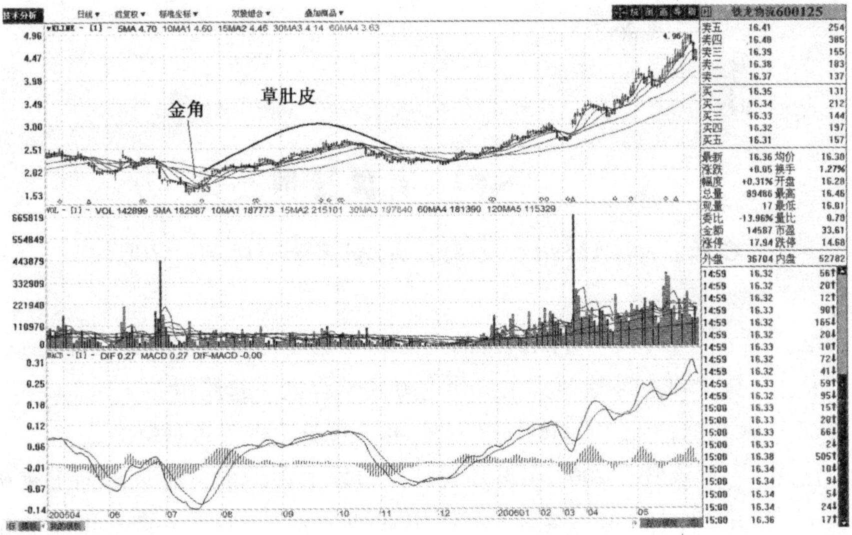

图 1－36

以“金角”为由头，实施建仓的妙处在于——欲擒故纵，降低成本。

我想庄家喜欢以“金角”为“药引子”进行建仓，可能是出于如下原因：

第一，股价若不急速下跌，散户们是不会轻易抛出手中筹码的。

第二，股价若只跌不涨，散户们会想既然已经赔了这么多，索性不卖了。

第三，只有在股价急跌一段后，再来个反弹，才能有效的诱出散户手中的筹码，因为只有经历了套牢的股民才最渴望解套，就好像黑暗中的人最渴望光明一样，同时还可以降低收集成本，真是一箭双雕。

实盘案例三：

名称：韶钢松山　类别：组合建仓　时间：2003年

有时候十分能折腾的主力也会玩儿把高难度，将“草肚皮”与“银边”这两大主流建仓方式结合到一起使用。

韶钢松山（000717）在2003年就出现过这种情况：

该股于2003年1月6日开始以大阳线的方式放量向上突破其30日均线（如图1－37中A点所示），并在突破后继续放量上行，接下来又在相对高位形成一根带有较长上影线的小阴线，股价也由此处开始震荡回落（如图1－37中B点所示），在回落至其30日均线上方时又受到了该线的支撑（如图1－37中C点所示），该股在由A点到B点再至C点的这一上一下的过程中，于其走势图中形成了一个小“草肚皮”（如图1－37所示）。在小“草肚皮”形成之后，该股既没上涨，也没下跌，而是在30日均线上方以小阴、小阳的方式展开横向震荡走势，以致又形成“银边”，并且“银边”下方带有明显的“成交量带”（如图1－37所示）。

最终该股在“草肚皮”＋“银边”的双重作用力下，形成一波较为凌厉的上攻行情（如图1－37所示）。

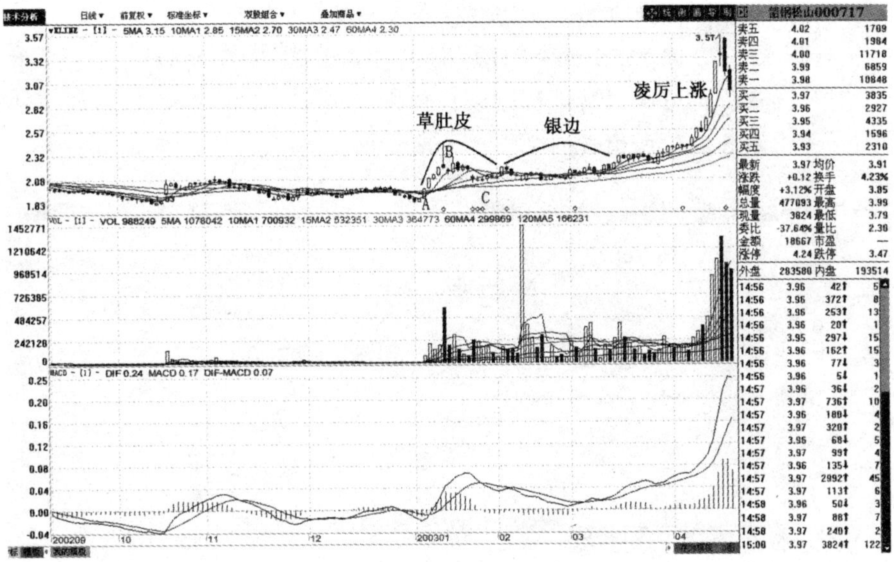

图1－37

实盘案例四：

名称：金健米业等　类别：组合建仓　时间：2003年、2009年

“草肚皮”与“草肚皮”之间也能组合，很新奇吧！通常，我们将这种特殊的建仓形态称为“复合草肚皮”。

金健米业（600127）的主力就曾在2003年以“复合草肚皮”的方式对其进行建仓，具体来说，它是由两个相连的“小草肚皮”所组成的一个“大草肚皮”（如图1－38所示）。

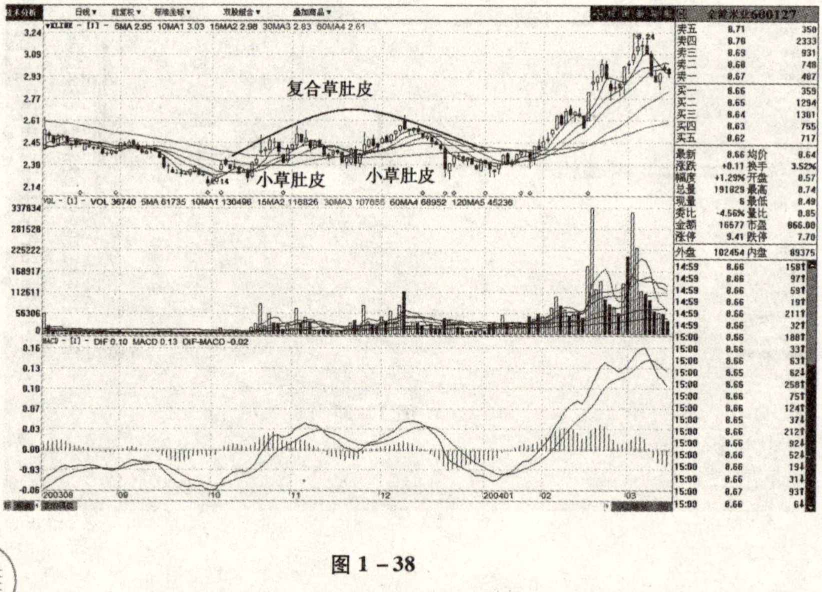

图1－38

一般来说，如果在这两个相连的“小草肚皮”当中，单独拿出任何一个来，其未来的涨升空间都不会很大的，因为“小

草肚皮”所存储的能量有限，而合二为一份量就变大了，这相当于庄家对其进行了两次小规模的建仓行为。

另外，威孚高科（000581）则在 2009 年形成了规模更大的“复合草肚皮”（如图 1－39 所示）。

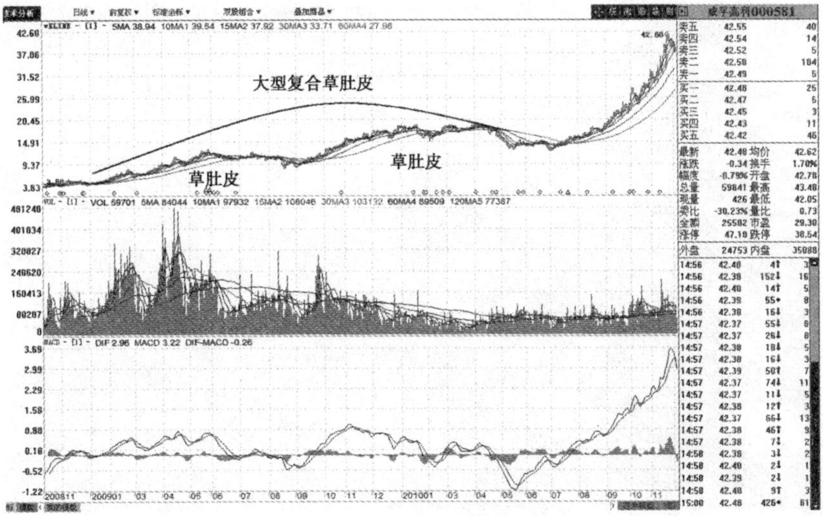

图 1－39

“复合草肚皮”的形成原因，主要有两种：一是庄家刻意借助当时的市场环境，为了吸取更多的廉价筹码而有意打压所形成的；二是庄家为了协调技术形态而精心设计的。但不论属于那种，“肚皮”下方都应有实实在在的成交量相配合才行。

“复合草肚皮”的优点是：可以进一步降低主力的收集成本，并且让收集工作进行得更为彻底（缺点以后再说）。

关于主力的主要（或称全部）建仓手法，我们已经介绍完了。学会它就相当于摸到了主力的钱袋子，就等于初步建立起自己的交易系统。在以后的招式中，我们会效仿杀毒软件给 Windows 操作系统修补漏洞的方式，逐步地来完善这一“股市操作系统”。

第 2 招

汰弱留强

由第一招内容可知，股价和成交量是判断与确认主力建仓行为的两项重要依据，因此在接下来的两招中，我们将分别从这两方面为我们的交易系统打上两块十分重要的“补丁”。

首先，我们所要向您介绍的就是如何透过股票的价格形态来识别主力的建仓强度，从而汰弱留强，逐步精选出最具上涨潜力的建仓个股。具体的筛选过程，要通过“相对理论”、“平行理论”依次来完成。

第一节 相对理论

实战法则：我们在选择强势建仓个股时，首先要通过大盘与个股的强弱对比将目标范围缩小，然后再通过各股与个股的对比来优中选优，最终锁定目标。

提起“相对论”，大家一定是耳熟能详了，它是由德国“科学巨人”阿尔伯特·爱因斯坦在20世纪所提出的。在这百年的时间里，这个形式简洁、优美的理论，为我们当今社会科技事业的迅猛发展提供了必要的条件与保障，以致使它成为现代物理学的两大基本支柱之一。人们从该理论中发现了时间旅行的奥秘、原子裂变的能量、宇宙的起源和终结等奇妙现象，可以说几乎宇宙中所有的奥秘都隐藏在 $E = mc^2$ 这则简单的公式之中。

“股市相对理论”——似笨实巧，暗含股市大道理。

然而，相对理论不仅在诸多高端领域中发挥着巨大的作用，与我们的日常生活也是息息相关，例如，事物的轻重、大小、远近、高低等等都是通过相对比较而得出的。如果把这个理论抽象地拿到股市当中，通过对近期大盘与个股或各股与个股之间走势强弱、成交量多少等方面的逐一比较，也会帮助我们解决很多实际问题。

（一）大盘与个股

初步选择强势股的技巧——将大盘指数与个股走势进行全面比较，凡同期走势强于大盘指数者皆可入选。

当我们在牛市初期，面对大量处于建仓过程中的庄股并想从中挑选出几只作为重点观察对象时，您知道第一步应该如何海选吗？其实很简单，我们只要将大盘指数与盘中个股逐一进行对比，从中挑选出同期走势明显强于大盘指数的那些个股就可以了。

比如，在同一时期内，大盘指数在缩量下跌，而某股却在放量上涨；大盘指数在持续下跌，而某股却在横向整理；大盘指数已跌穿了30均线，而某股却仅跌穿了10均线等等，个股凡有某方面表现明显强于大盘指数者都可以入选。至于所要对比的时间周期长短，则完全可由您自己根据实际情况灵活掌握，可以是三五个月，也可以设定在某段重要的时期内，或者是与某些个股建仓过程相对应的时间范围内。

黑马股或大牛股的雏形——同期走势强于大盘并具备“银边”或“草肚皮”形态。

我们之所以如此海选，是因为大盘指数在多数情况下代表了盘中多数个股的普遍运行势态，而同期走势强于大盘指数的个股从某种意义上来讲就是当时市场当中的强势股。这招叫“弱中选优”。事实证明，多数走势强于同期大盘指数的强势个股，尤其是那些具备“银边”或“草肚皮”形态的强势个股，在未来的上涨行情中，基本上都会有出类拔萃的表现。

大盘与个股之间的对比，应依次侧重于趋势、形态、成交量三个方面。

大盘与个股之间的对比方法如下（以下步骤，仅供参考）：

➢ 第一步：趋势对比。

深证成指（399001）在2002年1—12月份这段时期内，经过上下巨幅震荡后，形成了逐波下行之势（如图 2 - 1 所示）；而同时期的长安汽车（000625）整体趋势却倾斜向上（如图2 - 2所示）。

➢ 第二步：形态对比。

深证成指（399001）在这段时期内，毫无形态可言（如图 2 - 1所示）；而同时期的长安汽车（000625）却形成了“复合草肚皮”（如图 2 - 2 所示）。

➢ 第三步：成交量对比。

深证成指（399001）在这段时期内，确有放量行为（如图 2 - 1所示）；而同时期的长安汽车（000625）所形成的“成交量堆”则更为突出（如图 2 - 2 所示）。

➢ 第四步：做出结论，确立强势股地位。

通过两者之间在各方面的逐一对比，我们得出结论：长安汽车（000625）在选定时期内的综合表现要远远强于同期大盘指数。因此，它在未来上涨行情中的表现也应相应的远强于同时期的深证成指（399001），事实上也正是如此（如图 2 - 1、图2 - 2所示）。

这就是我们通过对比所挑选出来的“强势股”！

实盘案例一：

名称：华闻传媒　类别：大盘对个股　时间：1999 年

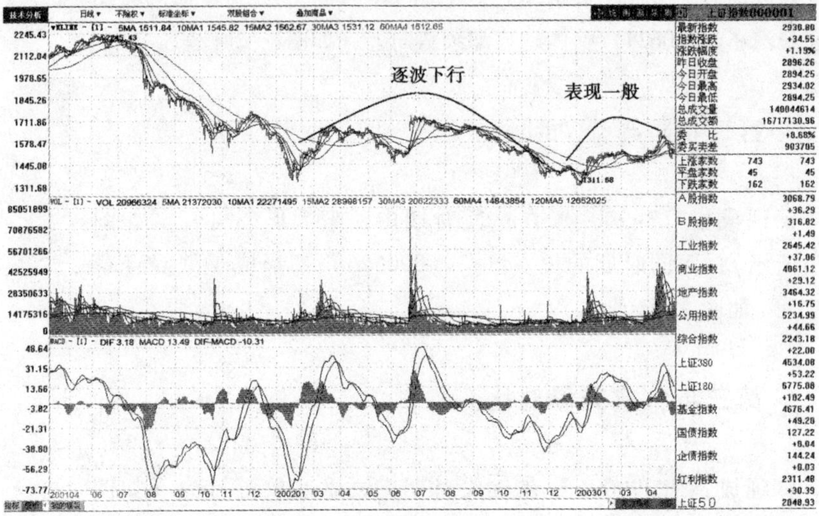

图 2－1

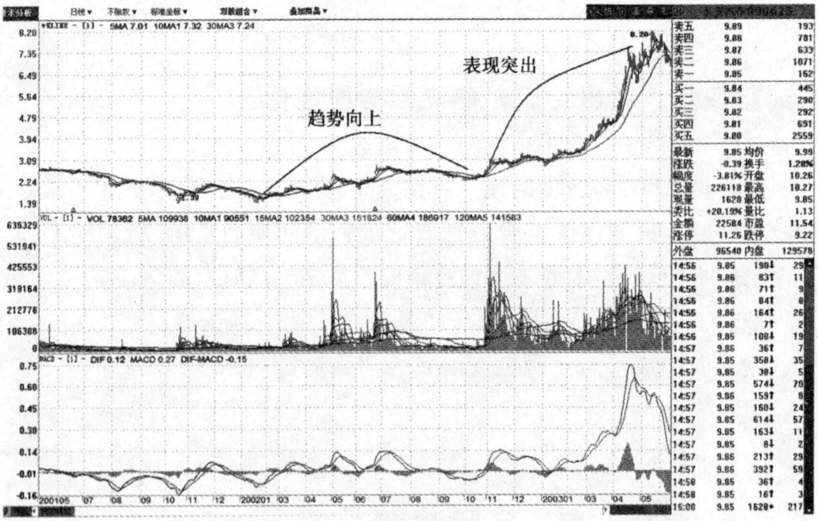

图 2－2

在1999年2—5月间，上证指数（000001）于走势图中形成了一个类似“草肚皮”状的半圆形走势，不过这个“半圆形”的终点要低于起点，从而使其在整体趋势上呈现出倾斜向下的姿态（如图2－3所示）；而在此期间的华闻传媒（000793）却放量上涨，形成了前高后低趋势倾斜向上的强势“草肚皮”（如图2－4所示）。

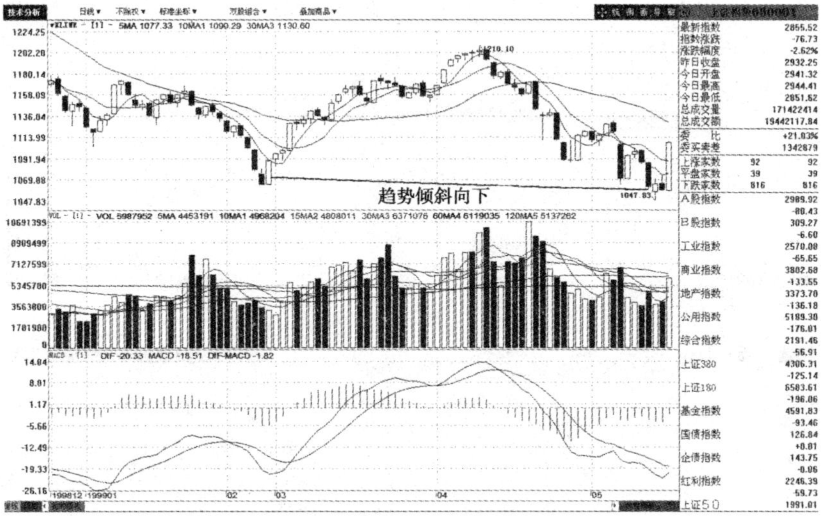

图2－3

最简单、最直观的趋势对比——却是最有效的分析手段！

通过简单的趋势对比，我们可以得出华闻传媒（000793）是盘中强势股的结论。接下来，我们可以通过“草肚皮”技术买入该股。后来该股在短时期内连续飙升，股价由1.67元上升至3.57元，绝对升幅高达121%（如图2－5所示）；而上证指数（000001）后来也由1047点升到了1756点，但升幅仅有

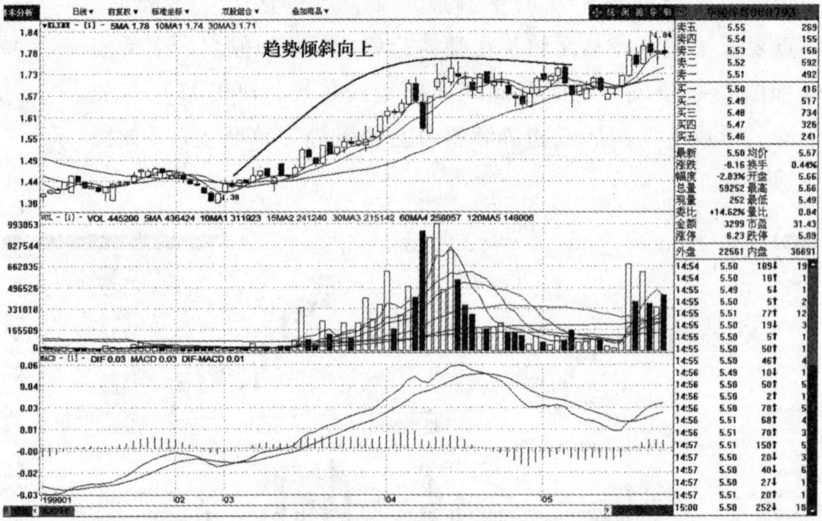

图2－4

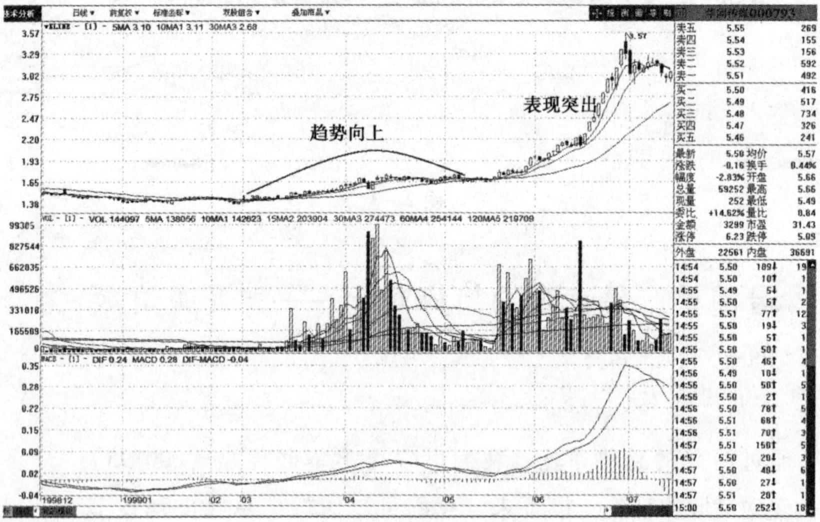

图2－5

70%（如图2－6所示）。

事实上，上证指数（000001）日后升幅多少，对我们来讲已经并不重要了，重要的是我们通过它找到了强势股华闻传媒（000793）。

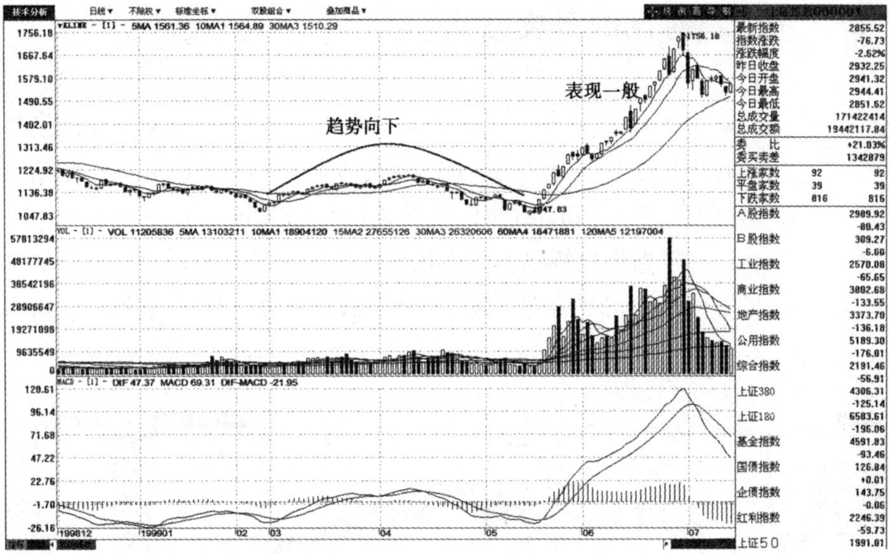

图 2－6

实盘案例二：

名称：上海机场　**类别：**大盘对个股　**时间：**2003 年

2003 年末，沪深两市展开了一轮以价值投资为理念，以大盘蓝筹股为核心的局部牛市行情，上海机场（600009）就是其中的佼佼者。那么，我们能否在其上涨行情启动之前，通该股与大盘之间在各方面的相互比较，将它挑选出来呢？

除了价格趋势之外，价格形态的好坏与“成交量堆”的大小，也是大盘与个股之间相互对比的重要砝码。

在2003年当中，上证指数（000001）虽有明显起落，但整体趋势却处于下滑状态，应该说它在这一年当中的表现还是偏弱的（如图2－7所示）；但上海机场（600009）就不一样了，它在这一年当中走势强劲，不仅整体趋势倾斜向上，而且还放量形成了巨大的“复合草肚皮”，这显然是主力大举建仓所为（如图2－8所示）。

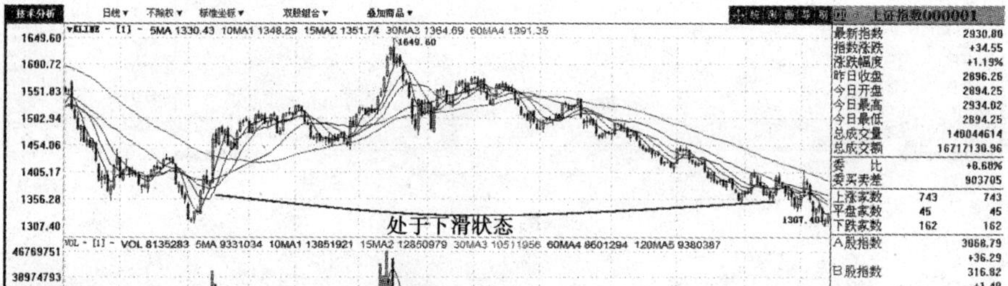

图2－7

综上所述，可以说上海机场（600009）是处于主力建仓过

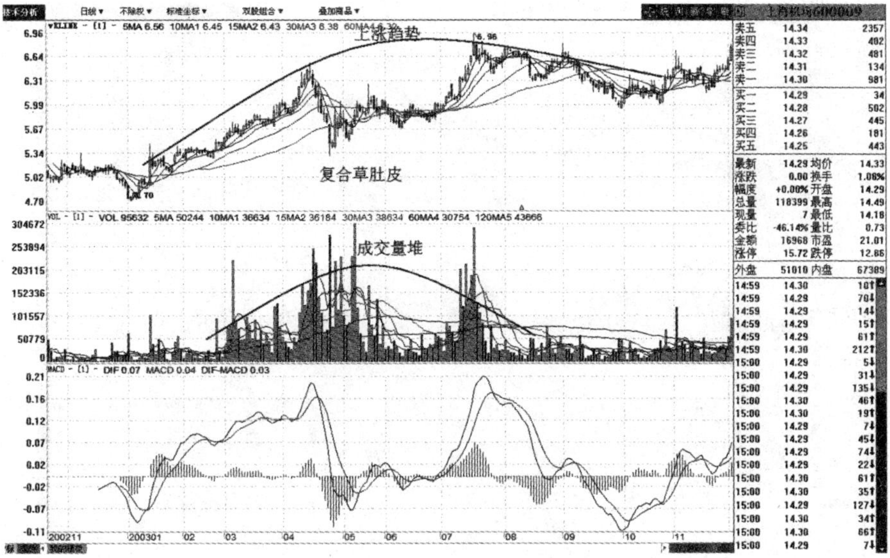

图2-8

程中的“强势股”，日后定会有不俗的表现。果然，在未来的2年里该股不断向上攀升，股价的总体升幅高达数倍；而同期的上证指数（000001）却表现平平（如图2-9、图2-10所示）。

实盘案例三：

名称：成飞集成　**类别：**大盘对个股　**时间：**2008—2009年

在2008年1月—2009年5月的一年半时间里，上证指数（000001）总体上呈现出先扬后抑的盘整格局，但是在这段时期内它下跌的时间要多过上涨的时间，因此使其看上去显得十分疲

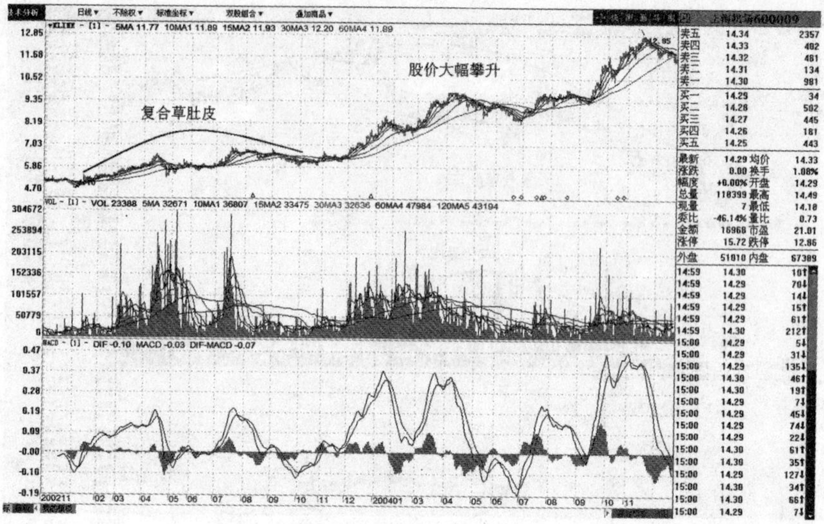

图2－9

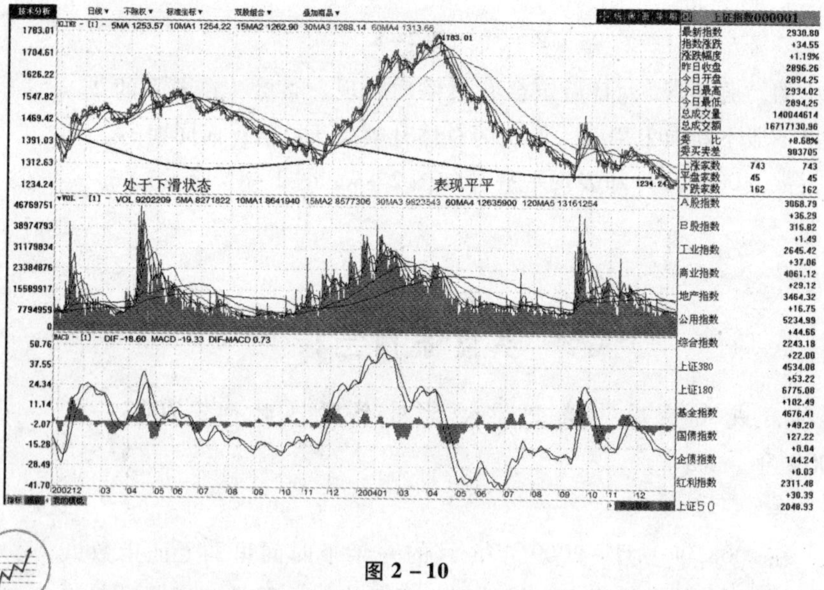

图2－10

弱（如图2－11所示）；而与其同时期的成飞集成（002190）却

形成了整体趋势倾斜向上并带有巨大“成交量堆”的“大型草肚皮”（如图 2 - 12 所示）。究竟两者之间谁强谁弱一看便知！

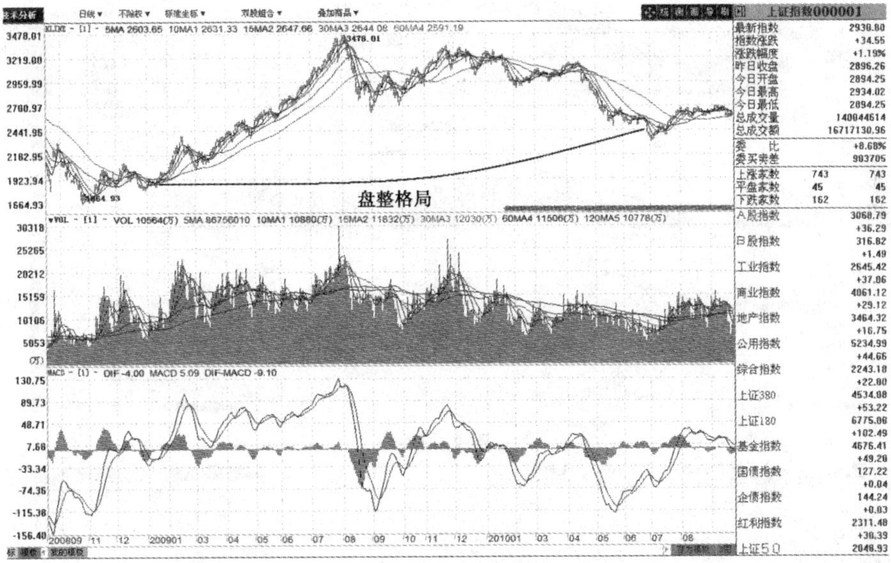

图 2 - 11

最终，成飞集成（002190）的强势特征让其成为出类拔萃的超级牛股；而同期的上证指数（000001）却没有什么像样的表现（如图 2 - 13、图 2 - 14 所示）。

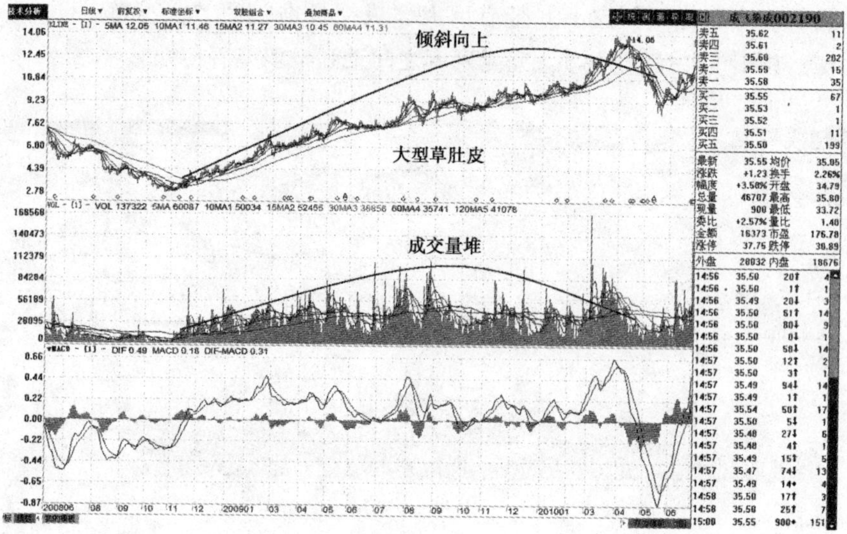

图 2－12

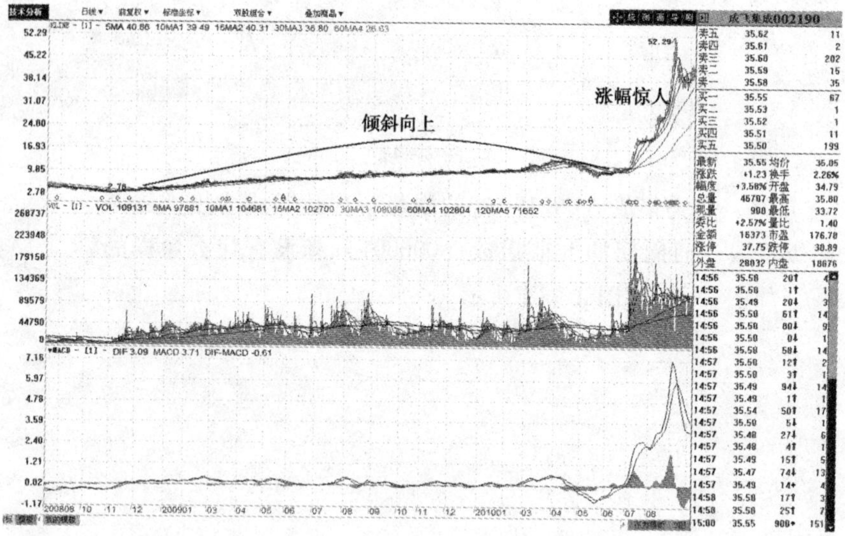

图 2－13

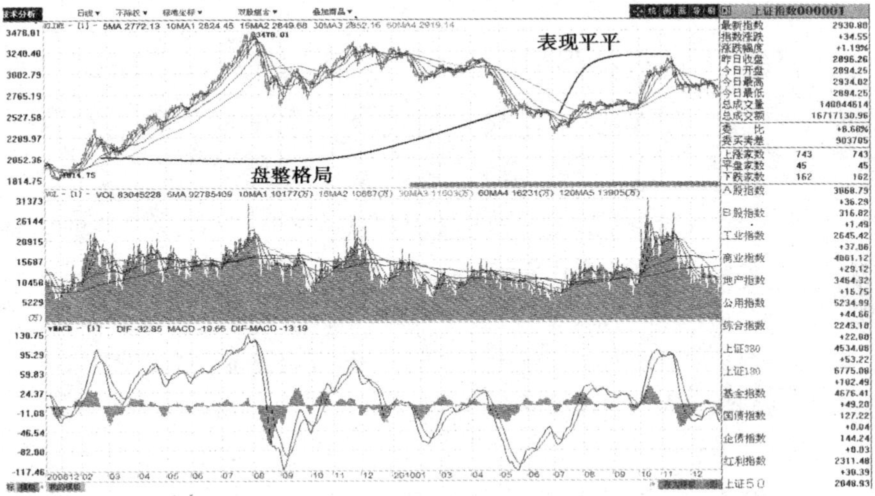

图2-14

（二）各股与个股

黑马股或大牛股是通过一轮轮筛选而最终确定的——首选之后还要进行复选。

您以为仅仅通过大盘与个股之间的相互对比，并从中挑选出同期表现强于大盘指数的个股就算完成任务了吗？不。通过这种方法所挑选出来的个股数量众多，为此，我们还要对其进行第二轮的淘汰。

进行各强势股之间的全面对比——是通过“相对理论”寻找到黑马股或大牛股的第二步骤。

大盘与个股之间的相互对比只是整个“相对理论”的一部分，接下来我们还要通过各强势股之间价格趋势、形成周期、成交量分布、均线支撑等细节方面的进一步对比，遴选出更为强势的个股。这叫做“优中选优”。也只有这样做，才会令我们捕捉到独一无二的黑马股。

“草肚皮”内的最高价－最低价＝“草肚皮”的绝对厚度——而“草肚皮”的绝对厚度可以体现出主力的建仓力度，主力的建仓力度又决定了其后的拉升幅度。

各强势股之间的对比方法如下（以下步骤，仅供参考）：

上海市场中的强势股中信证券（600030）和楚天高速（600035）都在2005年12月—2006年3月于盘中形成“草肚皮”，但是这两者之间究竟谁强谁弱？还需要通它们之间在这一时期内于各方面的逐一对比来最终确定。

➢ 第一步：对比两股之间的成交量。

中信证券（600030）“草肚皮”下方的“成交量堆”，要比楚天高速（600035）的略为丰厚。

> 第二步：对比两股之间的均线支撑。

中信证券（600030）的“草肚皮”在回调过程中，于其 60 日均线上方获得支撑，而楚天高速（600035）的则于其 120 日均线处获得支撑的。

> 第三步：对比两股之间的“草肚皮”厚度。

中信证券（600030）“草肚皮”的起点是 0.52 元，高点是 1.43 元，“肚皮”绝对厚度为 175%，而楚天高速（600035）的起点是 1.44 元，高点是 2.14 元，“肚皮”绝对厚度为 48%（如图 2－15、图 2－16 所示）。

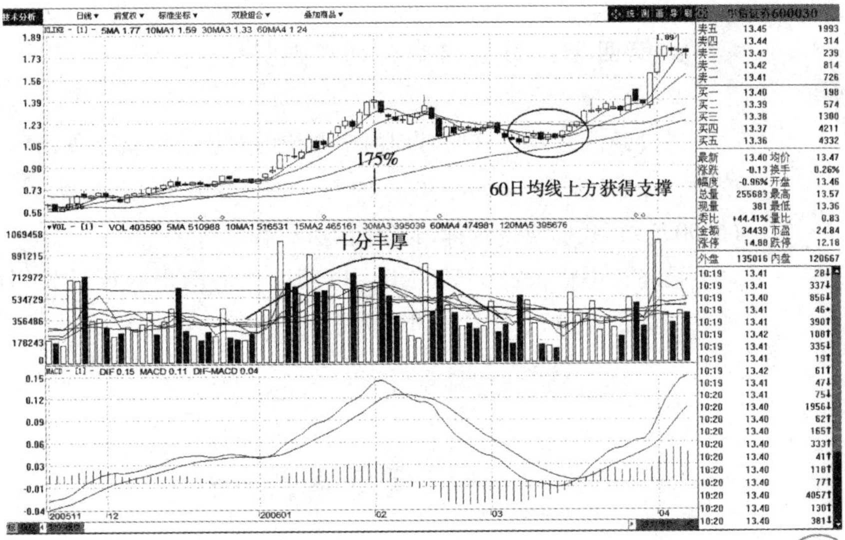

图 2－15

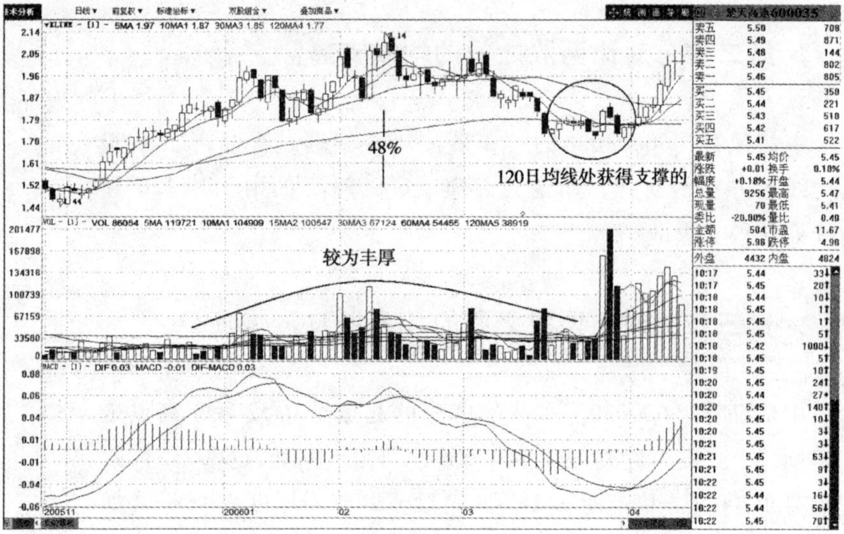

图 2－16

➤ 第四步：做出结论，确立强势股。

通过两股之间在该段时期内全方位的对比，我们所得出的结论是：中信证券（600030）的建仓强度要强于楚天高速（600035），我们应该选择前者而淘汰后者。

最终，中信证券（600030）以其巨大的涨幅验证了我们的观点（如图2－17、图 2－18 所示）。

实盘案例一：

名称：华闻传媒 **类别：**各股对个股 **时间：**1999 年

假设让我们重新回到 1999 年上半年，面对着华闻传媒

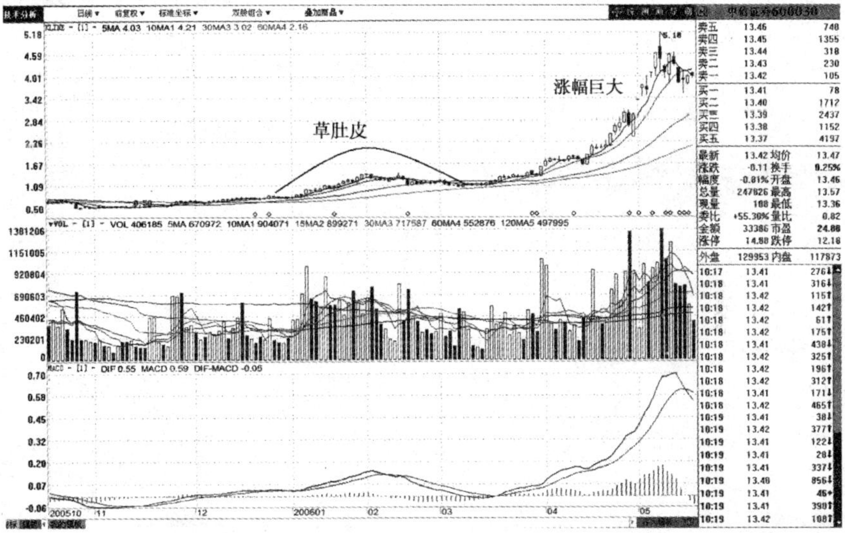

图 2－17

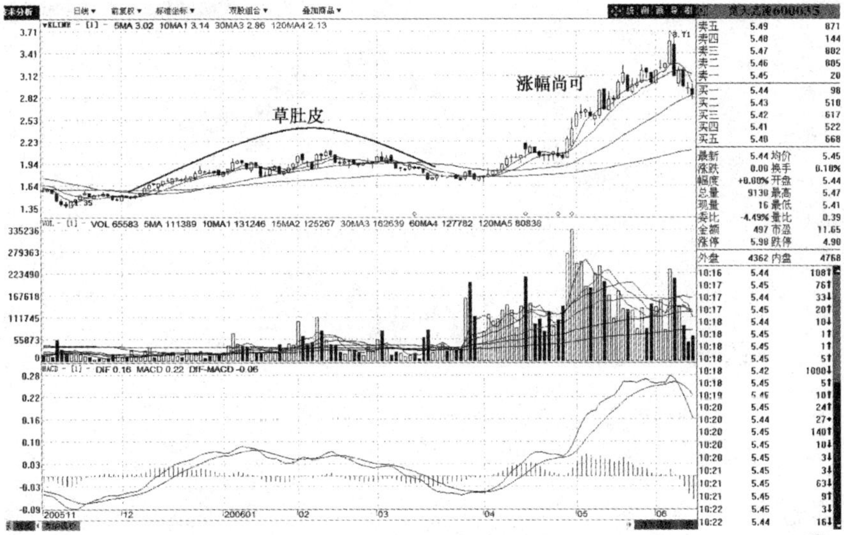

图 2－18

（000793）与广电信息（600637）两只同样以“草肚皮”建仓的强势股，您又会如何选择呢（如图 2－19、图 2－20 所示）？

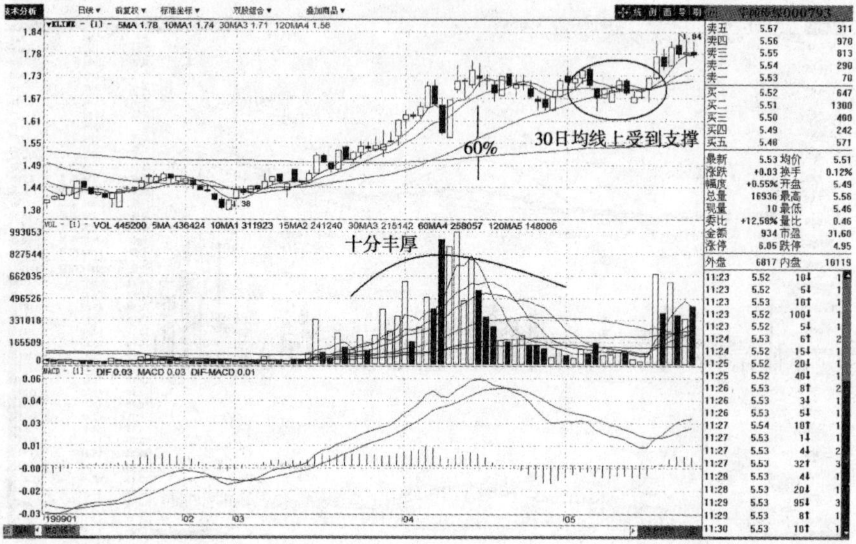

图 2－19

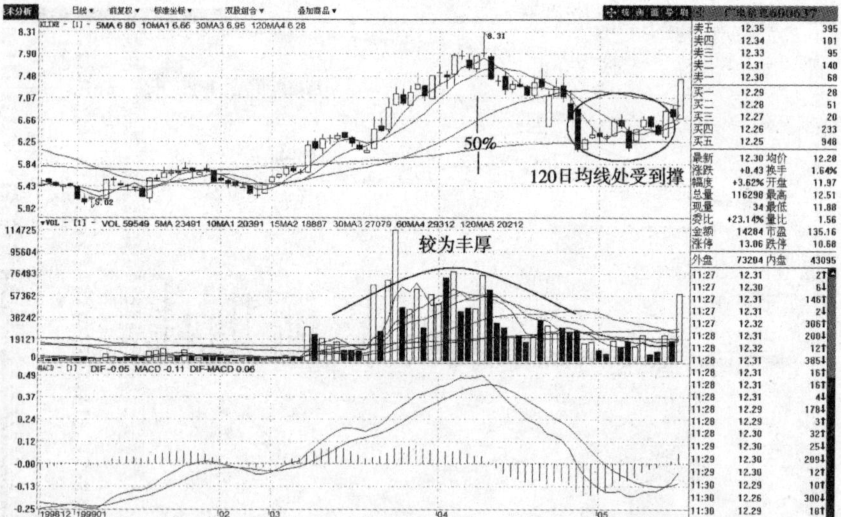

图 2－20

建仓周期的长短——也是强势股之间进行对比的一项重要砝码。

其实，我们只要将二者的“草肚皮”在各个方面做一下简单的比较，就可以从中得到答案了：

在形成周期上，华闻传媒（000793）的“草肚皮”是从2月9日开始至5月18日结束，大概有3个半月左右的时间，而广电信息（600637）的差不多也是这样；在“肚皮”的厚度上，华闻传媒（000793）的最低价是1.38元，最高价是1.77元，其间差价约为60%左右，而广电信息（600637）的最低价是5.30元，最高价是8.31元，其间差价大约在50%左右；在“草肚皮”之后的回落过程中，华闻传媒（000793）的股价是在其30日均线上方受到了支撑，而广电信息（600637）则是在其120日均线处受到了支撑；在成交量方面，华闻传媒（000793）“草肚皮”下方的“成交量堆”也明显强于广电信息（600637）的（如图2－19、图2－20所示）。

通过以上四点的对比，我们发现华闻传媒（000793）有3项要强于广电信息（600637），因此，我们应当买前者而弃后者。

最终，华闻传媒（000793）的股价上涨了300%，而广电信息（600637）却只有100%（如图2－21、图2－22所示）。

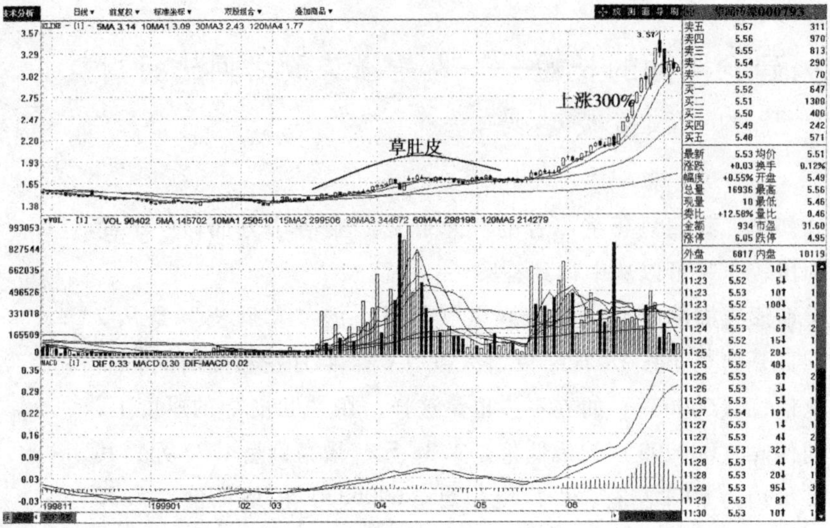

图 2－21

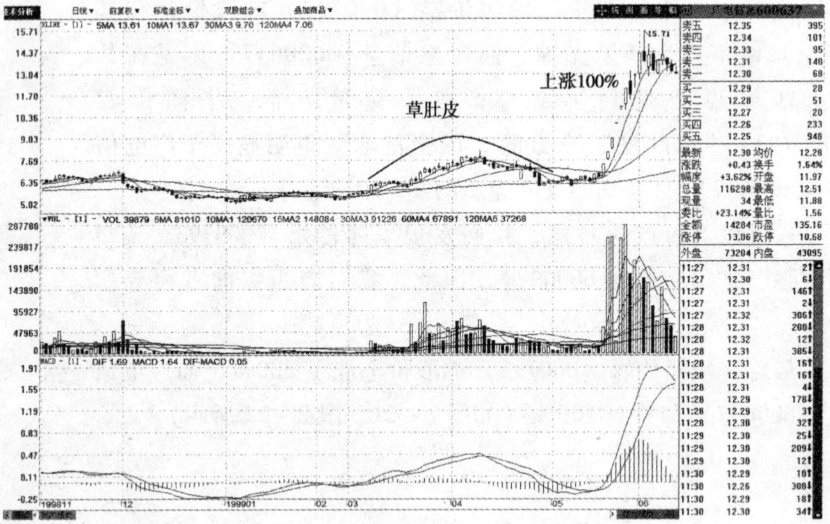

图 2－22

实盘案例二：

名称：中达股份　**类别**：各股对个股　**时间**：2005—2006年

中达股份（600074）与中视股份（600088）在2005年12月—2006年3月，各形成了一个标准的“草肚皮”。粗看这两个“草肚皮”之间，无论是从形成周期长短或是“成交量堆”的大小上，都很难分出高低上下（如图2－23、图2－24所示）。

至此，您又会选择其中的哪一只作为买入对象呢？既然我们从大的角度上难分优劣，就应从细微处入手：中达股份（600074）的股价在其“草肚皮”后的回落过程中受到了其60日均线的支撑，而中视股份（600088）的却跌落到其120日均线之上，二者之间明显相差了一个档次（如图2－23、图2－24所示）。

主力控盘程度高——股价洗盘幅度浅；主力控盘程度低——股价洗盘幅度深。

一般来说，主力持筹越多，控盘越好，那么该股的盘面表现就越为轻盈，股价也相应地容易受到短期均线的支撑；反之，就要多向下回调一点了。从这一观点出发，我们不难判断出中达股份（600074）的“草肚皮建仓”要强于中视股份（600088）的。

其后的发展结果也正是这样，前者的涨幅要远大于后者（如图2－25、图2－26所示）。

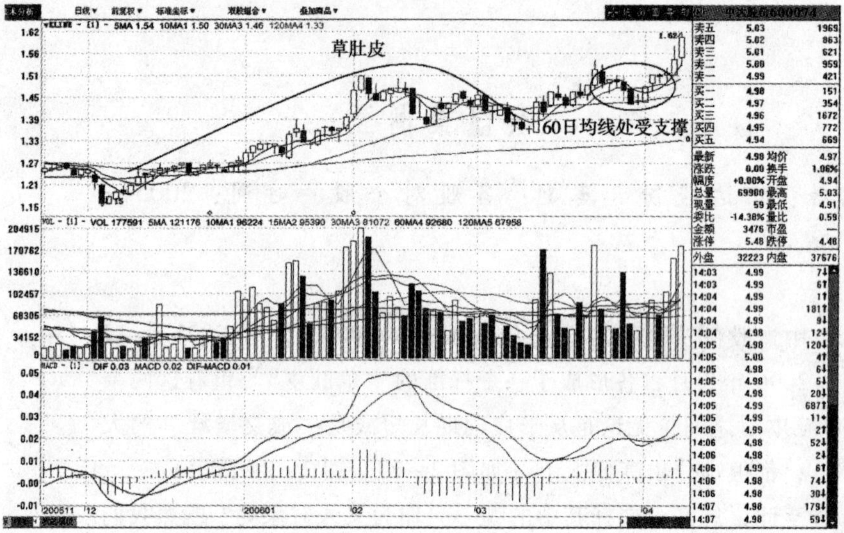

图 2－23

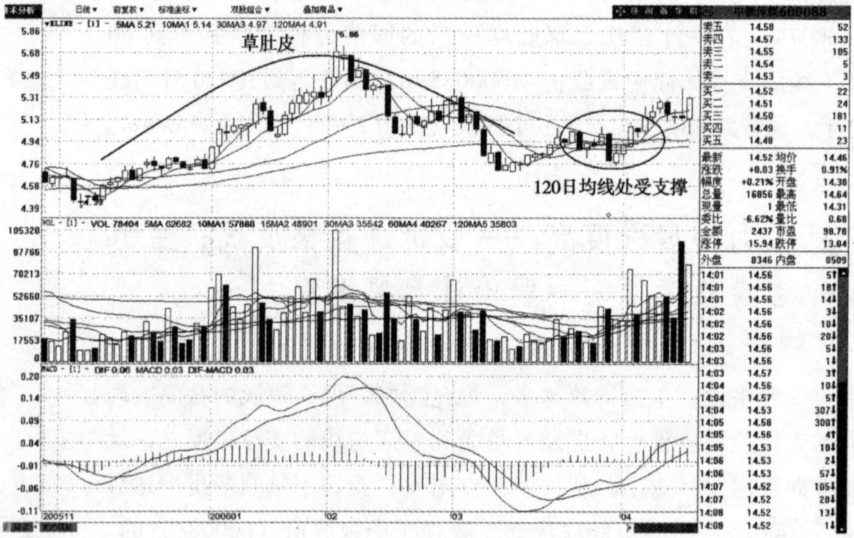

图 2－24

第 2 招

汰弱留强

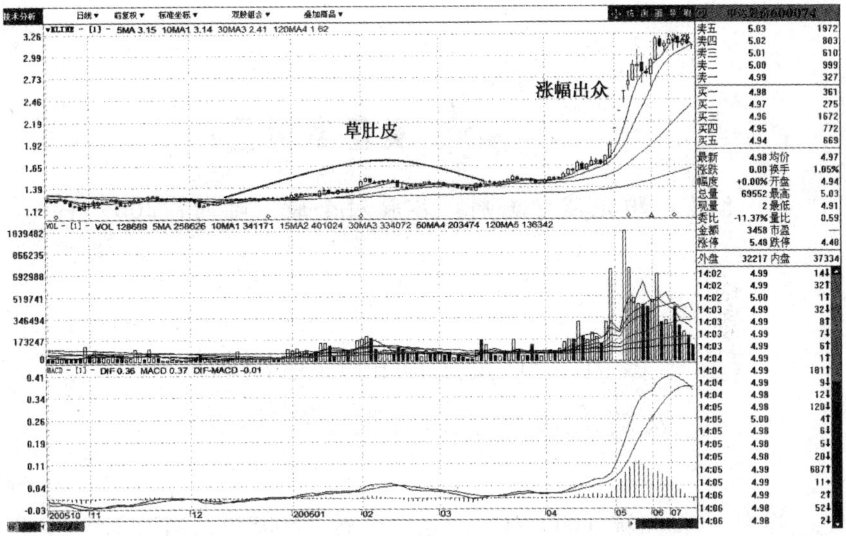

图 2－25

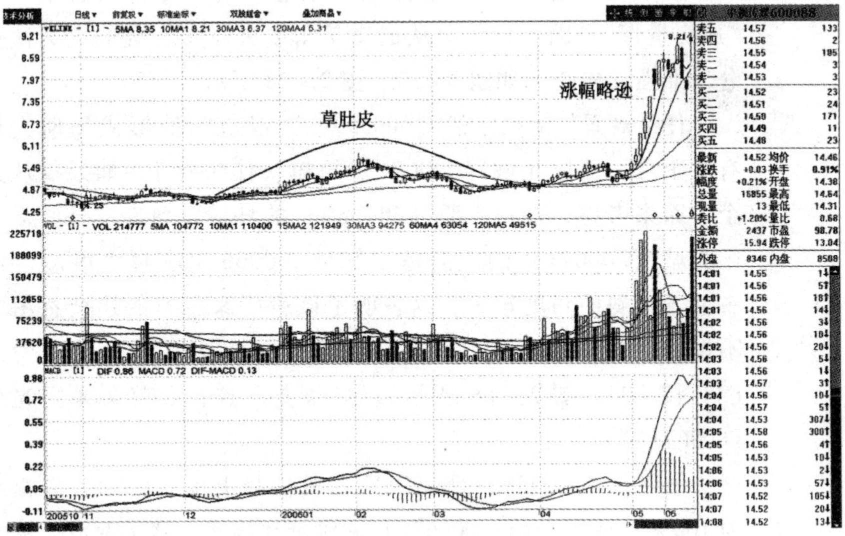

图 2－26

实盘案例三：

名称：阳光城　**类别：**各股对个股　**时间：**2009年

“银边”个股之间的相互比较——应侧重于吸纳周期与倾斜角度两个方面。

阳光城（000671）与老白干酒（600559）同于2009年上半年形成了“银边”，并且这两条“银边”的下方都具有丰厚的“成交量带”，因此，单单从成交量角度来思考，我们是无法区分出谁强谁弱的（如图2－27、图2－28所示）。

仔细观看，老白干酒（600559）“银边”的形成周期大概有9个月，而阳光城（000671）的却只有6个月，如果仅从这个方面来考虑，老白干酒（600559）的日后表现肯定是要强于阳光城（000671）的。但是阳光城（000671）的“银边”向右上方倾斜的角度较大，这表明了该股庄家急迫的建仓意图与不惧一切的坐庄态度，因此该股未来一定会有巨大的冲劲儿（如图2－27、图2－28所示）。如果要我选，我就买入阳光城（000671）。

最终，老白干酒（600559）的股价只上涨了一波，涨幅约为100%；而阳光城（000671）的股价却接连上涨了两波，涨幅将近300%（如图2－29、图2－30所示）。

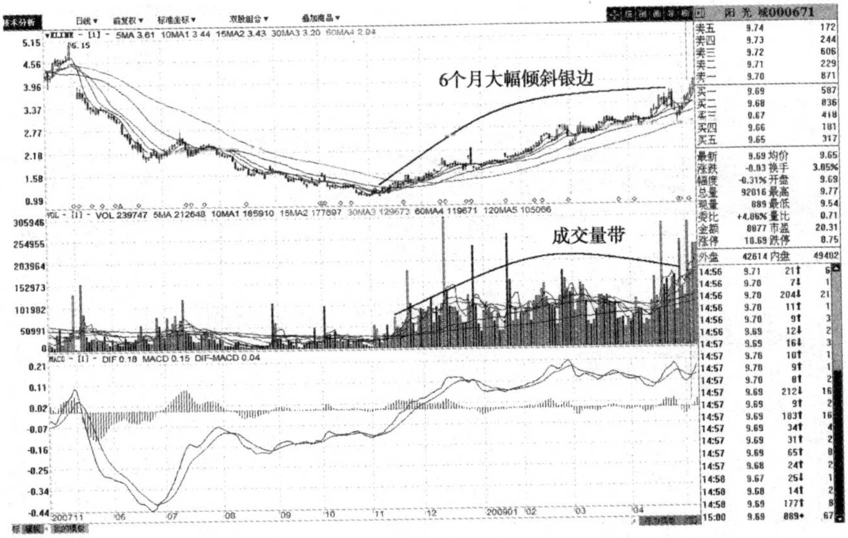

图 2－27

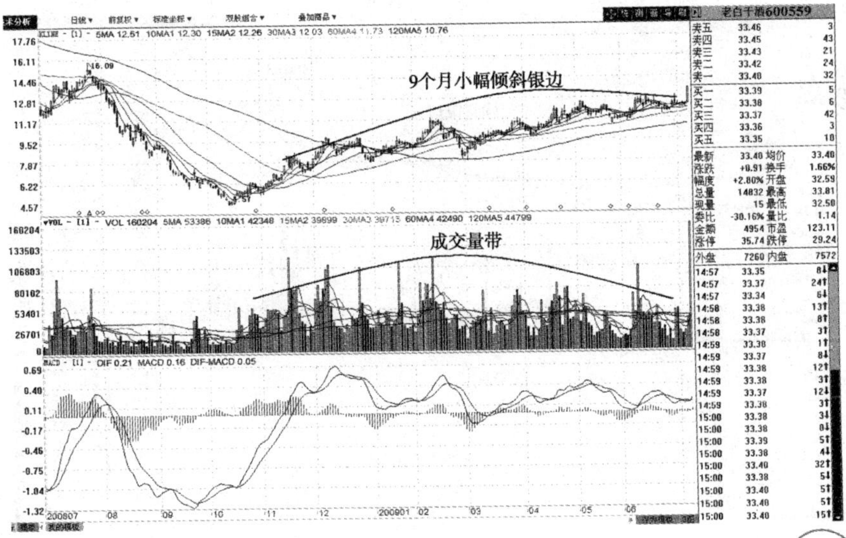

图 2－28

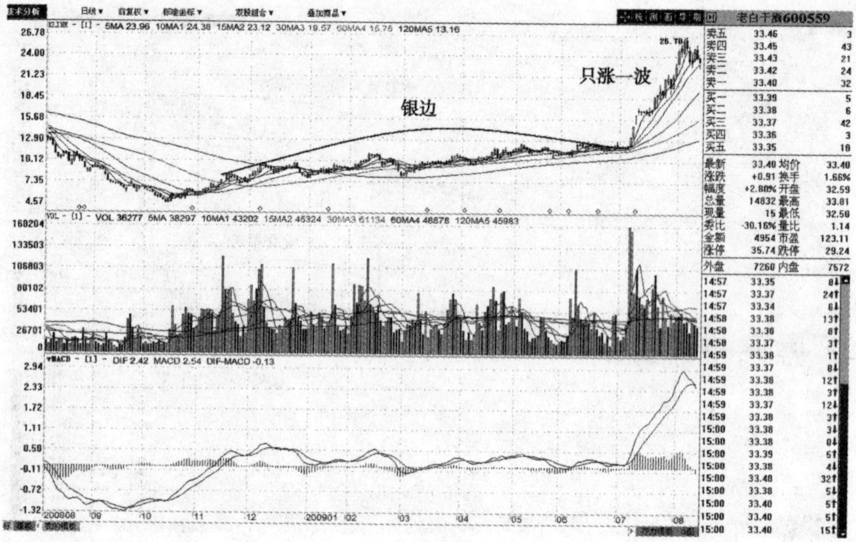

图 2－29

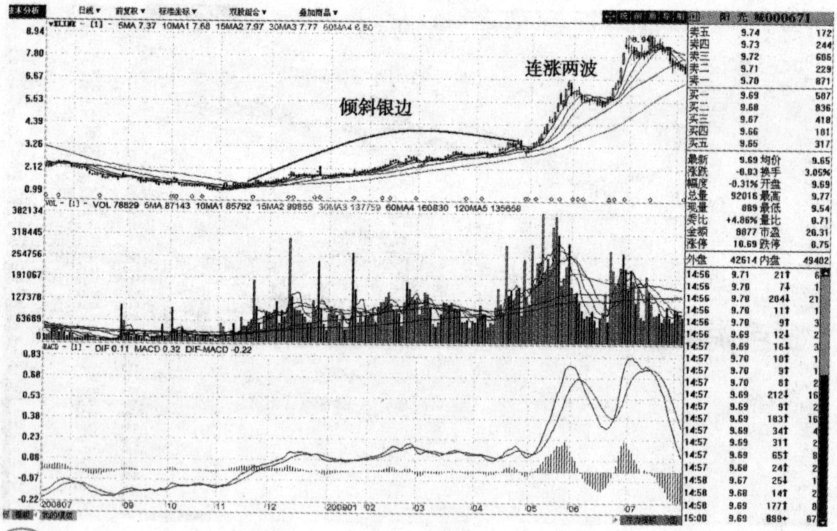

图 2－30

第二节 平行理论

实战法则： 当我们发现某只建仓个股后，一定要着重看看它在建仓期间内的价格走势是否顺滑流畅，整体形态是否浑然一体，如果是则可大胆买入。

从操作次序上来讲，本节的“平行理论”是“相对理论”的后续手段，汰弱留强过程中的第三步骤。

技术指标有用吗——其中又以谁的出现频率最高！

股市中有多少种技术指标？具体的我也不太清楚，但怎么也得有个几十种吧！随着国内投资者操盘技术的不断成熟，许多曾风靡一时的技术指标已被逐渐冷漠。虽然我对各类技术指标没什么兴趣，但有一种现象却引起了我的关注：每当我打开各类股票软件，翻看股价走势图时，总能在盘面下方看到同一个指标。这不是我有意设置的。该指标的外在表现形式极为简洁、流畅，它就是“指数平滑异同移动平均线”，简称 MACD。这究竟是一种什么样的技术指标，居然能以如此简洁的形式雄居各项指标之榜首？可见其所具有的功效是倍受投资者所推崇的。

MACD与其他技术指标相比——更具稳定性、准确性

如果我们回过头来，再对各项技术指标进行一次深入的了解就会明白，原来绝大多数技术指标所发出的买卖信号都具有很大的不确定性，而MACD则是在本就简洁、客观的移动平均线（MA）基础上，经过双重平滑所计算出来的，因此他与其他技术指标相比更具稳定性和准确性。

透过现象看本质——才是硬道理！

我们都知道，在股市中最贴近股价走势，最能反映出股价运行趋势的技术指标就是移动平均线，但是移动平均线又是在股价走势中所提取出来的，因此，以移动平均线为基础所计算出来的MACD离股价本身也就又远了一步。即便这样，该指标仍具有极为重要的参考价值。那么，我们为什么不返璞归真，消除一切障碍，直接去观察股票的价格走势呢。

受MACD启发得出“平行理论”——股价走势越简洁、越流畅就越好。

正是出于上述思路，我提出了用来直接观察股票价格走势的“平行理论”。该理论的主要思想是：我们在选股过程中，应该

尽量去挑选那些 K 线组合顺滑流畅，整体走势一气呵成的建仓个股，它们往往会在未来的上涨行情中具有卓越的表现。

由表及里——通过价格走势的工整程度，反推出主力的控盘程度。

其实，“平行理论”的中心思想不难理解，就像人的内在修养会反映到外在气质上来一样，庄家对个股的操控能力也会反映到该股的价格走势当中。一般来说，庄家的持筹数量越多、控盘程度越高、操作意愿越强，该股就越会在走势图中呈现出工整有力的价格形态；反之，庄家的持筹数量越少、控盘程度越低、操作意愿越弱，该股在走势图上所呈现出来的价格形态也就越显散乱无章。

例如，中信证券（600030）在形成“草肚皮”时的价格走势就显的格外的顺滑流畅，所以其后它涨势凌厉，涨幅巨大（如图 2－31 所示）。

主力的控盘程度和上涨动能的储备情况——是“平行理论”大行其道的两大理论基础。

“平行理论”看似愚笨的理论，却是股票艺术的一种高度升华。

第一，个股在建仓期间内，K 线组合顺滑流畅，整体走势一气呵成，是主力高度控盘的外在体现，反过来说，也只有在主力高度控盘的情况下，才能使股价走势变得如此受控。

第二，我认为，股价的连续涨升是股票内部能量持续性爆发

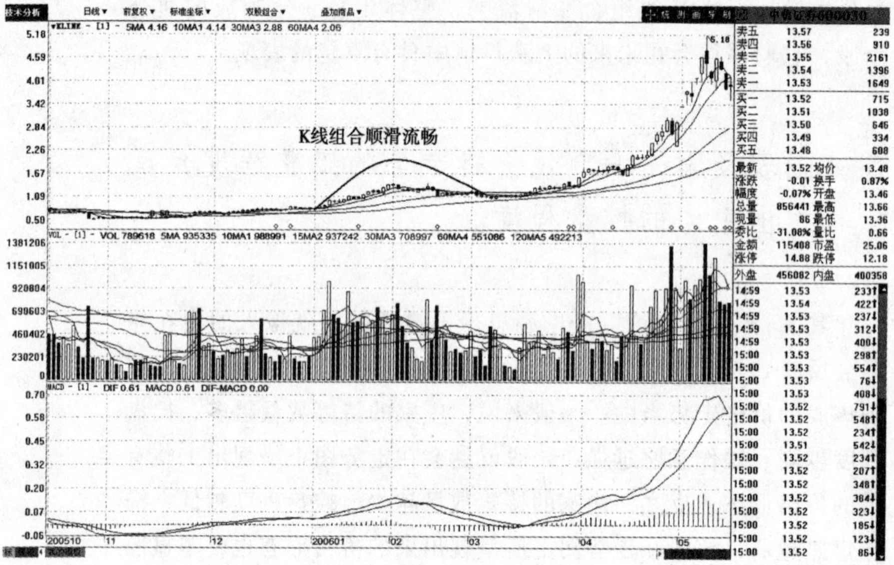

图2－31

的一种外在体现，而能量的高低及储备情况又可以通过股价形态表现出来，如果在建仓时期股价的波幅过大、波动过频，时常出现跳空缺口或无规律的涨跌，都是对内在能量的一种宣泄，这对该股未来的涨升大为不利，就象一条千疮百孔的高压水管，是不会把水运送多远、多高的。

我的这个理论厉害吧？它让我想起了我在少年时代所看过的一部香港电影《长短腿之恋》，该片讲述的是一位少年英俊的小伙子最终爱上了一位跛脚姑娘的浪漫爱情故事。有一场戏中，小伙子为了掩盖姑娘跛脚的不足，便脱下她的一只鞋子把里面的鞋垫加厚一层，还风趣的说："发明鞋垫的人很聪明，但是我比他还聪明一点"。这里我也要说：发明指数平滑异同移动平均线的人很聪明，但是我比他还聪明一点点。哈哈，写这段文字只是为了让大家轻松一下。

“平行理论”——黑马股的克星！

“平行理论”和“相对理论”一样，也是一个比较“初级”的选股理论，它的特点是符合绝大多数强势个股的运行特征，但也有不足之处。然而，“初级”并不等于“低级”，它是我于十几年实盘操作过程中所总结出来的宝贵经验，也得到了市场无数次的验证，在捕捉强势黑马股方面具有奇效。

“平行理论”的应用方法——通过“相对理论”对比得出，哪只个股在建仓时期内走势更为顺滑流畅、浑然一体。

“平行理论”于实盘操作过程中的具体应用方法是：在拥有相同“运作周期”与“运行轨迹”的建仓各股当中，凡是具备K线组合顺滑流畅、股价结构浑然一体等技术特征者，都会在未来的上涨行情中，于涨幅与涨速方面优于那些K线组合零乱不堪、股价走势震幅较大的个股。

该理论于具体案例中的，具体分析步骤是（以下步骤，仅供参考）：

➢ 第一步：确立对比周期和形态。

江西水泥（000789）和金路集团（000510）都曾在60日均线上方，形成历时2个月左右的“银边建仓”（如图2－32、图2－33所示）。

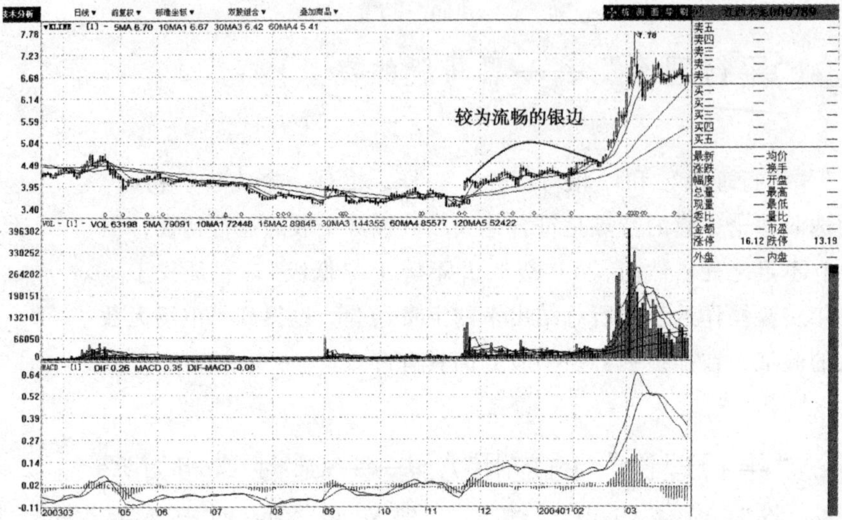

图 2 - 32

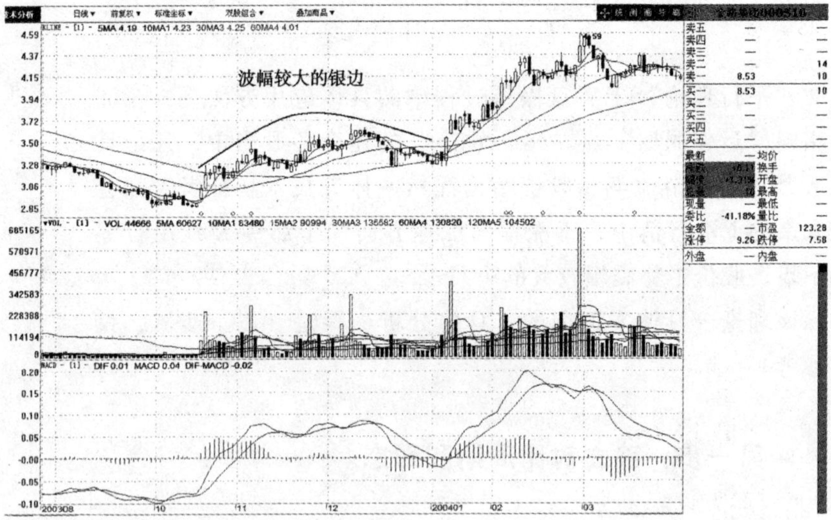

图 2 - 33

➢ 第二步：宏观轮廓对比。

所谓整体轮廓对比，就是看规定或建仓时期内，谁的股价总体走势更为浑然一体，谁更符合“平行理论”。以上两只个股还不错，都在建仓过程中于宏观方面形成了比较完整的“银边”形态。

➢ 第三步：细节结构对比。

但是在“银边”之后的上涨行情中，江西水泥（000789）在涨幅与涨速方面的表现要明显胜于金路集团（000510），这是为什么呢？如若我们仔细观察就会发现，这两条“银边”最大的区别就是，前者的细部特征较为顺滑流畅，而后者则在形成过程中产生了很多较大的波动。

➢ 第四步：得出结论，锁定目标。

据我分析造成这一结果的根本原因是：此二股所在庄家于建仓期间的控盘程度与操作意愿不尽相同，主力控盘程度高、操作意愿强的股价走势自然就会工整有力、顺滑流畅，就如江西水泥（000789）的“银边”那样，因而其后期涨势也就自然强劲（如图2-32所示）；相反，庄家控盘程度低、操作意愿差，其股价走势自然就会显现出控盘无度的频繁波动现象，就像金路集团（000510）的“银边”这般，所以它在日后的表现就会略为逊色（如图2-33所示）。

注明：在应用“平行理论”判研个股时，不一定非要借助于“相对理论”而得出哪一只个股在规定时期内的价格走势更为顺滑流畅、浑然一体。我们之所以这样做，其目的是为了让大家更为充分地认识到这个理论的实用性。在实际应用该理论过程中，只要您心中有一把尺子，能够区分出哪只个股更具备上涨潜力就足够了。

实盘案例一：

名称：中信证券　类别：平行理论　时间：2006 年

中信证券（600030）和东风汽车（600006）都曾在盘中于其 60 日均线上方形成了“草肚皮”。如若仔细观察这两个“草肚皮”，二者在外形结构上还是有很大差别的：中信证券（600030）“草肚皮”中的 K 线组合严谨工整，没有过多过频的剧烈震荡，整体结构更是顺滑流畅、浑然一体，这些特征都十分符合“平行理论”的中心思想，因此我给它打 80 分；

而东风汽车（600006）的“草肚皮”则在形成过程中，出现过 1 次猛烈上冲、两次急速下探，这使它的总体结构变得极为波折，但是其整体形态还算完整，不过我只能给它打 60 分（如图 2－34、图 2－35 所示）。

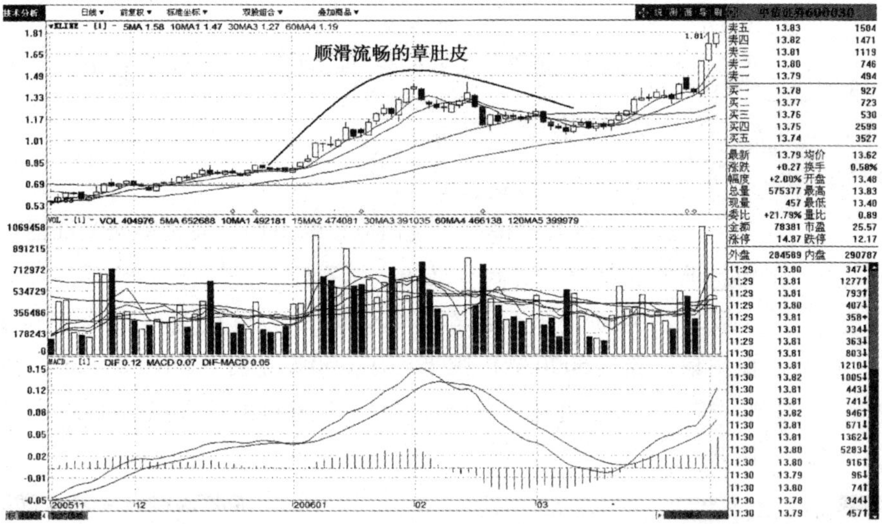

图 2 - 34

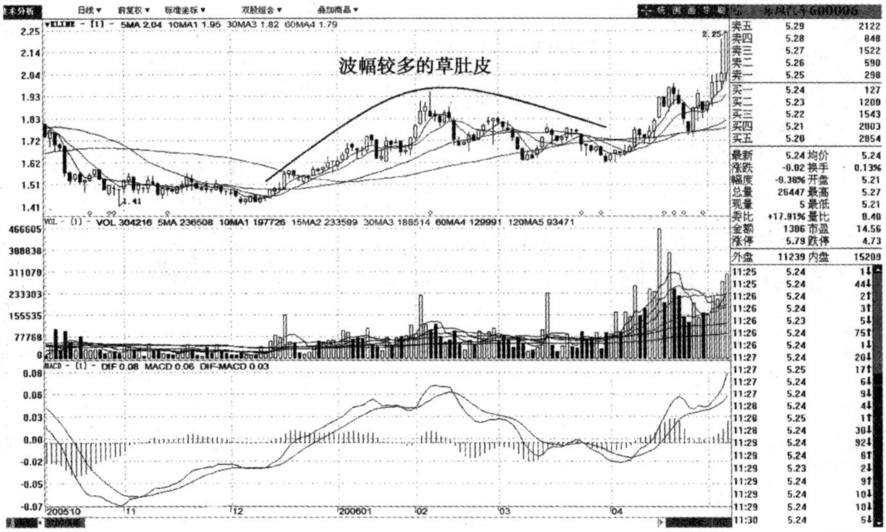

图 2 - 35

“平行理论” + “草肚皮”——价量合一才是选股王道！

通过两只股票的得分，我们应该知道此二股之间究竟谁强谁弱，谁的控盘程度更高，谁的上涨欲望更强了吧。事实也验证了我们的判断，东风汽车（600006）的后续升幅约为50%；而中信证券（600030）则上涨了300%左右（如图2－36、图2－37所示）。可见“平行理论”于选则黑马股股方面的重要性。

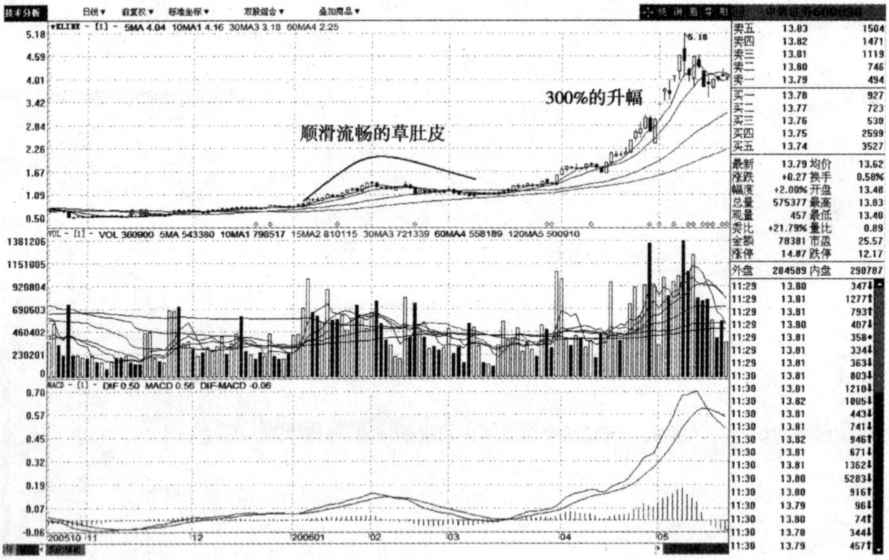

图2－36

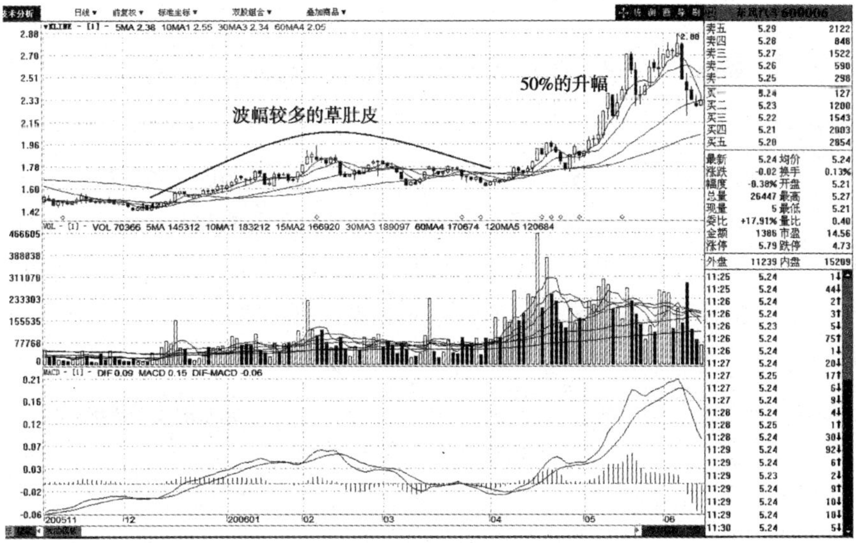

图 2－37

实盘案例二：

名称： ＊ST 新材　**类别：** 平行理论　**时间：** 2005 年

在前文中，我们曾介绍过“复合草肚皮”这种独特的建仓方式，但是从一定意义上来讲它的形态结构是与“平行理论”相悖的，因为“平行理念”追求的是整体走势浑然一体、一气呵成，而它却是由两个“肚皮”相连而成，在整体构造上繁琐了一步。所以，“复合草肚皮”与具有相同建仓周期的“单一草肚皮”相比，在其后的涨速、涨幅等方面还是要略逊一些的。

“平行理论”——上涨速度与力度的象征！

例如，＊ST新材（600299）的股价在2005年5—12月，于其60日均线上方形成了一个带有巨大“成交量堆”的“复合草肚皮”；同年8—12月平高电气（600312）的股价在其60日均线上方形成了一个带有巨大“成交量堆”的“单一草肚皮”，从建仓周期的长短方面来讲，前者要明显优于后者（如图2-38、图2-39所示）。

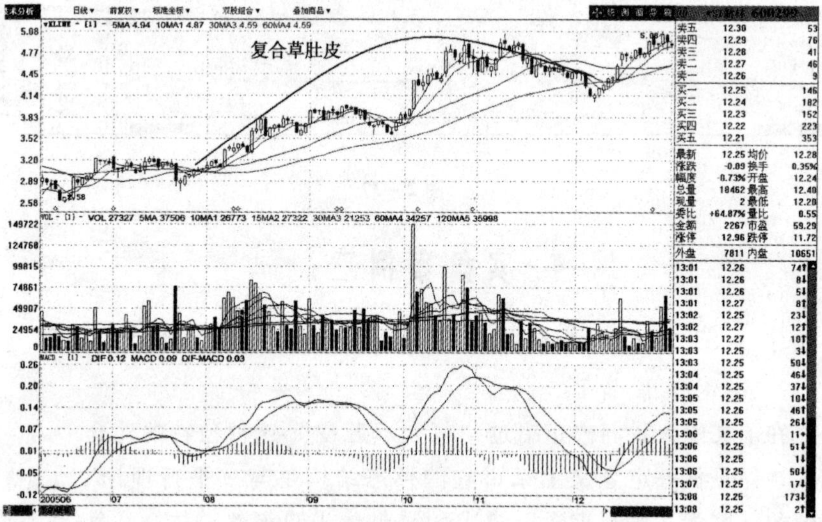

图2-38

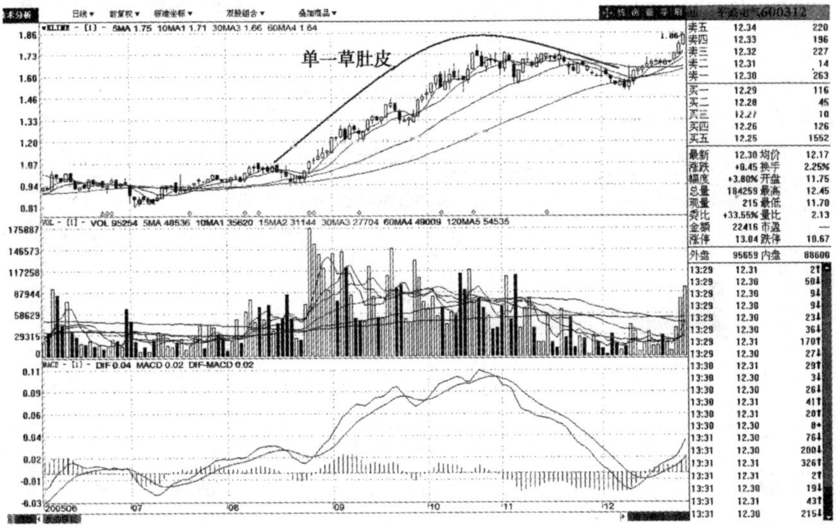

图 2-39

但是我觉得在其后的上涨行情中平高电气（600312）的表现未必会比＊ST 新材（600299）逊色多少，尤其是在上涨速率方面，因为平高电气（600312）的“单一草肚皮”更符合“平行理念”。

果然，在其后的上涨行情中平高电气（600312）显示出了非凡的上涨速度，虽然它在整体涨幅上要逊色于＊ST 新材（600299），但这也是由＊ST 新材（600299）充裕的建仓周期所导致的（如图 2-40、图 2-41 所示）。假设，这两只股票具有相同的建仓周期，我相信平高电气（600312）的最终涨幅一定会胜过＊ST 新材（600299）。

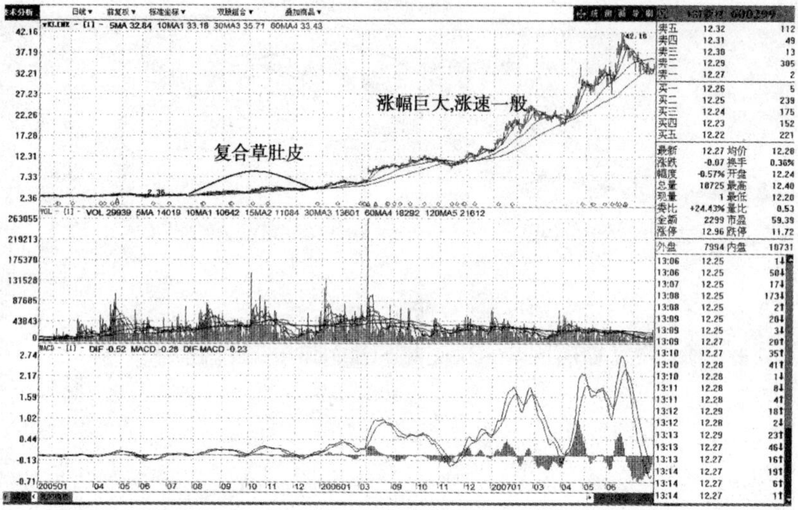

图 2－40

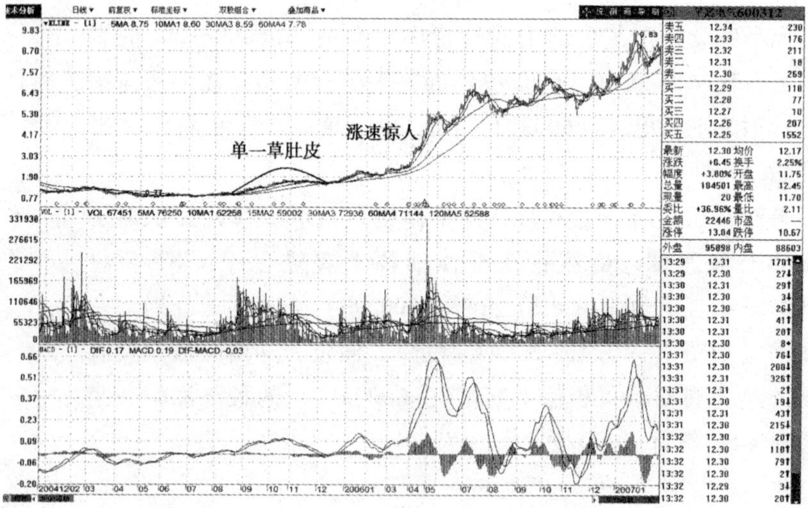

图 2－41

实盘案例三：

名称：金种子酒 **类别：**平行理论 **时间：**2008—2009 年

金种子酒（600199）在 2008 年 10 月—2009 年 6 月，于盘中形成了一条带有丰厚“成交量带”的“银边”；而安徽水利（600502）的股价也同样于这段时期内，形成了一条带有丰厚“成交量带”的“银边”（如图 2－42、图 2－43 所示）。

我想当您看到这两条“银边”以后，一定可以快速而准确地作出买入金种子酒（600199）的正确选择，因为两者相比它的“银边”形态略为顺滑流畅一些。

其后，金种子酒（600199）的股价接连不断地上涨了数倍之多；而安徽水利（600502）的却仅有一倍有余（如图 2－44、图 2－45 所示）。

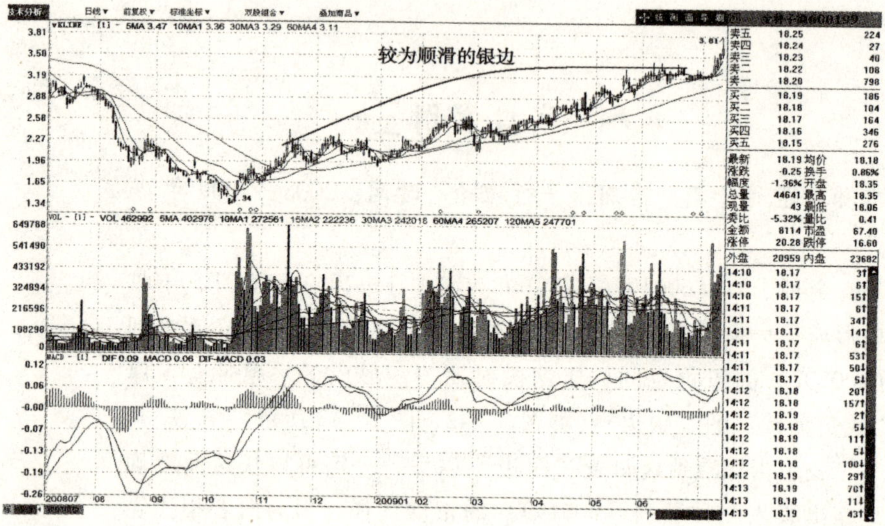

图 2－42

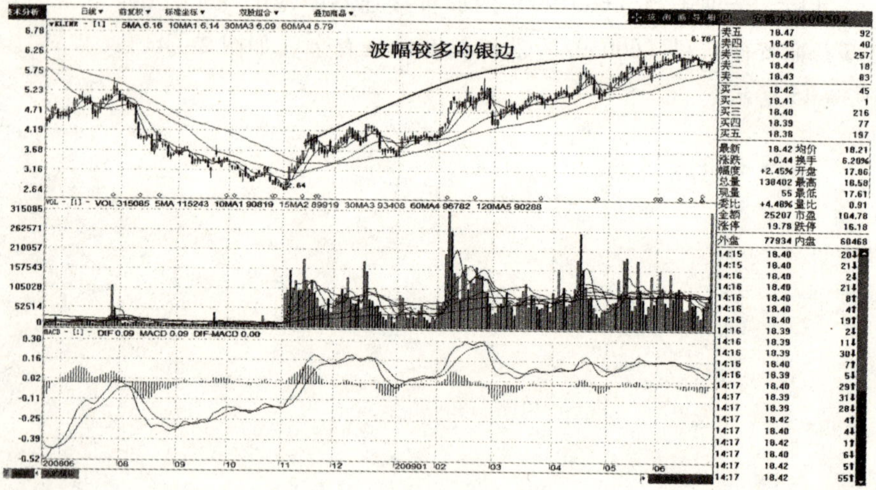

图 2－43

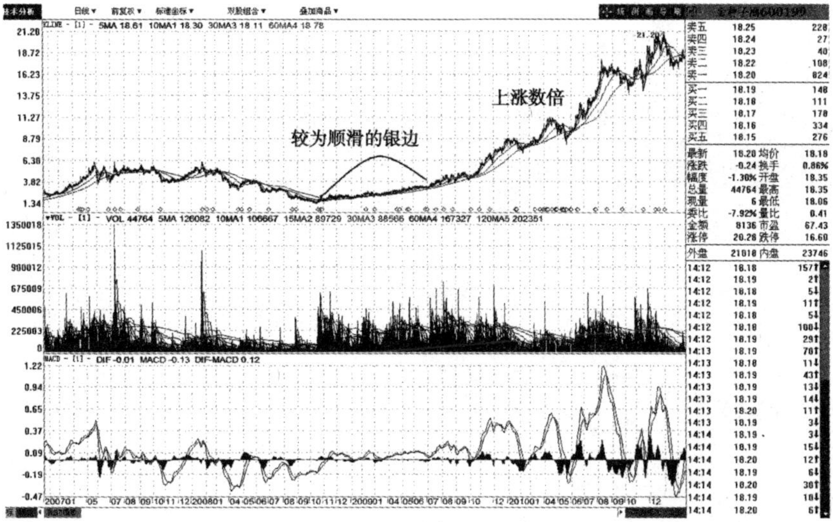

图 2 – 44

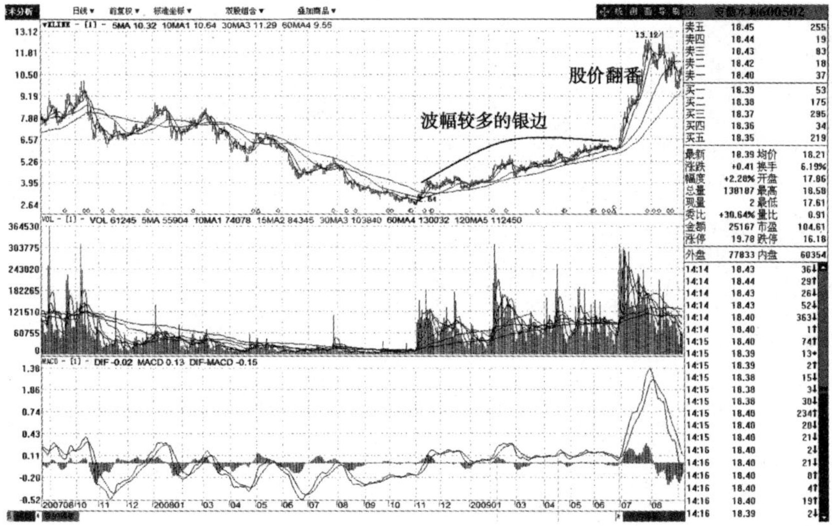

图 2 – 45

第3招

底部密码

观察成交量——很重要！

成交量是投资者进出股票的筹码，是资金流动的轨迹，是股价涨跌的元神，是趋势演化的动力与源泉，我们可以透过它看到市场的人气状况、散户的买卖意愿、庄家的进出规模、操作方式及思想策略等等。

比如，股价在低位持续地放出巨量，多数表示主力正在大量吸纳筹码，并且态度十分坚定；股票在突破及上涨过程中放量，多数说明主力拉升意愿坚定，散户跟风热情强烈；如果在拉升之后的高位放量，那就是主力在出货了。

观察庄股在集中建仓时期所形成的成交量——更重要！

在股市中，散户的力量实在是微乎其微，因此，我们对成交量的观察与研究只有针对庄家才有意义。庄家资金实力雄厚，在集中建仓过程中，势必会于股价下方形成明显的“成交量带”或“成交量堆”，通常这些“量带”或“量堆”都具有丰富的思想内涵，是我们确认庄家建仓行为、力度及态度的重要依据。

第3招

底部密码

"成交量堆"——具有不同形态并且意义重大。

多数投资者只知道股票的价格走势可以划分成"头肩顶（底）"、"双重顶（底）"或"三角形"、"旗形"等不同形态，并且这些形态会对股价的未来走向产生重大影响。然而，他们却不了解"成交量堆"同样具有形态，并且其所蕴含的寓意更为深刻，对股价未来走势所产生的影响也更加深远。

如果某只庄股在建仓时具备成良好的成交量形态——那么日后该股也必将获得更大的发展潜力。

如果把股票的价格走势比作一个人的躯体，那么成交量就是这个人的心和胆，只有在心胆功能都正常的情况下，这个人才能健康发育，茁壮成长。本章我们就来分别介绍一下，"银边"和"草肚皮"下方的成交量体系应以何种形态存在才最具有实际意义。

第一节

银边与量带

实战法则：由于“银边建仓”走势平缓、运行工整，因此，其下方的成交量形态也大多以“长方形量带”为主。

一般来说，“银边建仓”那平缓而稳定的价格走势，在很大程度上制约住了其下方成交量的发展形态，所以它的下方多以“长方形量带”为主（如图3－1所示）。

长方形量带

图3－1

例如，莱钢股份（600102）在其“银边”下方所体现出来的就是“长方形量带”（如图3－2所示）。

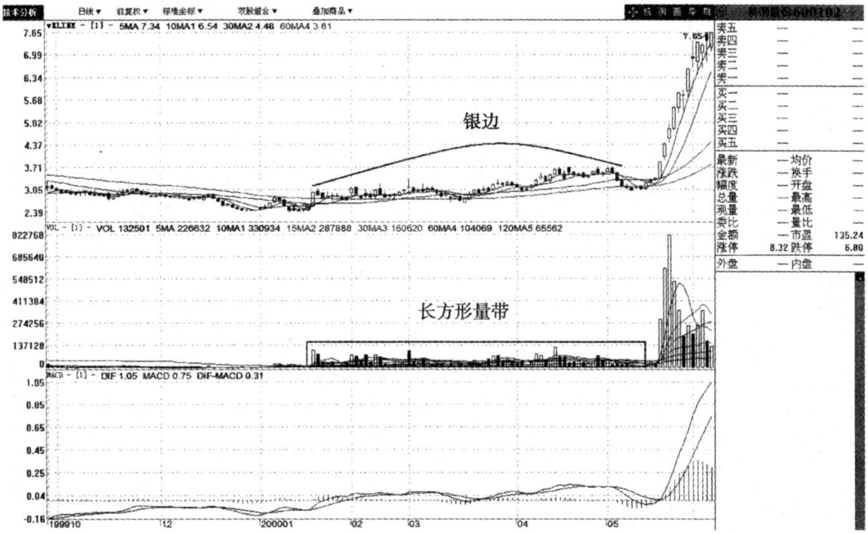

图3-2

实盘案例一：

名称：江西水泥　类别：长方形量带　时间：2003—2004年

江西水泥（000789）在2003年11月—2004年2月形成了的“银边建仓”，该“银边”下方的成交量就是以“长方形量带”的形式存在的（如图3-3所示）。

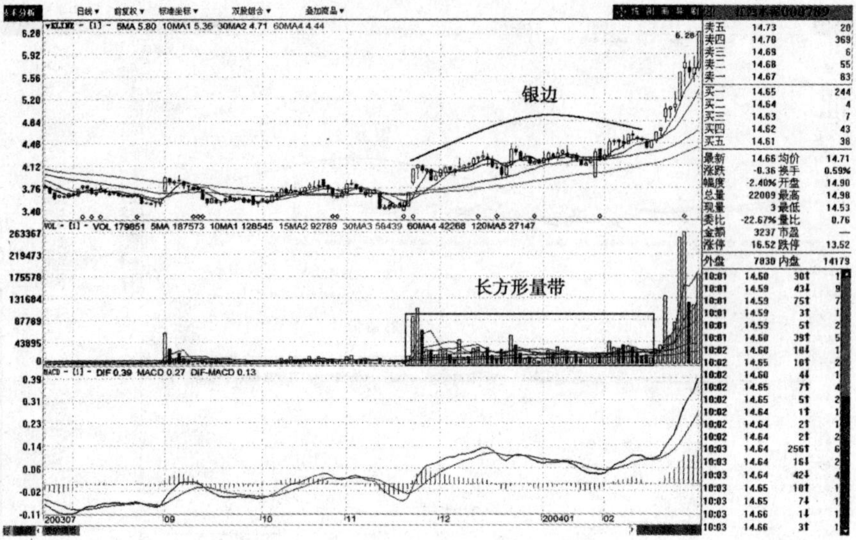

图 3－3

实盘案例二：

名称：天山纺织　类别：长方形量带　时间：2008—2009 年

天山纺织（000813）曾在 2008 年 11 月—2009 年 7 月形成“银边建仓”，期间股价下方的成交量也是以“长方形量带”的形式存在的（如图 3－4 所示）。

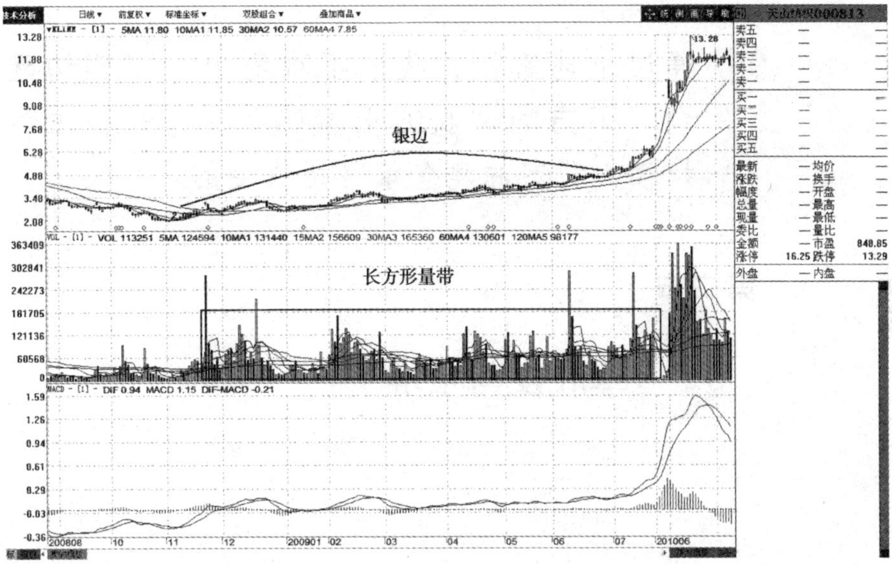
技术分析
日线▼ 前复权▼ 标准坐标▼ 叠加商品▼
5MA 11.80 10MA1 11.85 30MA2 10.57 60MA4 7.85
13.28
银边
VOL 113251 5MA 124594 10MA1 131440 15MA2 156609 30MA3 165360 60MA4 130601 120MA5 98177
长方形量带
MACD DIF 0.94 MACD 1.15 DIF-MACD -0.21
200808 10 11 12 200901 02 03 04 05 06 07 201006
卖五 卖四 卖三 卖二 卖一
买一 买二 买三 买四 买五
最新 均价
涨跌 换手
幅度 开盘
总量 最高
现量 最低
委比 量比
金额 市盈 848.85
涨停 16.25 跌停 13.29
外盘 内盘

图3-4

通过上述案例，我们不难看出，“银边建仓”下方的“长方形量带”——是由主力持续而稳定的建仓策略所决定的。

第二节 草肚皮与量堆

实战法则：与“银边建仓”相比，“草肚皮建仓”的形态结构略显“随意”，因此，由它所对应的成交量形态也略为丰富一些，其中主要有“倒三角形量堆”、“正三角形量堆”、“圆形成交量堆”三种。在这三种成交量形态当中，以“倒三角形量堆”威力最大，是我们的首选；“正三角形量堆”威力最小，应尽量回避；“圆形成交量堆”属于中性，不具备明显的趋势倾向性，通常需要借助其他技术条件才能对其实际性质作出准确判断。

第3招

底部密码

（一）三角形量堆

“草肚皮”下方的成交量分布状况——多以“三角形量堆”为主。

相对于“银边”来说，“草肚皮”的形成过程比较“随意”，主力在建仓过程中，不用过多的考虑哪股劲儿使大了、哪股劲儿又用小了，因此其下方的成交量分布状况也具有较大的不确定性，但是有相当一部分是以各类“三角形量堆”的形式存在的。

分布于主力建仓过程中的“三角形量堆”，又可以进一步细分为：“倒三角形量堆”和“正三角形量堆”。

“倒三角形量堆”——“成交量堆”中的上品。

我认为在各类“三角形量堆”当中，尤其以“倒三角形量堆”为最佳，它对“草肚皮建仓”所形成的支撑力度也最强（如图3-5所示）。

倒三角形量堆

图3-5

例如，葛洲坝（600068）在其“草肚皮”下，所形成的就是“倒三角形量堆”，因此后来该股涨幅巨大，涨势凶猛（如图3－6所示）。

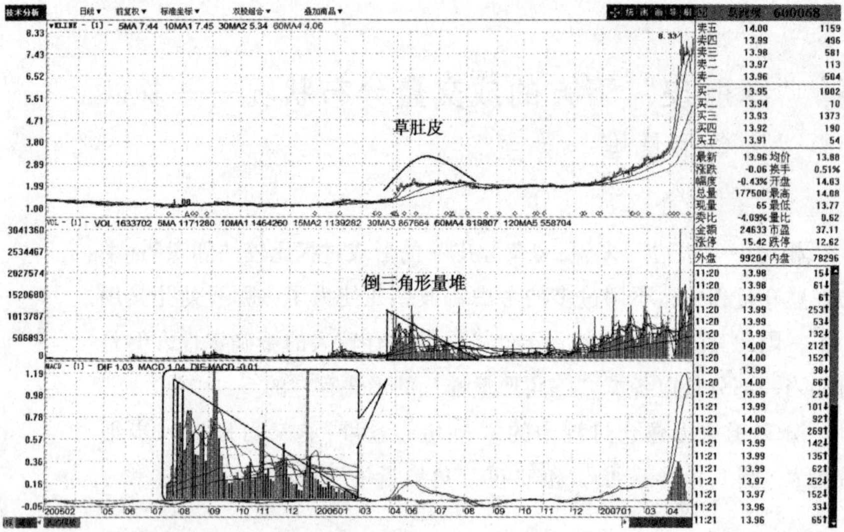

图3－6

“倒三角形量堆”——是主力建仓决心与力度的客观体现。

“倒三角形量堆”之所以如此受用，这与它深刻的形成原因是密不可分的。主力在建仓过程中，最容易拿到的一笔筹码就是趁众多投资者在毫无防备并一致看空后市的时候突然出手，大举吸纳（将股价拉高），此刻多数被套牢已久并饱受煎熬的散户都会在绝望之余痛痛快快地交出手中筹码，而此时只要主力愿意并具备强大的购买实力，是完全可以毫不费力地吸纳到巨额筹码的，因此我们才会看到许多建仓个股都于建仓初期放出巨量的情形。这是主力有备而来，舍我其谁，并坚定看好后市，决心扫荡一切的一种外在体现。后来随着市场流动筹码的减少，成交量也会逐渐地萎缩，“倒三角形量堆”也由此显形。

实盘案例一：

名称：深圳机场　**类别：**倒三角形量堆　**时间：**1999 年

20 世纪 90 年代末期的大黑马深圳机场（000089），在其“草肚皮”下方所形成的就是“倒三角形量堆”（如图3－7所示）。这说明该股庄家的资金实力极为雄厚，建仓态度极为坚决，收集筹码的手段也极为凶悍。

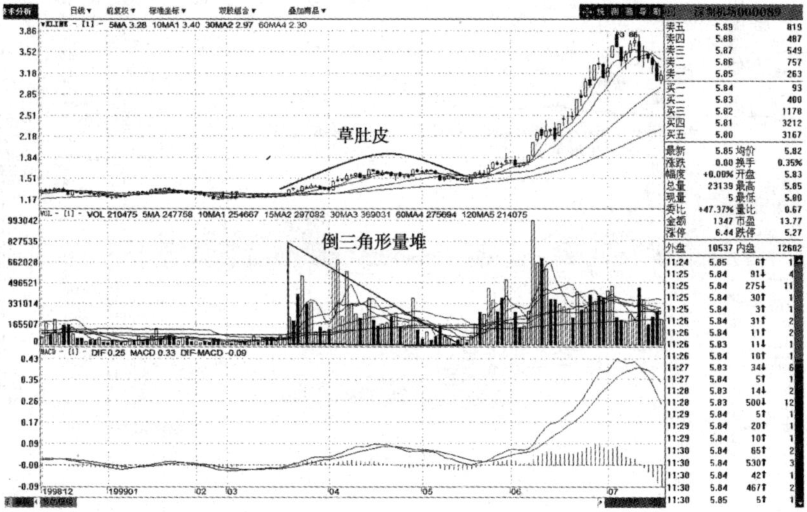

图 3－7

也正是在这种背景下，该股才在日后体现出干净利落的连续飙升势头。

实盘案例二：

名称：三一重工　类别：倒三角形量堆　时间：2006年

三一重工（600031）在2006年3—8月，于其“草肚皮”下方形成了巨大的“倒三角形量堆”，后来正是由这个巨大的“正三角形量堆”支持着该股在长达近2年的时间里不断向上攀升，并最终成为当时市场中的大牛股（如图3－8所示）。

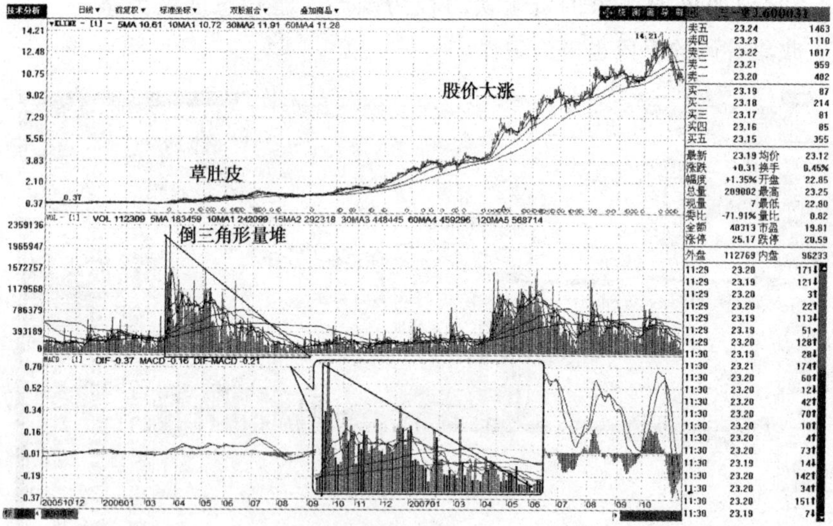

图3－8

实盘案例三：

名称：东方金钰 **类别：**倒三角形量堆 **时间：**2008—2010年

东方金钰（600086）在2008年12月—2010年7月，于其“复合草肚皮”下相继形成了两组“倒三角形量堆”，后来该股也因此成为了近两年来少有的黑马股（如图3-9所示）。

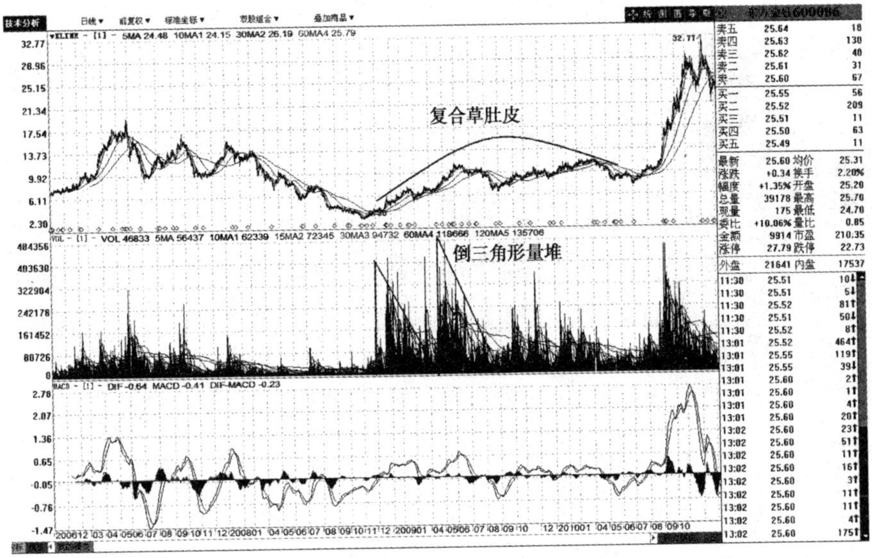

图3-9

实盘案例四：

名称：金种子酒　**类别**：倒三角形量堆　**时间**：2009年

“倒三角形量堆”是主力积极吸货的一种客观体现，因而它也经常现身于不同场合。您若细心观察就会发现，有许多“银边”下的“长方形量带”也是由一组组小的“倒三角形量堆”所组成的。

“倒三角形量堆”——无所不在地存在于主力建仓过程中！

例如，金种子酒（600199）“银边”下方的“长方形量带”，就是由数组小的“倒三角形量堆”所组成的（如图3－10所示）。由此可见，“倒三角形量堆”在主力建仓过程中所发挥出的重要作用。

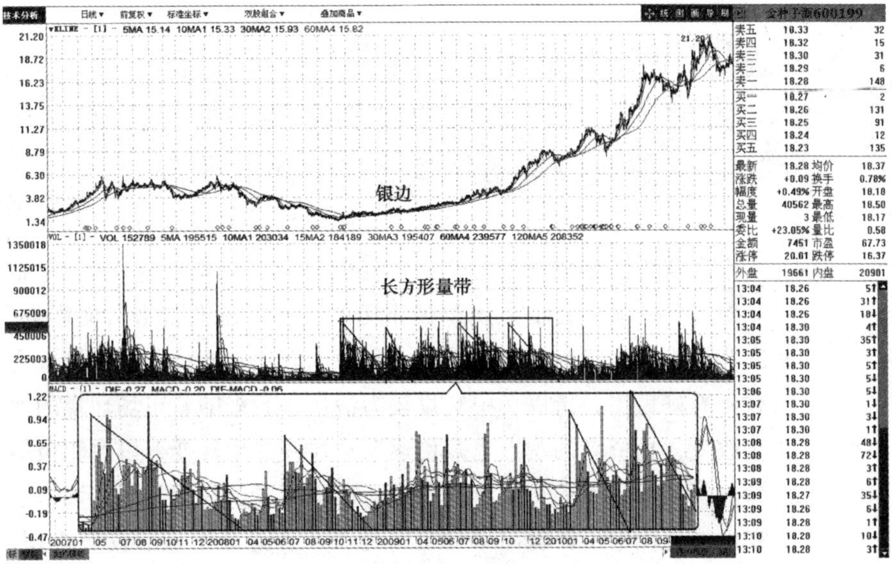

图 3－10

2. “正三角形量堆”

有“倒三角形量堆”，就一定有“正三角形量堆”，并且两者之间形态相反（如图 3－11 所示）。

正三角形量堆

图 3－11

“正三角形量堆”存在于“草肚皮”下方时——具有消极的投机意义，并且与主力逐步控盘、清盘的建仓宗旨不相符合。

我认为，形成于主力建仓过程中的“正三角形量堆”，是很难对股价的后期行情产生积极作用的，甚至还会带来负面影响。我为什么这么说呢？这与它的形成原因有关：开始各方投资人士并不看好后市，所以场中交投较为清淡，后来随着市场环境的逐步改变，投资者的观点也开始逐渐动摇并发生转变，以致积极地参与，从而导致成交量渐增的局面逐步形成。客观分析，该形态在发展过程中所体现出来的是参与者一种逐渐浓重的投机心理，因为多数入场者先前并没有做好积极的备战准备，即使后来踊跃跟风也都是冲着短线利益而来，因此日后自然也不会有坚定的做多态度及持股信心，一旦风险袭来原有升势就会迅速溃败。

从另一个方面来讲，“正三角形量堆”逐渐增大的成交量代表着持续加大的资金流量，也代表着越来越多的获利盘及跟风盘，这与主力在建仓后要逐步控盘、清盘（清理浮筹）的操作宗旨完全违背。

例如，黄河旋风（600172）的股价在2006年7月—2007年11月形成了一个历时长达16个月的“大草肚皮”，按理来说，该股有着如此之充裕的建仓时间，日后应该会有不俗的上涨行情吧?！但其最终在涨幅与涨速方面的表现却都不理想。究其原因所在？与它在建仓期间所形成的“正三角形量堆”有很大的关系（如图3-12所示）。

第3招

底部密码

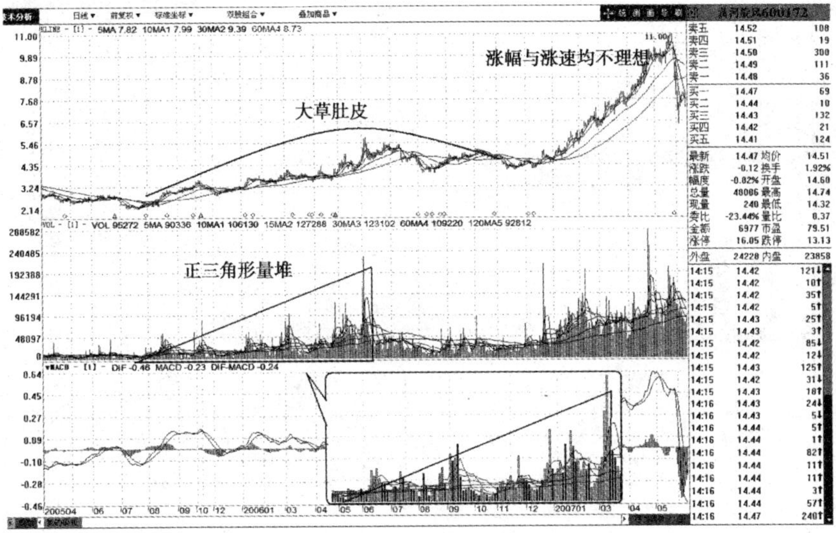

图 3-12

实盘案例一：

名称：ST夏新 **类别：**正三角形量堆 **时间：**2006年

ST夏新（600057）的股价在2006年3—7月形成“草肚皮”，并且在此期间它所释放出来的成交量也非常丰厚，但美中不足的是其成交量在分布过程中呈现出“正三角形量堆”（如图3-13所示），这势必会使该股将来的上涨行情大打折扣。

事实上也正是如此（如图3-14所示）。

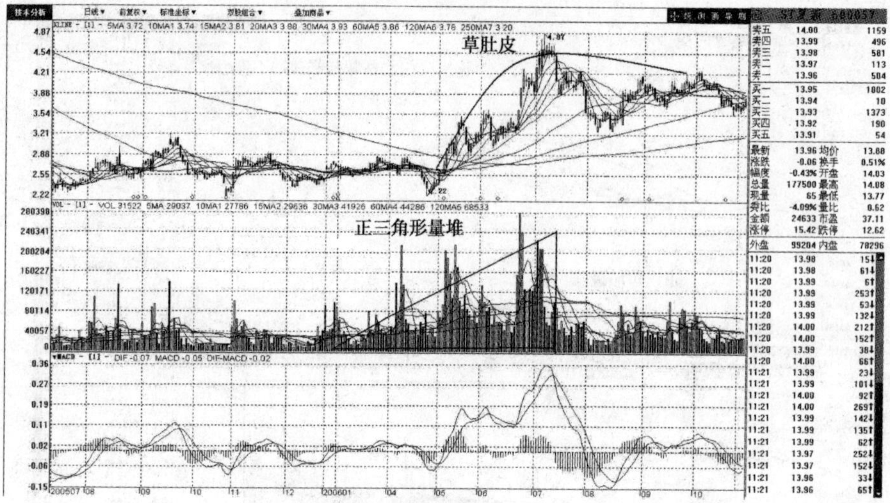

图3-13

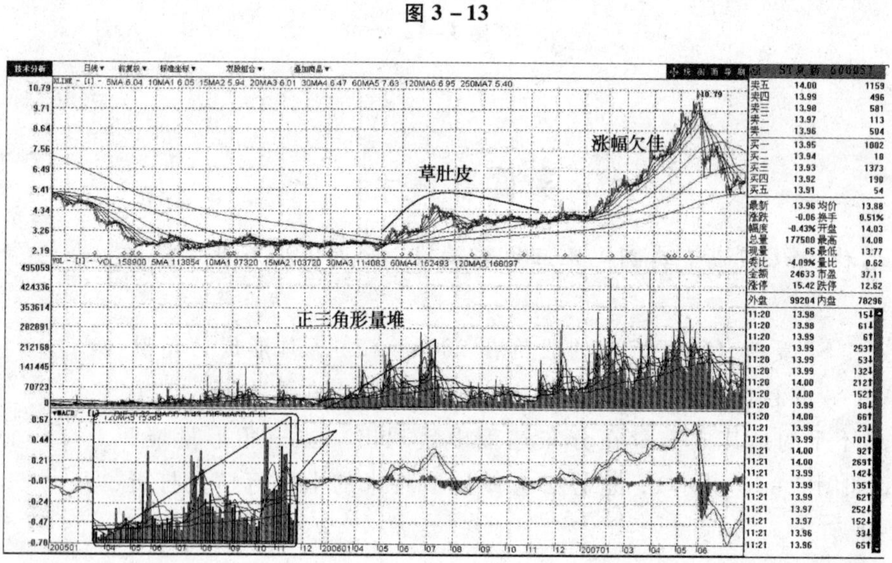

图3-14

（二）圆形成交量堆

“圆形成交量堆”也是常出现于“草肚皮”下方的一种成交量分布形态，它形如半圆状（如图 3 – 15 所示）。

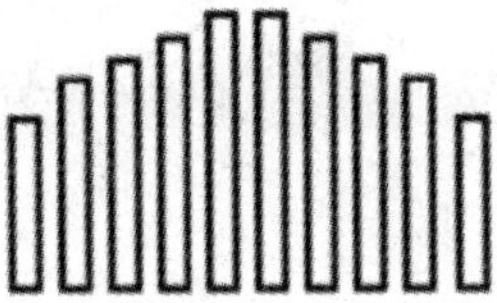

圆形成交量堆

图 3 – 15

“圆形成交量堆”——取向中性。

通常来说，这种“成交量堆”不具备明显的趋势偏向性，属于中性形态。它究竟能于“草肚皮”下方发挥出什么样的作用，主要还取决于该股的其他技术条件。

例如，东百集团（600693）就在 2006 年 3—8 月，在其“草肚皮”下方形成了“圆形成交量堆”，由于有形态标准的“草肚皮”相配合，所以其后股价涨幅不菲（如图 3 – 16 所示）。

相反，浙江富润（600070）则是在股价高位，利用“圆形成交量堆”来派发筹码（如图 3 – 17 所示）。

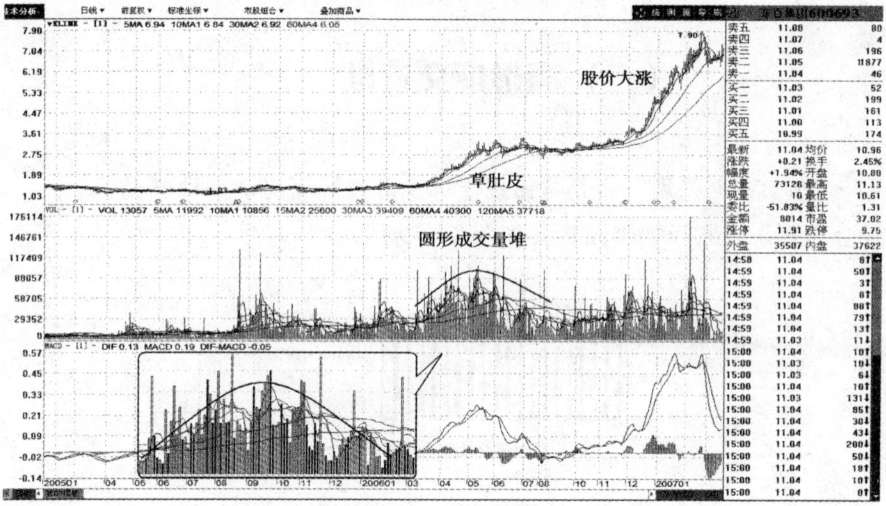

图 3－16

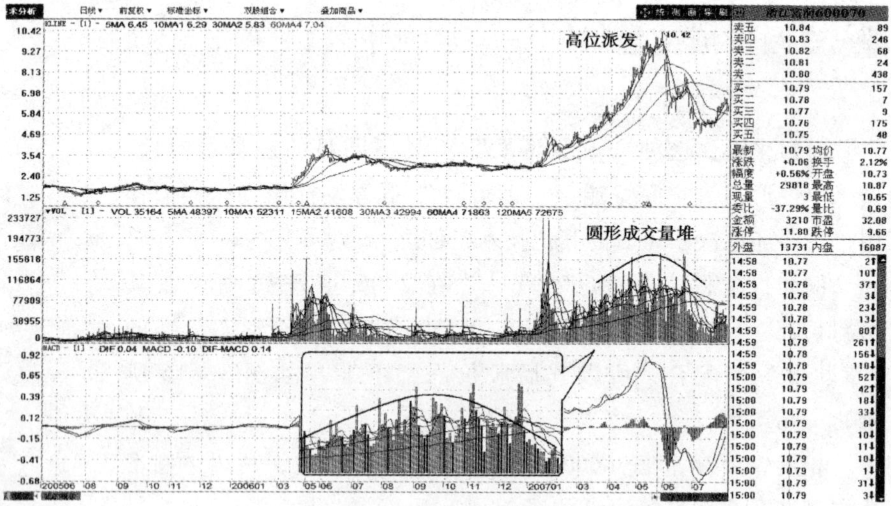

图 3－17

实盘案例一：

名称：中国船舶 类别：圆形成交量堆 时间：2006 年

您一定想不到，曾经的国内股市第一高价股中国船舶（600150）在进入主升浪前，就曾出现过“圆形成交量堆”（如图 3－18 所示）。但是该“圆形成交量堆”具有“爆炸成交量”的特性，因此才会支撑其股价日后大幅升高。

您是否要问什么是“爆炸成交量”？简单来说，它是主力建仓成交量的本质与核心。我们就不在这里多说了，有兴趣的朋友可以去看看《盘口点金——爆炸成交量》这本书。

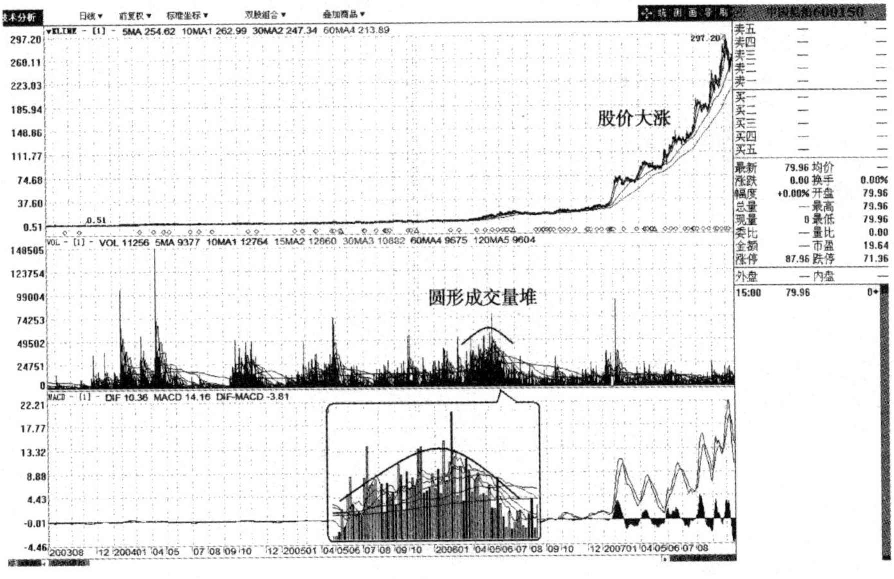

图 3－18

第4招

铁索连船

“金角”、“银边”或“草肚皮”是庄家建仓过程的全貌吗——不是！

此刻，如果您觉得只要找到一只具有“银边”或“草肚皮”形态并且吸纳周期长达数月，股价走势顺滑流畅，具有“倒三角形量堆”的个股，就等于您已经十分的了解庄家行为并捕捉到了一只可以在短期内疯狂上涨的黑马股。那么您就想错了！但错的不是结果而是过程……

庄家建仓是项耗时、耗力的大工程，通常需要分期分批地逐步完成——“金角”、“银边”、“草肚皮”只是其中的最后一个环节。

您想啊，仅凭三五个月的吸纳周期，庄家怎么可能将分散在各路投资者手中的大量筹码收集过来并且还高度控盘呢？股市不是批发市场，主力想在某一天内进多少货都可以货，更不会出现卖货老板笑脸相迎，积极配合，欢迎您下次再来的场景，在多数情况下是庄家想买，而持股者却不一定想卖，即使再怎么有钱也是干着急。所以，大部分庄股在建仓过程中所耗费的时间周期都要长达一年或数年以上，并且还要分期分批逐步实施。我们在前面所看到的短小精悍并一触即发的“金角”、“银边”、“草肚皮”，大多都是庄家在分期分批建仓过程中的最后一个环节。

第4招
铁索连船

主力的分期分批建仓行为——很像战争中“铁索连船”的场面。

每当我看到庄家在较长一段时期内分期分批连环建仓的情景时，就会联想起历史上“火烧赤壁”中“铁索连船”的战争场面。历史上的某些枭雄在打水仗的时侯，总喜欢把许多船只用铁索串连到一起作为进攻倚仗，三国时期的曹操这么干过，元朝末年的陈友谅也这么干过，不过他们都输得很惨，然而股市中枭雄却能用这招儿大发横财。

第一节 增建仓组合

实战法则： 庄家的整体建仓行为过程复杂，通常需要在较长的时期内分期分批逐步完成，当我们于股价低位发现两组巨大的“成交量堆”之后，一定要看清楚两者之间有无必然联系，如果有则可以确认庄家已经对该股实施了“增建仓组合”，股价上涨在即。

"增建仓组合"——主力分期分批建仓最为常用的技术手段。

本节我们将要向大家介绍一种十分常见的主力吸货模式——"增建仓组合"。顾名思义，它是由"建仓"和"增仓"两个主要环节所组成的。建仓是指，庄家在没有库存的情况下，所进行的大规模集中吸筹行为；而增仓则是指，庄家在建仓的基础之上，所进行的小规模集中吸纳行为。当两者有机地结合到一起之后，便是我们所说的"增建仓组合"了。

"增建仓组合"又可细分为两种模式。

"增建仓组合"依据庄家在增仓阶段的操盘手法不同，又可划分为"草肚皮模式"与"银边模式"。

（一）草肚皮模式

我们先来看看，"草肚皮模式"于盘中的形成过程（如图4-1所示）：

第4招

铁索连船

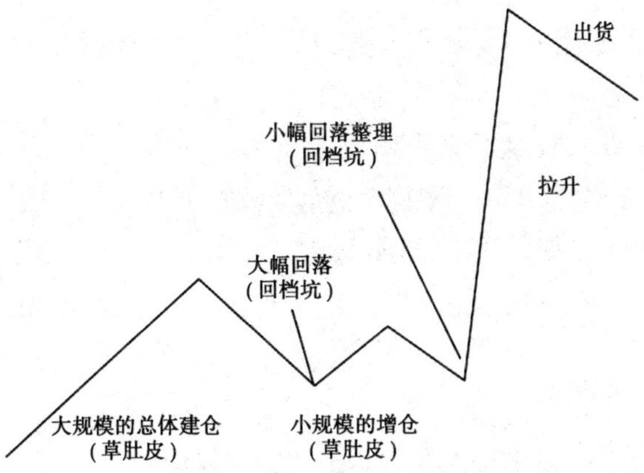

图4-1　草肚皮模式

➢ 第一步：A 点到 B 点，主力大规模吸纳筹码。

中国石化（600028）的股价于 2002 年 12 月 25 日开始急速下跌（如图 4-2 中 A 点所示），数日之后便以巨大的成交量形成猛烈的上涨势头，这股涨势一直持续到 2003 年 6 月 11 日（如图 4-2 中 B 点所示），在此期间该股有了不小的涨幅，并于股价下方形成一组巨大的“成交量堆”。

➢ 第二步：B 点到 C 点，大规清洗浮筹。

随后该股开始逐级缩量回落，并最终在 2003 年 9 月 30 日止跌企稳（如图 4-2 中 C 点所示），在回落末期股价下方的成交量已严重萎缩，这在一定程度上说明了该股主力并没有大举离场。可以说此股由 A 点到 B 点再到 C 点所形成的这个以“金角”为由头的“大草肚皮”，是由该股主力大规模建仓所为，其中 A 点到 B 是主战场，B 点到 C 点兼有洗盘之用。

➢ 第三步：利用“草肚皮”进行小规模增仓。

在 C 点之后该股又重新放量走强，并用 2 个月的时间形成了一个“小草肚皮”，这个“小草肚皮”是由主力增仓（小规模吸纳）所致（如图 4－2 所示）。

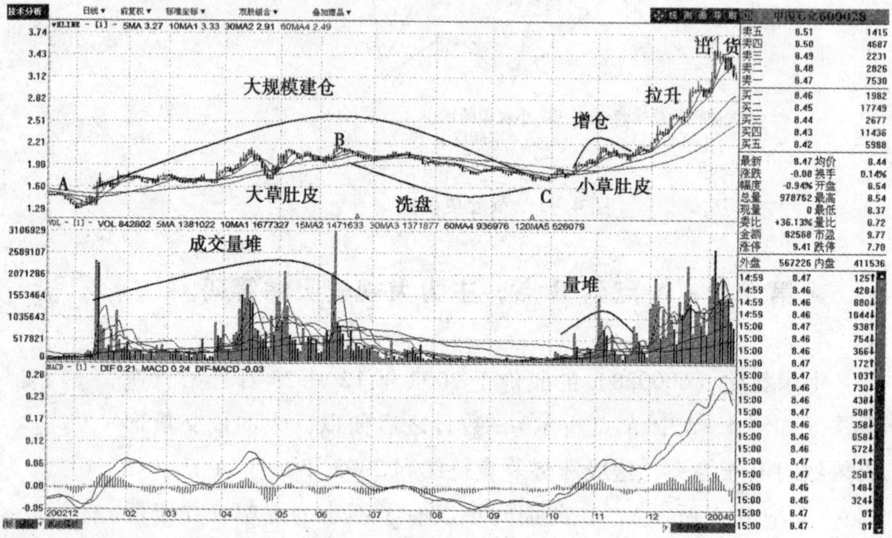

图 4－2

➢ 第四步：小幅回档。

在“小草肚皮”末端，股价形成了小幅回档（如图 4－2 所示）。

➢ 第五步、第六步：拉升与出货。

紧接着便是拉升与出货行情了（如图 4－2 所示）。

（二）银边模式

“银边模式”也由以上六个步骤所组成，只不过第三步的增仓行为是以“银边”形式体现出来的（如图 4－3 所示）。

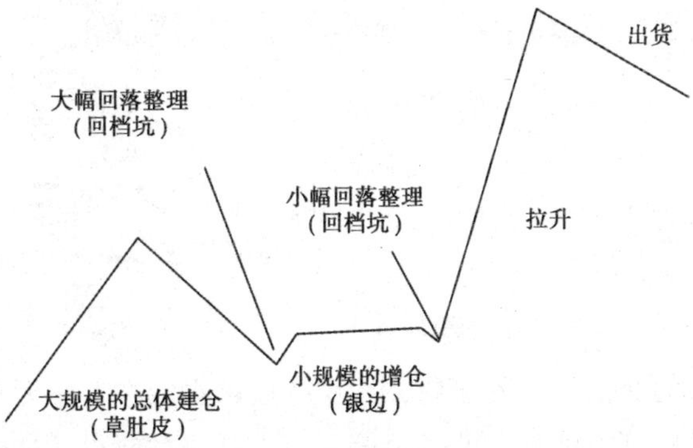

图 4－3　银边模式

例如，东方明珠（600832）的庄家在 1998 年 3—11 月对其进行了大规模的建仓活动，其后又开始长期洗盘，再后又于 1999 年 4—5 月以“银边”形式进行增仓，最后股价大涨（如图 4－4 所示）。

“增建仓组合”的形成，是主力适应形势的客观产物——值得我们深思。

其实，“增建仓组合”的形成原理很简单：一般来说，庄家的大规模收集行为都是发生在股票市场最低迷或股票价格最低廉的时期，因为只有在这种环境下广大中小投资者才会在绝望之余

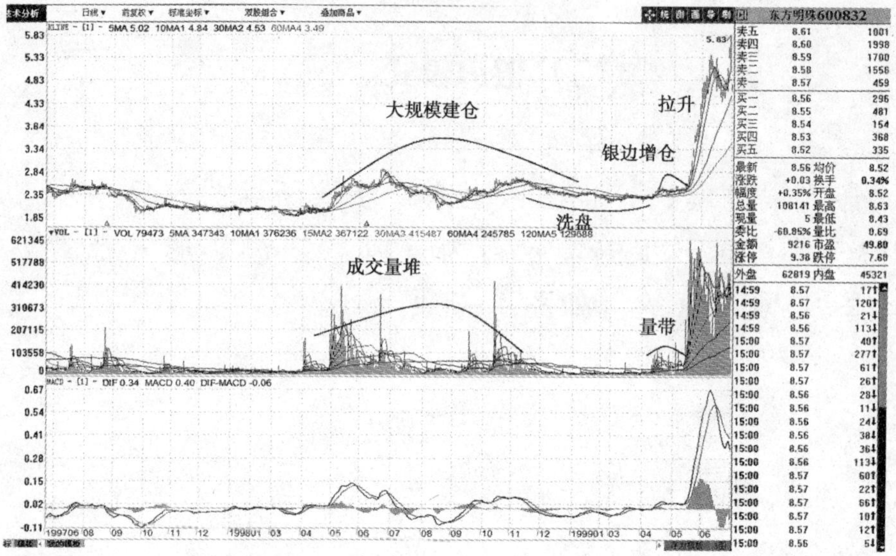

图4-4

毫不吝惜的交出手中的股票，相反，庄家也能在此轻而易举地吸纳到大量极具上涨潜力的低价筹码，真是一举两得，这就是总体建仓。然而，低迷的市场氛围不是在短时间内就可以得到改善的，一般都会持续很久，虽然庄家可以在股市低迷的时候建仓，但他绝不会傻到在股市低迷的时候冒然拉升股价，所以还要继续潜伏并等待时机，在潜伏期内庄家唯一可以做的就是清洗掉之前在总体建仓过程中所形成的获利浮筹，这就是洗盘。洗盘会消退市场人气，还会使个股走势变坏，因此在洗盘过后，新的拉升机会来临之时，庄家有必要再对该股进行一次小规模的集中收集活动，以重新提振市场人气及修复破损的技术形态，这个过程就是增仓。增仓过后股价有所提高，势必又会形成新的获利盘和跟风盘，所以主力还会故技重施，对盘中浮筹进行二次清洗，不过这次仅是将股价在短时期内向下小幅打压形成浅幅回档而已。紧接着庄家便开始正式拉升股价，该股也由此进入主升浪。拉升过后，庄家开始出货套利。

至此，我们可以初步总结出庄家的“增建仓组合”是由：总体建仓（大规模吸纳）——洗盘（大幅度）——增仓（小规模吸纳）——回档（小幅度）——拉升——出货，六个环节所组成的。

事实上，我们在前面所介绍过的广电电子（600602）和金种子酒（600199）等一些个股，于短小精悍的“草肚皮”或“银边”之后大涨的情形，所指的就是它们的增仓行为以及其后的连带行情（如图4－5、图4－6所示）。

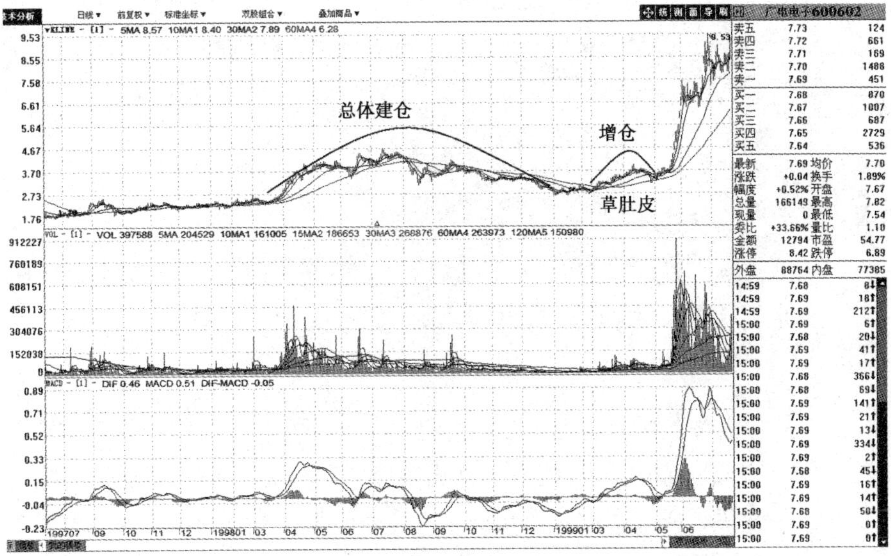

图4－5

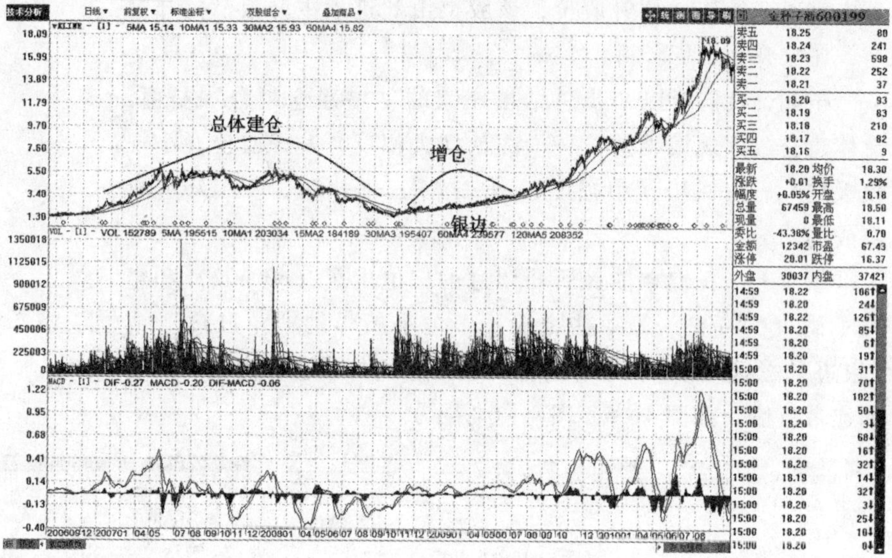

图4-6

增仓时期，主力拉升意图明确，股价运行轨迹清晰——是识别与买入庄股的最佳时期。

那位爱提问题的读者又问了，既然您知道“金角”、“银边”、“草肚皮”的来由这么复杂，为什么不在一开始就向我们介绍，而是直接从增仓讲起？这是因为，多数个股的大规模建仓行为耗时较长（多者可达数年），并且在这段时期内主力尚未完全控盘，其价格走势会经常于盘中出现大起大落行为，除了从形态上难于辨认之外，在之后的大幅洗盘过程中，我们也不知道庄家究竟要潜伏到哪一天，如果介入过早则会在金钱与时间上遭受双重损失。但是到了增仓时期情况就不同了，这时候庄家的拉升态度已经非常明确，并且控盘程度之高也达到了前所未有的地步，所以才能使其股价走势在增仓过程中呈现出清晰的运行轨迹（“银边”或“草肚皮”）。此刻我们只要按图索骥，便可坐享其成了。

实盘案例一：

名称：广电电子　类别：增建仓组合　时间：1998—1999 年

广电电子（600602）的股价于 1998 年 3 月份开始放大量上涨（如图 4－7 中 A 点所示），并且后面的涨势十分强劲，到 5 月份后该股涨势放缓，随后便于高位持续放量震荡。到 7 月份后股价又开始逐级缩量下滑（如图 4－7 中 B 点所示），下滑过程中成交量萎缩得很彻底，由此可以判断出主力并没有大幅撤退，但是至于什么时候会东山再起，鬼才知道。

主力坐庄如同打仗，在遭遇强敌时，不可硬碰，守而不攻，坚壁清野，是最为明智的选择——等到时机到来之时，再吹起总攻号角。

不料，该股的下滑趋势一直从 1998 年的 7 月延续到 1999 年的 2 月（如图 4－8 中 C 点所示），不仅下跌的时间长，并且股价跌幅也大，其回调过程大约吃掉了先前涨幅的⅔左右，如果我

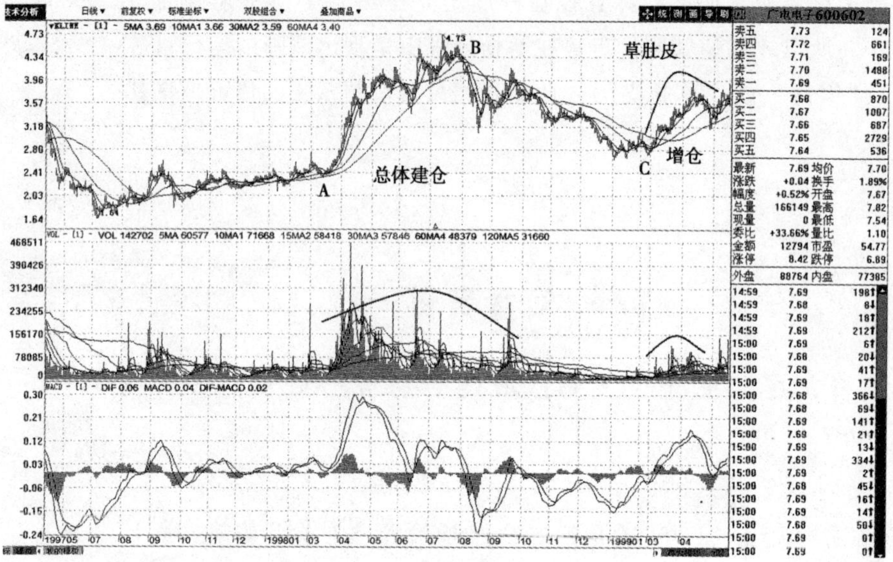

图4－7

们在中途误买无疑会在时间与金钱上蒙受重大损失。到1999年的2月后该股又开始重新放量走强，至5月已形成一个完美的“小草肚皮”。这时我们结合此前走势，凭借自己的认识，完全可以判断出这是一个具有增仓性质的“小草肚皮”，与该股在数月以前形成的上涨行情互为犄角，形成典型的“增建仓组合”，股价大涨在即。事实也正是如此（如图4－8所示）。

实盘案例二：

名称：兖州煤业　**类别**：增建仓组合　**时间**：2003年

多数个股在庄家完成“总体建仓”之后，其股价仍能缩量

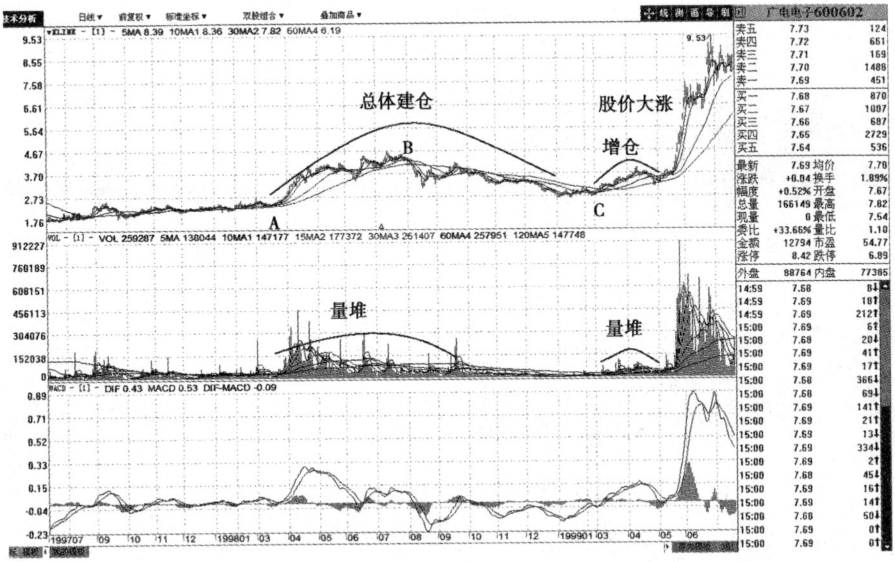

图4-8

保持在相对高位，有经验的老股民还可以从中看出一些蛛丝马迹，并予以持续关注。但是有些庄家实在是折磨人，他们在完成形态复杂的“总体建仓”后，会把股价向下打压得很深很深，即便是一些经验丰富的专业人士也很难看清该股的未来发展方向。

例如，兖州煤业（600188）在2003年1—8月形成了一个结构复杂的“总体建仓”，并且下方带有巨大的“成交量堆”，此后该股开始不断下跌，以至下跌到比先前“总体建仓”的价格中枢还要低上很多的价位上（如图4-9所示）。虽然该股在下跌过程中一直保持缩量状态，但是面对如此深幅的回调，萎缩的成交量似乎也说明不了什么问题。然而，就在人们对该股的未来走势失去信心之时，其主力又以强悍的手法将股价连续拉高，并向上突破30日均线，在拉升过程中，股价下方也释放出巨大的成交量柱。之后，该股便在其30日均线上方横向放量推进，以致形成“银边”（如图4－9所示）。最终，该股在“银边”之后，股价仅小幅向下回落至30日均上方，便以此为基础形成了一轮波澜壮阔的大涨行情（如图4－9所示）。

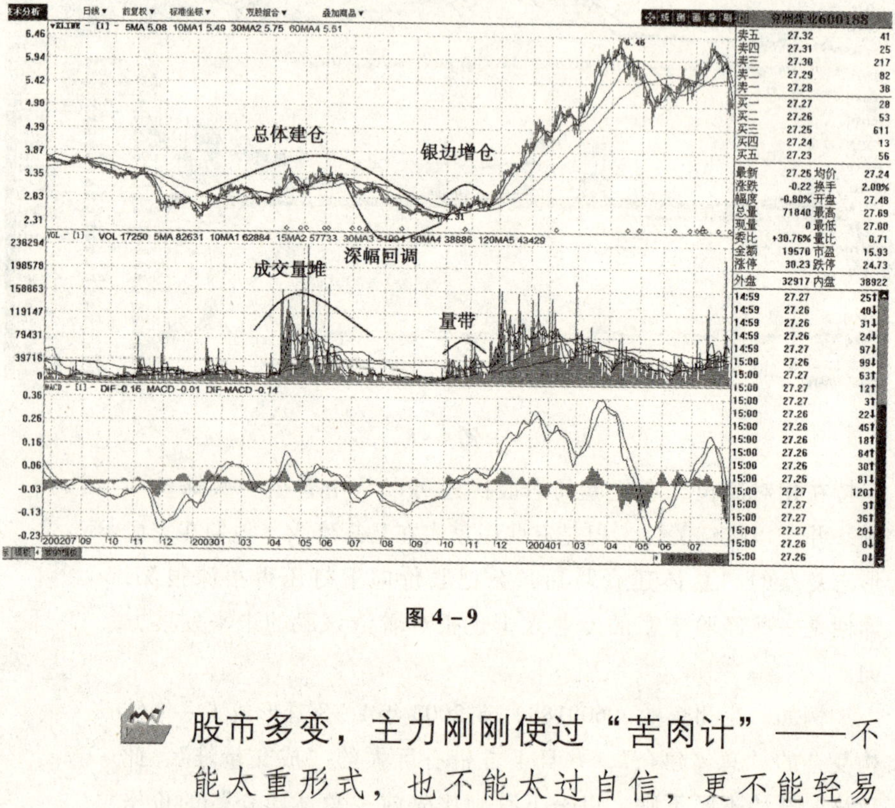

图4－9

股市多变，主力刚刚使过“苦肉计”——不能太重形式，也不能太过自信，更不能轻易放弃。

回过头看，兖州煤业（600188）在形成形态复杂的“总体建仓”并深幅向下打压股价的时候，我们没胆量，也没理由买入此股，可是当它在低位形成“银边”并再度上攻之时，难道我们还没有胆量、没有理由买入此股吗？答案是否定的。当该股在低位形成“银边”之时，我们就应该意识到前期形态复杂并带有巨量的上涨走势是庄家的“总体建仓”，而缩量的深幅回调该是主力在大力震仓，后来的小型“银边”则是主力的“增仓”行为。

实盘案例三：

名称：河北钢铁　类别：增建仓组合　时间：2003—2006年

河北钢铁（000709）的主力在2003年10月—2004年4月对该股进行了大肆的吸纳行为，以致该股在不断走高的同时也于其股价下方形成了巨大的“成交量堆”（如图4-10所示）。当庄家完成“总体建仓”后，该股又随大势一起走弱，主力也由此悄悄地潜伏起来。在经过长达19个月的漫长洗盘后，股市在2005年年末逐渐转暖，该股主力也开始重新活动并通过“银边”对其增仓，这段“银边增仓”大概持续了4个月左右（如图4-10所示）。此后该股便不断走牛，涨幅巨大。

忍耐就是财富——主力要能忍，我们要会忍。

在这个案例中，主力在建仓与增仓之间潜伏时间长达一年半以上，如果我们在其“总体建仓”之时冒然跟进，那么于调整途中被洗掉的概率就是99%，所以说只有在庄家实施了增仓行为之后，才是我们介入庄股的最好时机。

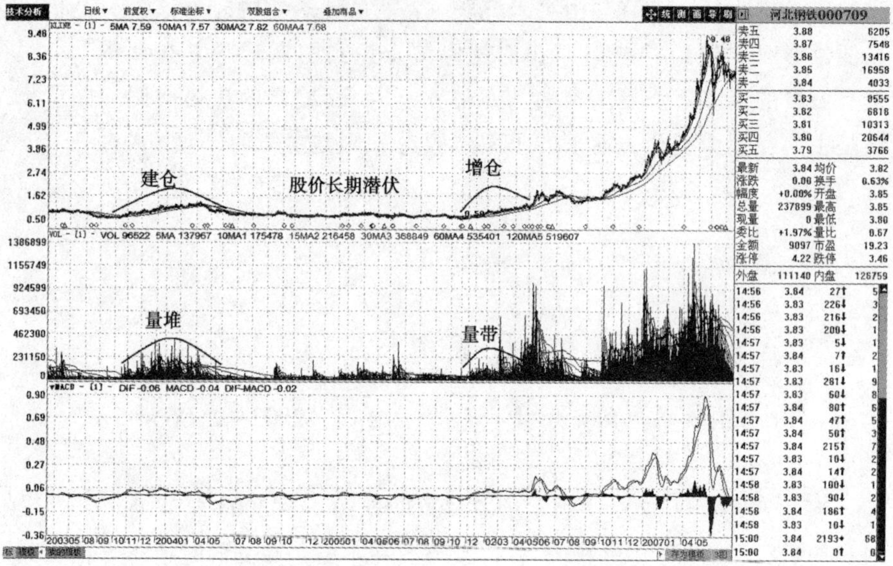

图 4 - 10

实盘案例四：

名称：包钢稀土　类别：增建仓组合　时间：2009—2010年

包钢稀土（600111）的股价于2009年初开始放量大涨（如图4-11中A点所示），此后便于相对高位维持放量震荡，一年后又开始渐渐走弱，成交量也跟随萎缩，至2010年2月该股在回落过程中于其60日均线附近止跌企稳（如图4-11中B点所示）。可以说该股在由A点到B点的这一年多的时间里，完成了一次大规模的吸纳行为。回落过后，该股又于60日均线上方小幅放量上涨，以致形成了一个增仓“草肚皮”（如图4-11所示）。

在“增建仓组合”后，该股展开了最终的主升行情（如图4-11所示）。

第 4 招

铁 索 连 船

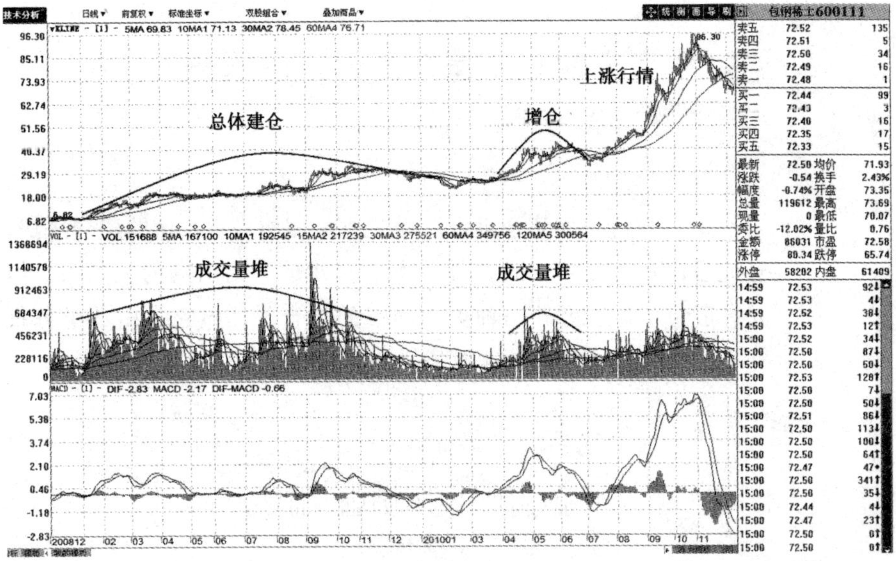

图 4 - 11

第二节

连环建仓

实战法则：庄家的整个建仓行为过程复杂，通常需要在较长的时期内分期分批来完成，当我们于股价低位发现数组巨大的“成交量堆”之后，一定要看清楚它们之间有无必然联系，如果有则可以确认庄家已经对该股实施了“连环建仓”，股价大涨在即。

主力分期分批建仓最为凶悍的技术手段——“连环建仓”。

上一节的“增建仓组合”是主力坐庄所最常采用的建仓手法，经此法建仓而成的个股，日后十之八九是涨幅出众的大黑马。但是，股市中还有另外一种更为凶悍的建仓手法，它是由数个分批建仓环节串连而成的，这就是“连环建仓”（如图4－12所示）。

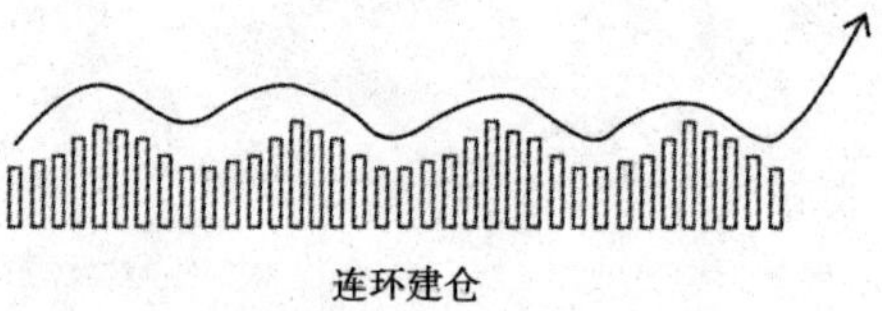

图4－12

“连环建仓”＝巨额财富——可遇而不可求。

我正是看了主力的“连环建仓”，才联想起古代战争中“铁索连船”的壮观场面。“连环建仓”威力巨大，其后的股价涨幅往往会高达十几倍，甚至是数十倍。但是，大概是应了“美味不可多贪”这句俗语了吧，此种建仓方法数年也难得一见，如果碰巧赶上又有幸于上涨初期买入，发家致富就指日可待了。

例如，天音控股（000829）于底部长达数年的盘整过程中，形成了多组巨大的“成交量堆”，这些都是由主力“连环建仓”所致，后来该股整体涨幅高达十数倍以上（如图4－13所示）。

第 4 招

铁索连船

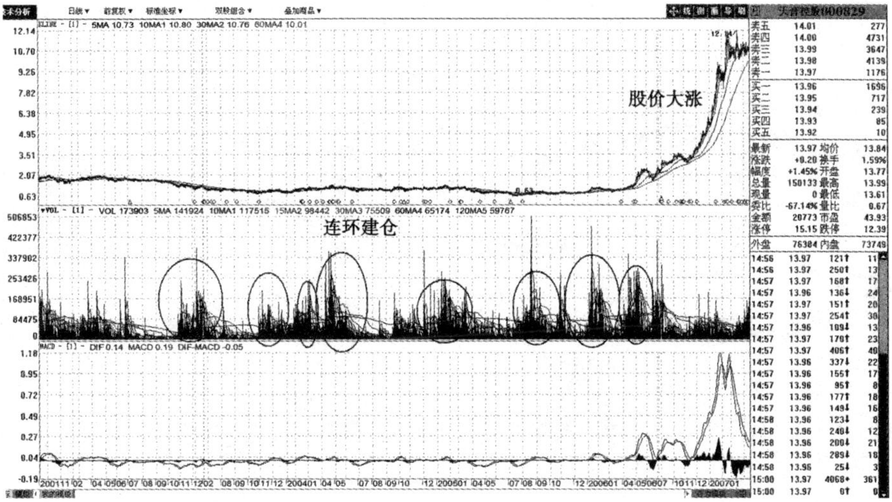

图 4－13

实盘案例一：

名称：中国船舶　类别：连环建仓　时间：2001—2006 年

由 2001 年 5 月—2006 年 3 月中国船舶（600150）的股价一直在一种相对平衡的状态下保持平稳运行，虽然在此期间它没有形成明显的趋势倾向，但是在这 5 年当中却于其股价下方形成了数组间隔有序的巨大“成交量堆”，通过前面的介绍我们已经知道了它是由主力“连环建仓”所至（如图 4－14 所示）。

长达 5 年的“连环建仓”，这可不是个小数目！正所谓“横有多长、竖有多高”，所以才有了后来该股数十倍的上涨空间，以致其成为当时中国股市的第一高价股，并且这个记录一直保持到今天也没有其他个股打破（如图 4－15 所示）。

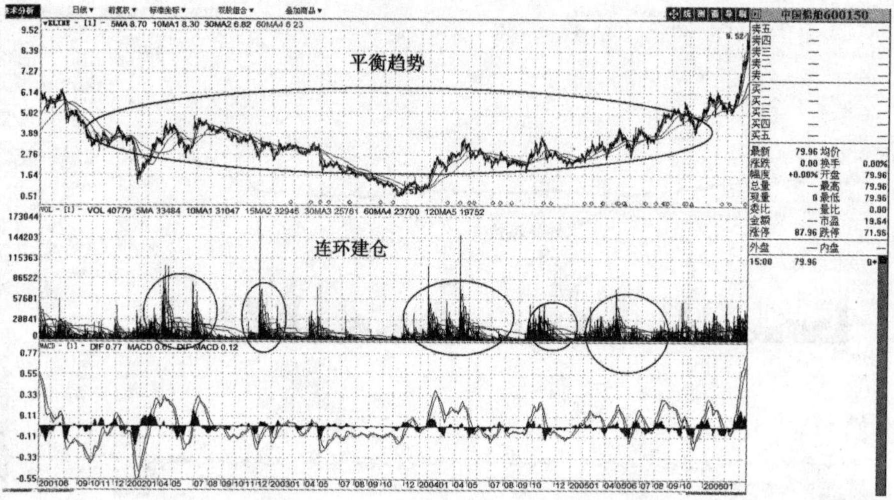

图 4－14

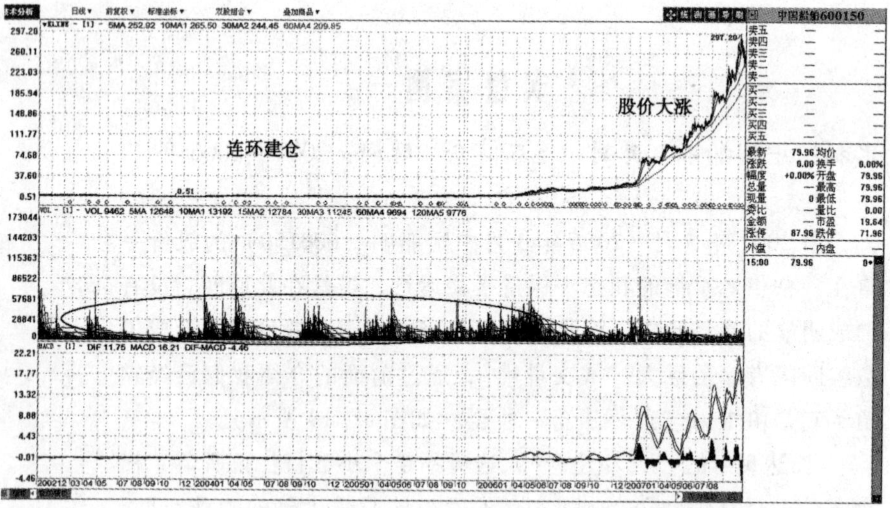

图 4－15

第4招

铁索连船

实盘案例二：

名称：鹏博士　类别：连环建仓　时间：2002—2006年

大牛股鹏博士（600804）曾在一年多的时间里累计涨幅高达20多倍，然而该股的该轮上涨行情却也并非偶然，它在上涨之前长达4年的筑底过程中，曾于股价下方形成了5组规模较大的“成交量堆”，很明显这都是由该股主力“连环建仓”所致，因此后来该股才会在较短时期内有着如此惊人的大幅上涨行情（如图4－16所示）。

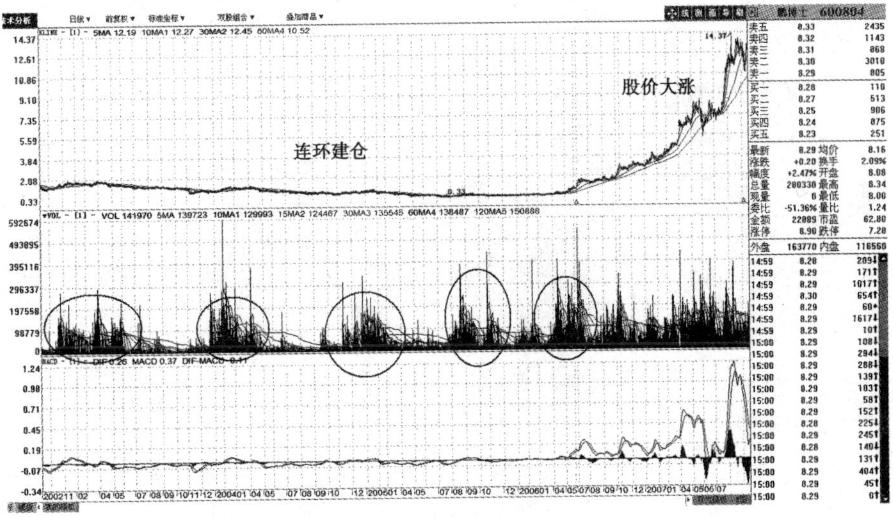

图4－16

第5招

智破回档

在前四招中，我们分别从形成原因、价格形态、成交量分布及吸纳过程四个方面对庄家的建仓行为进行了描述与规范，并初步地建立起一套交易系统来。如果您掌握好这前几斧子，相信足可以在股市中砍下大半头“牛”来！

从本招开始，我将从不同侧面为我们的这套交易系统打上一些非常重要且必不可少的“小补丁”。它们可以使该交易系统更加精准地飞快运转。喜欢武侠小说的朋友，一定会经常在书中看到这样的情形：某憨厚老实之人，于某年某月某日不幸失足掉入某个山崖，但没摔死，又巧遇某年迈将逝的绝世高手，于是这位老者便在临死之前将一生的内功传授给他，无奈这位仁兄却不懂得如何运用，还经常因此把自己搞的头破血流，于是乎另一位大侠又出现了，并且教会了他如何运用自己的功力，从此这位憨厚老实之人也就无敌于天下了。您听明白我的意思了吗？接下来我们要介绍的招式，就是要教会您如何正确而高效地运用前面所学到的选股技术，而又不会被其所误。用一句最简单的话来概括就是：教会您如何正确地把上了膛的子弹发射出去。

第5招

智破回档

第一节

回档坑的形成

实战法则：“回档坑”是主力在大幅拉升股价之前，主动向下打压股价所形成的，其目的是为了震仓。我们在跟庄之时，应尽量买在它的后面，因为其形成质量的优劣将直接决定日后拉升行情的成败。

“回档坑”——震仓之用，也是我们买入股票的最佳点位。

通常，在庄股的建仓与拉升环节之间还有一个过门儿环节叫做——“回档坑”。它是庄家在建仓之后，为了减轻日后大幅向上拉升股价时所产生的抛压，而主动向下打压股价清洗获利盘、套牢盘及其他浮动筹码所形成的。

例如，航天动力（600343）就在其“草肚皮”与主升浪之间形成了一个标准的“回档坑”（如图5－1所示）。

本节我们所要介绍的“回档坑”，主要是指介于增仓与拉升环节之间的股价小幅回落过程。之所以对它进行系统研究，是为了能在股价即将展开连续飙升之际寻找到一个比较理想的买入点，以尽可能多地享受到股价上涨所带来的利润及快乐。

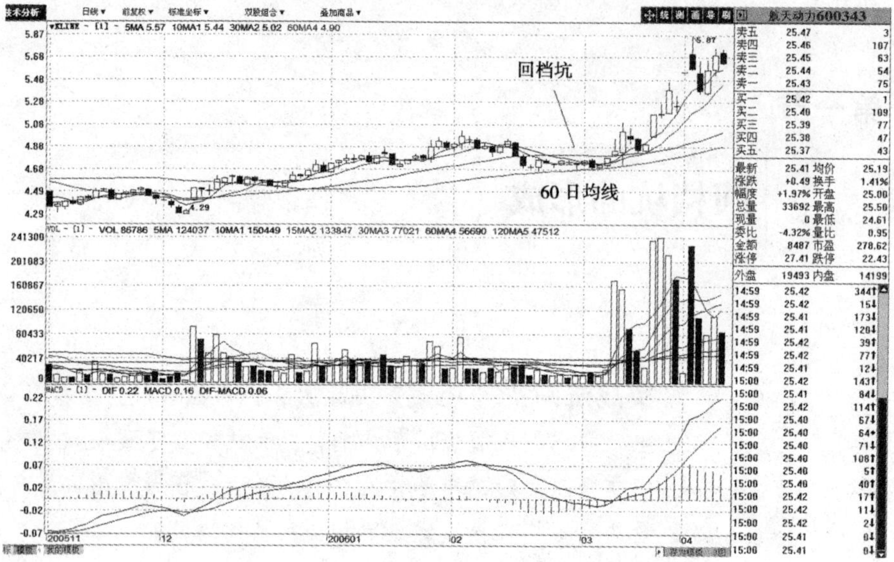

图 5－1

“回档坑”形成质量的高低，会影响到股价拉升的过程及结果——因为它是主力控盘能力的客观体现。

“回档坑”，只听名字就可以联想到其整体形态一定是向下凹陷的。您可别小看了这个“坑”，其形态的好与坏将直接影响到后面拉升行情的过程及结果。其中道理不难理解，因为“回档坑”在庄家的整个建仓过程中是最能客观反映主力实际控盘情况的一个环节，通常，它的形成质量高低，也对应着主力实际控盘程度的高低。这样一来，一个拥有着优质“回档坑”的庄股，怎能不在后面的拉升行情中大涨、猛涨；反之，也是如此。

所以，我们在买股票的时候，应尽量地买在“回档坑”之后，因为个股的“回档坑”要是足够标准的话，不仅可以为我们提供一个较为低廉的买点，还会在很大程度上确保我们的操作成功率。

第二节

回档坑的研判

实战法则：我们主要是通过“价格形态”和“成交量形态”两个指标，来判断“回档坑”形成质量的高低。一个较为理想的“回档坑”应当具备清晰可辨的外部形态及规律性较强的成交量分布状况。

我们通过什么来评判“回档坑”形成质量的高与低——价格形态和成交量形态。

一般来说，我们主要是通过两个指标来考量“回档坑”形成质量优劣的：

第一，价格形态。我们要求“回档坑”内的 K 线要以小阴、小阳为宜，它们之间的组合应尽量顺滑流畅、工整有力；绝对不能散乱无形，过于软弱则是庄家控盘无力的表现。

第二，成交量形态。一个合格的“回档坑”，其下方的成交量也应该具有很强的规律性，其中比较常见的分布状况是成交量柱跟随股价同步呈现出圆弧底状，并且圆弧底端的成交量柱萎缩得越矮越好，因为成交量柱低矮说明该股的浮动筹码较少、被控程度较高（如图5-2所示）。

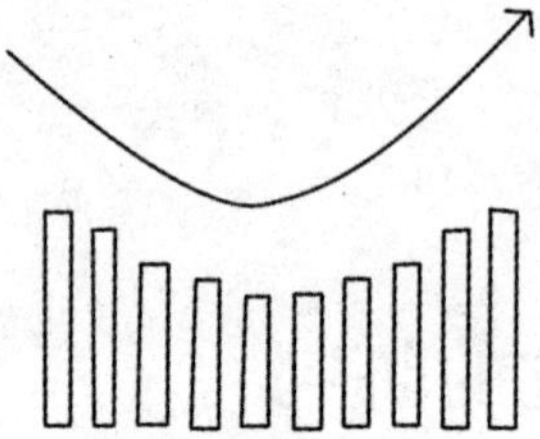

回档坑

图5-2

综合来说，一个好的“回档坑”其细腻而工整的K线组合与下方微小而规律的成交量相配合，常给人以一种水静河飞的妙感（如图5-2所示）。

优质“回档坑”的回落底线在哪里——大多在60日或30日均线处。

您又要问了，“回档坑”在形成过程中，向下回落的深度应以多少为宜？关于这方面没有绝对的规定，通常是向下回落的幅度越小越好，具体情况要视个股强度及当时的市场状况而定，不过大部分庄股的“回档坑”在形成过程中都会受到股价下方60日或30日均线的有力支撑。

例如，航天动力（600343）的“回档坑”，就是在其60日均线上方获得支撑的（如图5-1所示）。

注明：关于60日和30日均线对股价的“回档坑”所具有的神奇支持作用，我们将会在下一招中做详细介绍。

实盘案例一：

名称：中信证券等　**类别：**回档坑　**时间：**2006年、2009年

小阴小阳缩量回调——是“回档坑”的基本特征。

我们在第一节中先给您介绍一些“回档坑”的标准案例。

中信证券（600030）、广电信息（600637）、金发科技（600143）这几只个股都曾在“草肚皮”后，于其60日均线的支撑下形成了“回档坑”（如图5－3、图5－4、图5－5所示）。仔细观看，这3组“回档坑”在形成过程中都是以细腻的小阴、小阳线为主，并且其下方的成交量也萎缩得比较自然、彻底，以此推论，这些个股日后都应具有较为不错的涨升势头。我们可以在其“回档坑”后，股价受到60日均线的支撑而逐步放量反转时买入。其后这3只个股在各自的上涨行情中表现的也的确不错（如图5－3、图5－4、图5－5所示）。

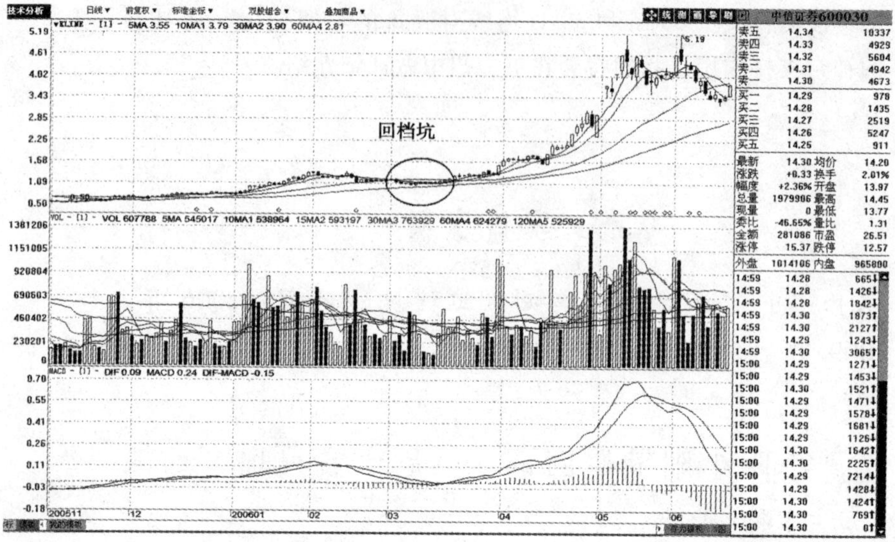

图5－3

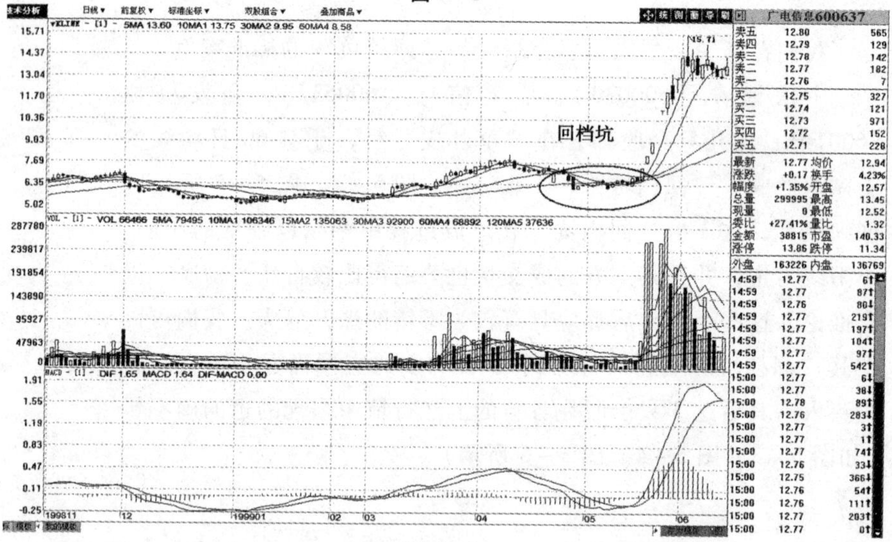

图5－4

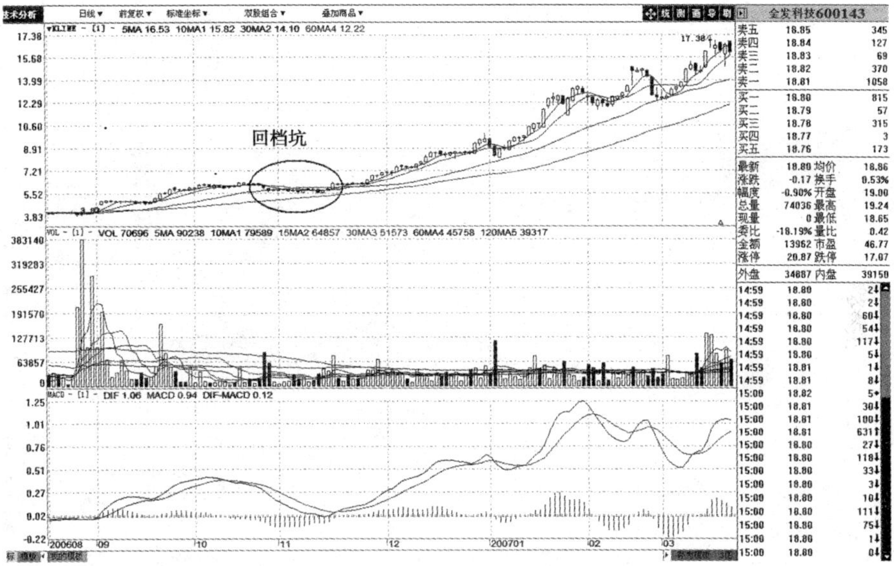

图 5 – 5

再举个负面例子，武汉健民（600976）在 2008 年 11 月—2009年 8 月形成了一个历时长达 9 个月的“大型草肚皮”，有着如此充裕的建仓时间，按理来说，它在日后应该会有不小的升幅吧！但是该股在“草肚皮”之后所形成的“回档坑”却表现得极为混乱（如图 5 – 6 所示），这说明该股主力的实际控盘情况远非我们所想象的那样高。而最终该股在涨幅与涨速方面的表现与我们前面所介绍过的具有标准“回档坑”的个股相比，也是有很大差距的（如图 5 – 6 所示）。

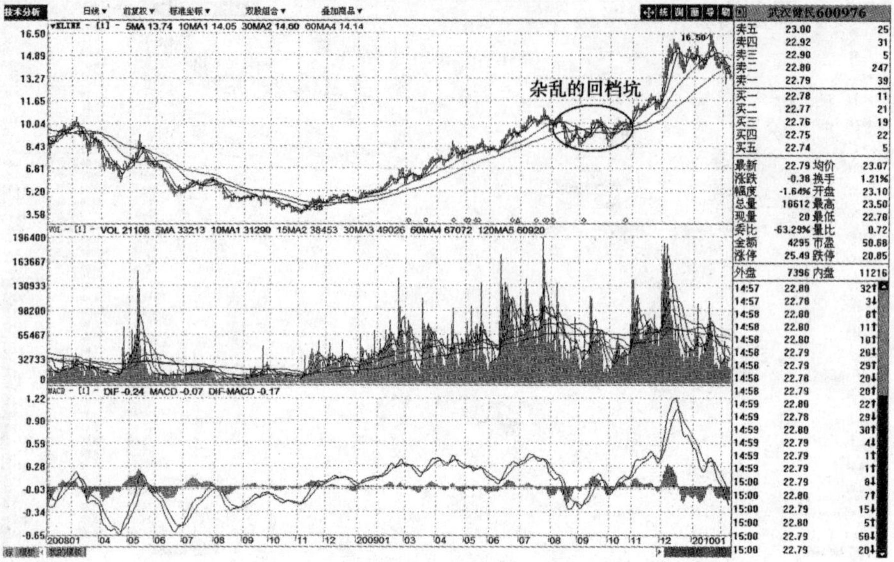

图 5-6

实盘案例二：

名称：西水股份等　类别：回档坑　时间：2006 年、2009 年

“倾斜银边”——会于拉升行情启动之前形成明确的“回档坑”。

股价于“草肚皮建仓”后会形成明确的“回档坑”是毋庸置疑的了，但是能否于“银边建仓”后也形成明显的“回档坑”呢？这就不好说了。不过，一些在形成过程中向右上方倾斜角度较大的“银边”，在展开正式拉升行情之前，通常还是会于盘中留下清晰的“回档坑”的。

例如，西水股份（600291）和阳光城（000671）都曾在其“倾斜银边”的末端，于60日均线上方形成了明确的“回档坑”（如图5－7、图5－8所示）。

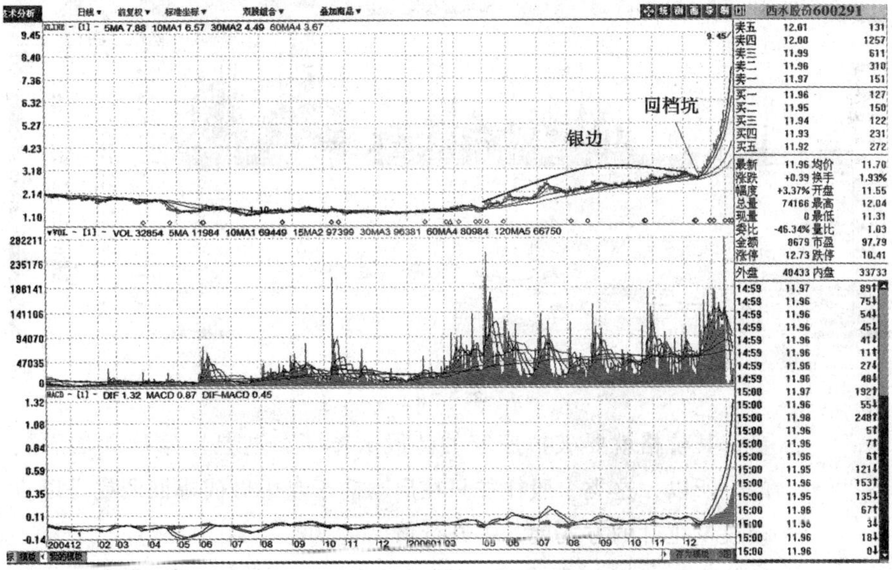

图5－7

“水平银边”——则不一定会于拉升行情启动之前形成明确的“回档坑”。

然而，很多具有“水平银边”的个股，则未必会在走势图中于拉升行情启动之前形成明显的“回档坑”，因为此类“银边”在形成过程中股价起伏本就不大，如果再强行向下打压洗

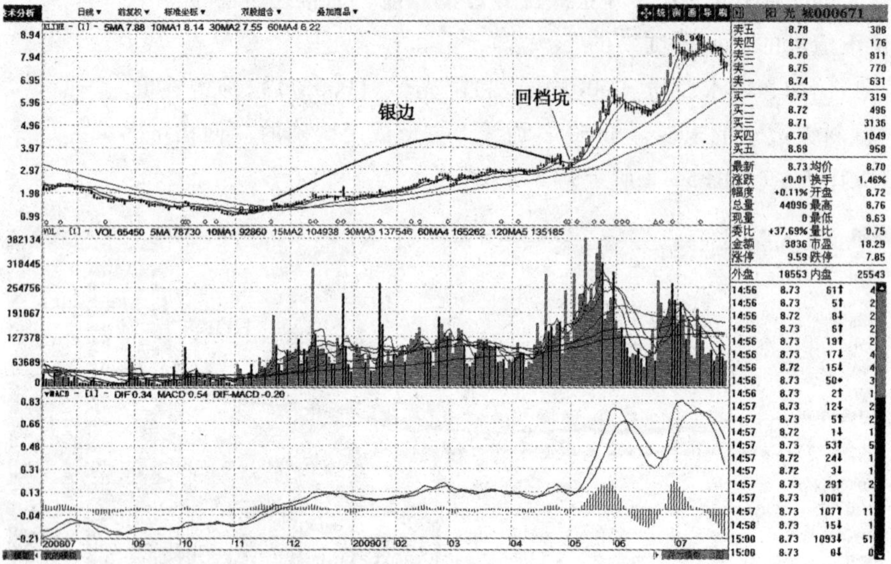

图5-8

盘，其价格就要破掉庄家的持股成本了，这是庄家所无法忍受的。所以，这类个股往往只在启动前于盘中做浅幅回调或是以直接放量拉升的方式展开主升行情。

例如，海印股份（000861）和一汽轿车（000800）在其“水平银边”之后，就是以浅幅回调方式进行洗盘，并最终展开了上涨行情的（如图5-9、图5-10所示）。

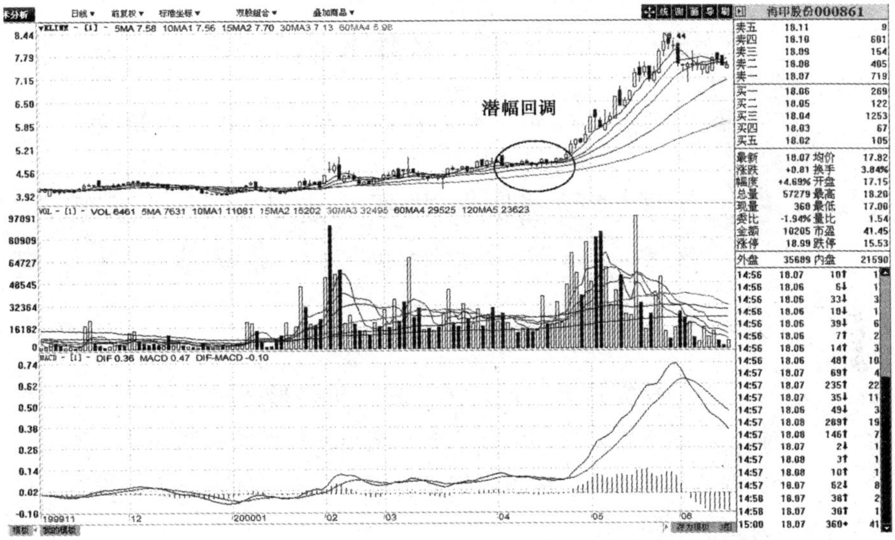

图 5－9

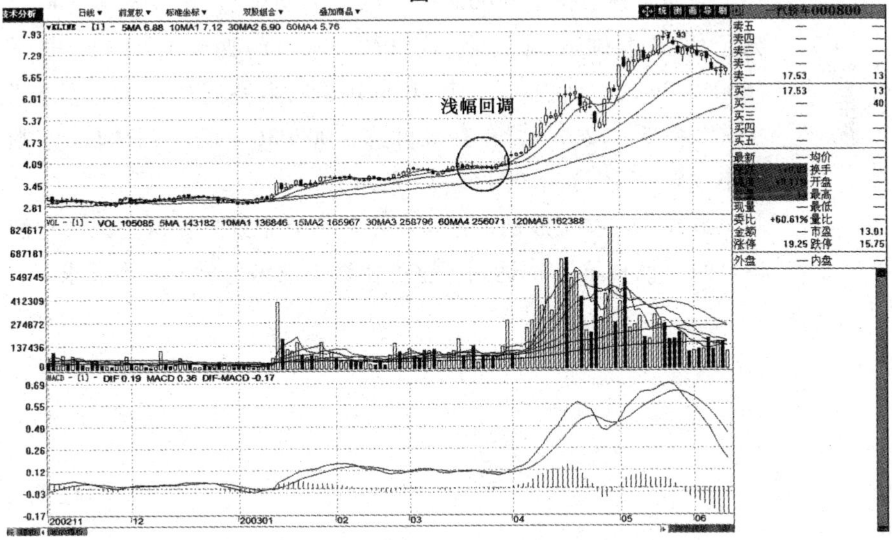

图 5－10

实盘案例三：

名称：扬农化工等　类别：回档坑　时间：2006年

优质“回档坑”并不一定苛求于“圆弧底”形态——但一定要做到整齐协调、清晰可辨。

我们反复强调“回档坑”内的价格形态要尽可能的工整细腻，但绝不是要求其个顶个的呈现出光滑的小圆弧底状，通常只要做到整齐协调、清晰可辨就可以了，在具体形态上并没有太过苛刻的限制。

例如，扬农化工（600486）的“回档坑”，中央部分是向上突起的“小圆弧顶”状（如图5－11所示）；广电电子（600602）的“回档坑”，中央部分是向上突起的小“草肚皮”状（如图5－12所示）；宜科科技（002036）的“回档坑”，则是小“W底”状（如图5－13所示）。

最终，这些个股的后期涨幅不一样是很好嘛！这是因为它们各自的“回档坑”都达到了整齐协调、清晰可辨的基本要求。

第 5 招

智 破 回 档

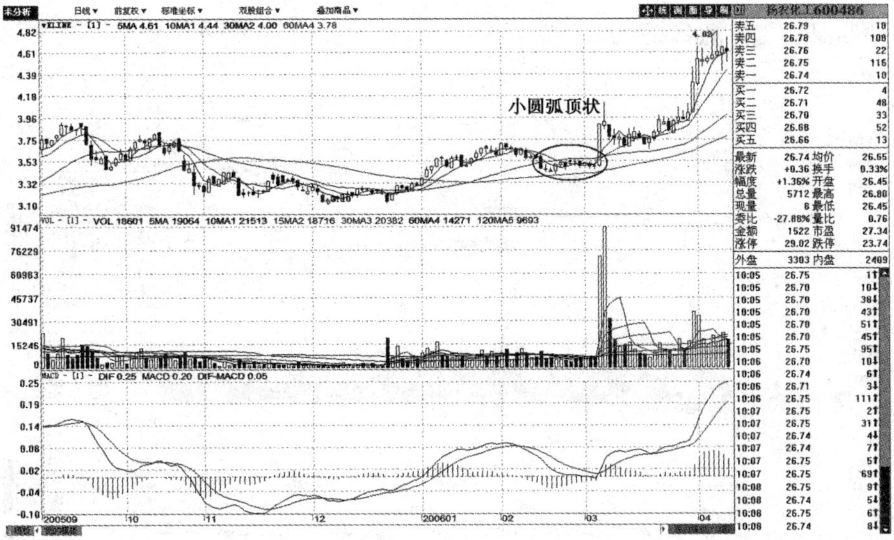

图 5 – 11

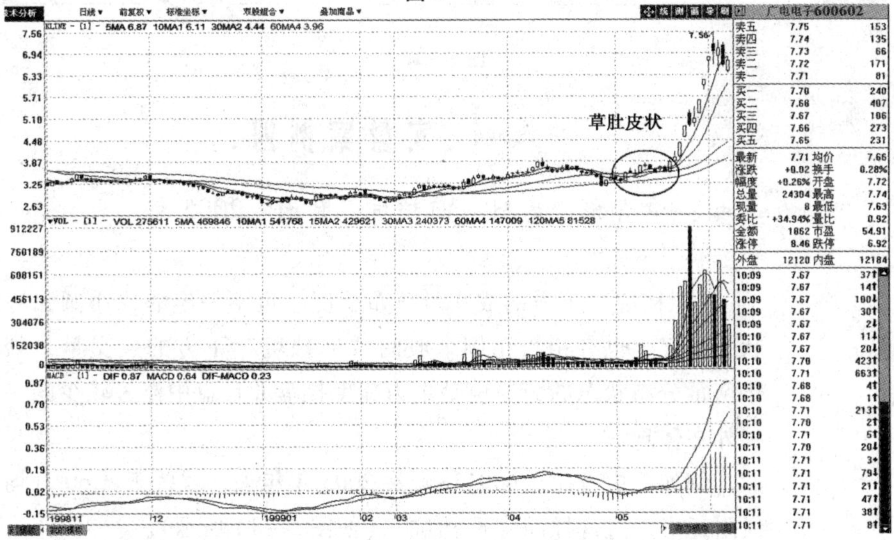

图 5 – 12

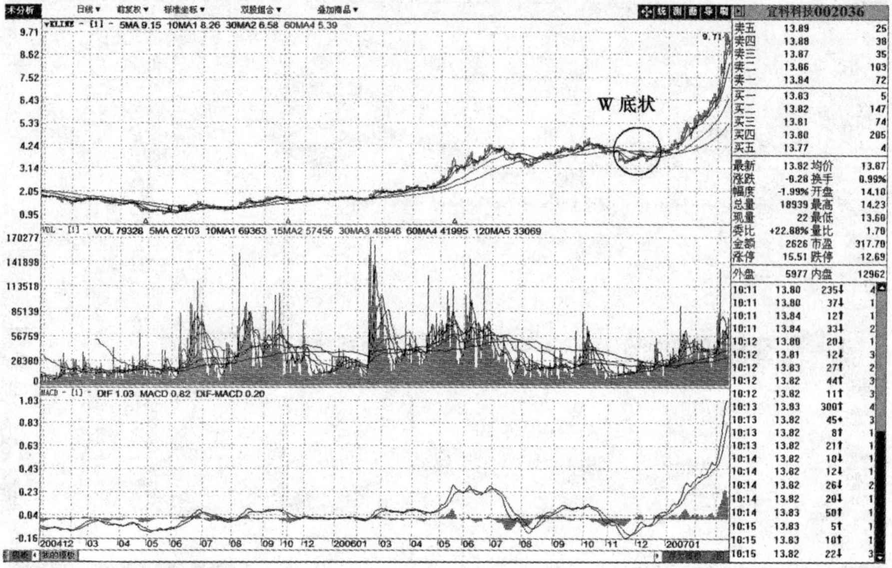

图5-13

实盘案例四：

名称：中青旅　类别：回档坑　时间：2005年

“回档坑”下方的成交量分布状况，也不一定非以小圆弧底状为最好，也有相当比例个股的“回档坑”下方的成交量是处于衡量分布状态的，这也是主力高度控盘并且盘中浮筹较少的一种外在体现。

例如，中青旅（600138）在2005年年末，就曾于其60日均线附近形成过这样的“回档坑”（如图5-14所示）。

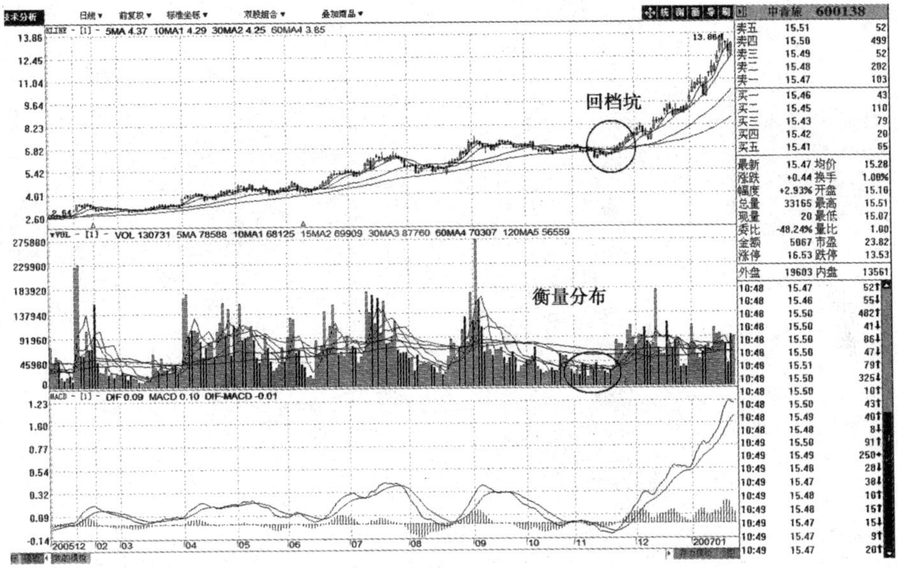

图 5－14

第6招

巧使均线

在盘面当中，有几条重要的移动平均线，可以在我们选股的过程中起到画龙点睛的作用。上一招中，我们所提到的可在股价回档过程中形成有效支撑的60日与30日均线就是其中两条。

您知道这两条移动平均线为什么会在股价的“回档坑”处具有如此神奇的支撑功效吗？我可以明确地告诉您，这不是巧合！在它们的背后隐藏着一个鲜为人知的秘密……下面我们就来逐一的揭开这些秘密。

第一节 强势翻转

实战法则：我们发现建仓个股后，可对它进行连续跟踪，在其缩量回落到60日均线上方并因受到该线支撑而形成放量上涨局面时买入。

第 6 招

巧使均线

60 日移动平均线——与庄家的建仓行为关系密切。

如果非要我说盘面中的哪一条均线与庄家的建仓行为关系密切（主要指增仓），那么，我会回答：是 60 日移动平均线。

庄家的资金从哪里而来——靠借贷而来，所以应尽量缩短它的使用周期。

我们只知道庄家拥有雄厚的资金实力，可以在股市中肆意建仓，但是您知道庄家的钱都是从哪里而来吗？可以说，绝大多数都是靠借贷而来。因此他们在运用巨额的资金的同时，势必也要支付出相应昂贵的利息，就算钱是自己的也有使用成本问题，通常资金被占用的时间越长，所需支付的代价也就越大。既然时间与利息成正比，那么庄家在运作这笔巨资之前，首先所要考虑的就是如何缩短它的使用周期。

实践中发现——庄家集中建仓行为与股价的 60 日均线息息相关。

根据上述思路，我于盘中发现，多数庄家都将连续使用巨额资金进行集中收集筹码的时间周期控制在 3 个月左右。3 个月的时间对于股价的移动平均线来讲是一个什么样的概念？它所对应的恰好是股价的 60 日移动平均线。

60日移动平均线——主力建仓后股价回调时的有力支撑。

我在历次行情中，通过对60日移动平均线的反复观察，发现有相当比例的建仓个股，在其后的缩量回档过程中，股价会于该线附近止跌企稳并重新放量上涨——这就是我所说的“强势翻转”。

例如，小商品城（600415）的股价就曾在其“草肚皮建仓”后，于其60日均线处形成了“强势翻转”，并由此展开后面的拉升行情（如图6－1所示）。

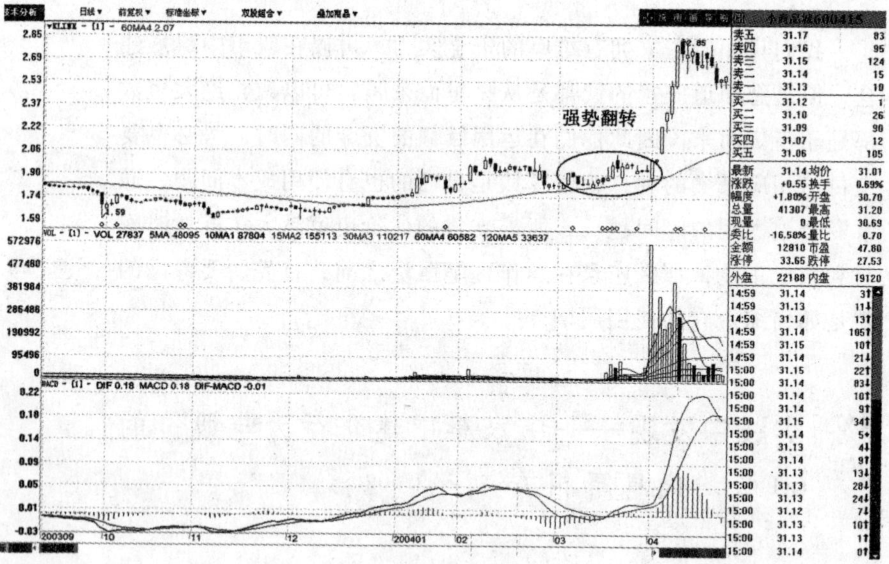

图6－1

60日均线的支撑作用来源于何处——除了均线本应具有的特性外，更重要的是它与主力的建仓成本相互挂钩。

通过前面的分析，我们可以得出：部分建仓个股的股价之所以能在洗盘过程中，于其60日均线处获得支撑，是因为多数主力都将连续使用巨额资金进行集中收集筹码的时间周期设定在3个月左右，而该股的60日均线则刚好代表着这段时间内主力的平均建仓成本，所以主力在洗盘过程中是一定会尽力地去维护该线的，而轻易不让别人有捡到便宜筹码的机会，其中道理与“金角支撑线”的支撑原理异曲同工。

实盘案例一：

名称：广电电子　类别：强势翻转　时间：1999年

提到“强势翻转”，就不得不提一提上海市场中的老牌案例广电电子（600602），因为无论是从形态结构还是时间周期上来讲，它都十分符合“强势翻转”的定义。

空间与时间的完美结合是强势黑马股的一个隐性特征——接着思考吧，您会获得意外的收获！

广电电子（600602）的股价从1999年2月9日开始逐步

向上攀升（如图6－2中A点所示），并于数日后上穿其60日均线，此后该股持续上涨并且下方的成交量也随之放大，待上升到一定高度后，股价又于相应高位形成缩量回落，在回落过程中于4月29日受到其60日均线的有力支撑（如图6－2中B点所示），至此，一个完整的“草肚皮”已经形成（如图6－2所示）。最终，该股于“草肚皮”后在其60日均线的强劲支撑下形成主升行情，这就是“强势翻转”（如图6－3所示）。

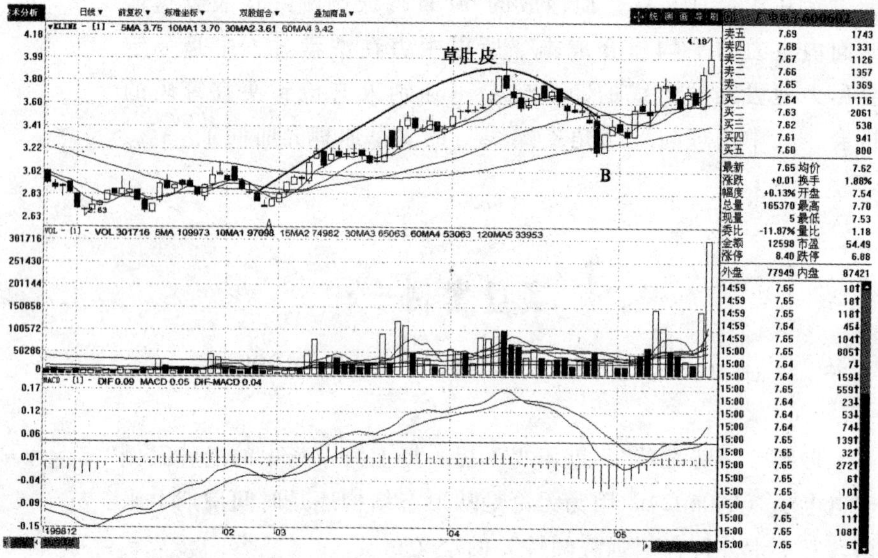

图6－2

我们再回过头来计算一下，该股“草肚皮”的形成周期：从2月9日开始至4月29日结束，恰好3个月左右。这与我们的理论观点完全吻合。

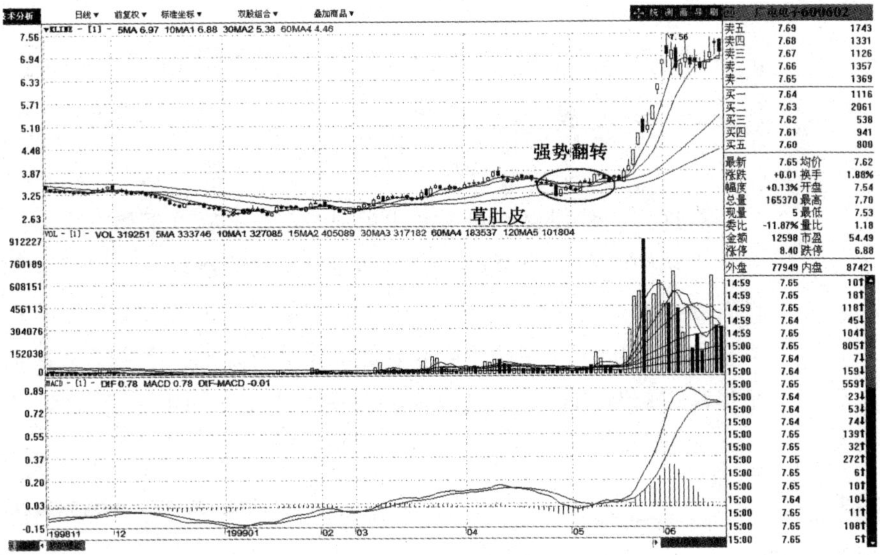

图 6 – 3

实盘案例二：

名称：中国卫星、三房巷　类别：强势翻转　时间：2006 年

中国卫星（600118）和三房巷（600370）都曾在 2006 年 3 月，在其历时 3 个月左右的“草肚皮”后，于 60 日均线处形成了“强势翻转”（如图 6 – 4、图 6 – 5 所示）。

周期较短的期均线归顺于周期较长的均线——是股价连贯上涨的另一技术支持。

有这样一种现象不知大家注意到了没有？在我们所介绍过的几个案例中，当股价于60日均线处形成“强势翻转”之时，其设置周期较短的30日、10日和5日均线与60日均线之间的距离也相当的接近，或者说基本上是扭合于一处的，事实上，这也是提高“强势翻转”成功概率的重要因素之一（如图6－4、图6－5所示）。

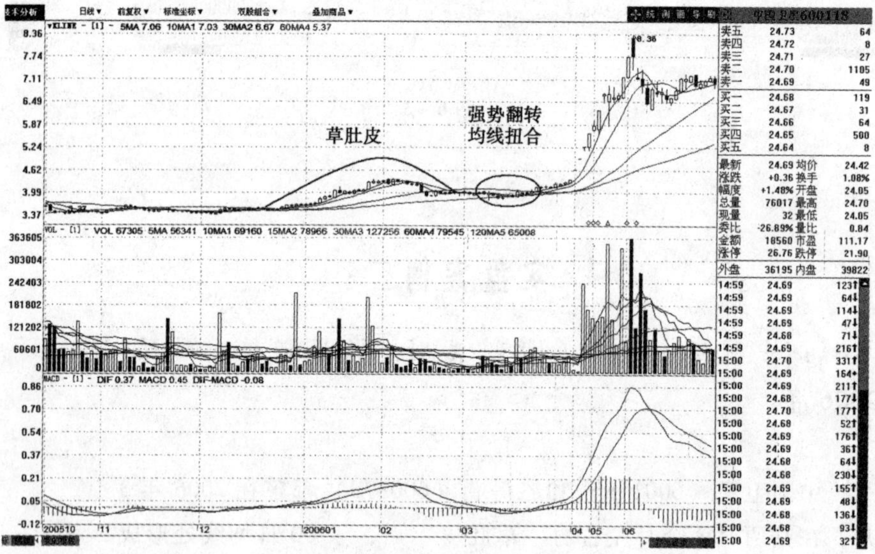

图6－4

第 6 招

巧使均线

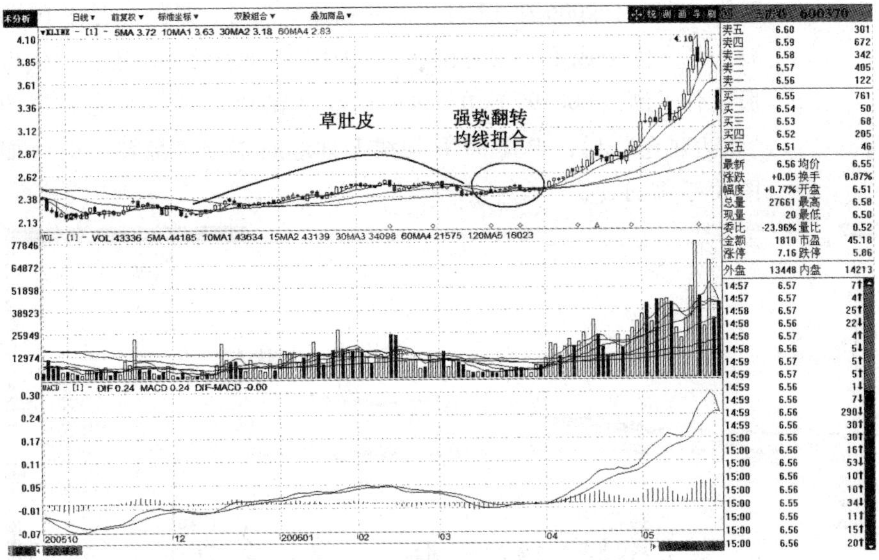

图 6－5

实盘案例三：

名称：西水股份 **类别：**强势翻转 **时间：**2006 年

3 个月左右的建仓周期，只是我们推导出 60 日均线神奇魔力的一个理论基础，事实上有许多建仓周期远不止 3 个月的个股，在回调后也会以 60 日均线为支撑形成“强势翻转”。

活学活用——不过分苛求时间。

例如，西水股份（600291）的“银边建仓”开始于 2006 年

3 月，截止于 2006 年 12 月，总共长达 9 个月，最终还是于其 60 日均线上方形成了“强势翻转”（如图 6－6 所示）；还有，大牛股金种子酒（600199）在 2009 年也是在其历时长达近一年的“银边建仓”后，于其 60 日均线上方形成“强势翻转”的（如图 6－7 所示）。

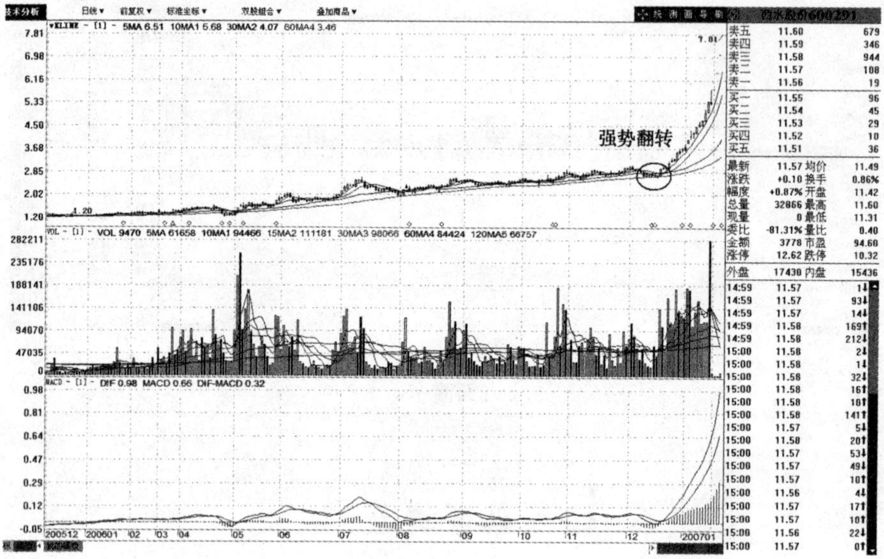

图 6－6

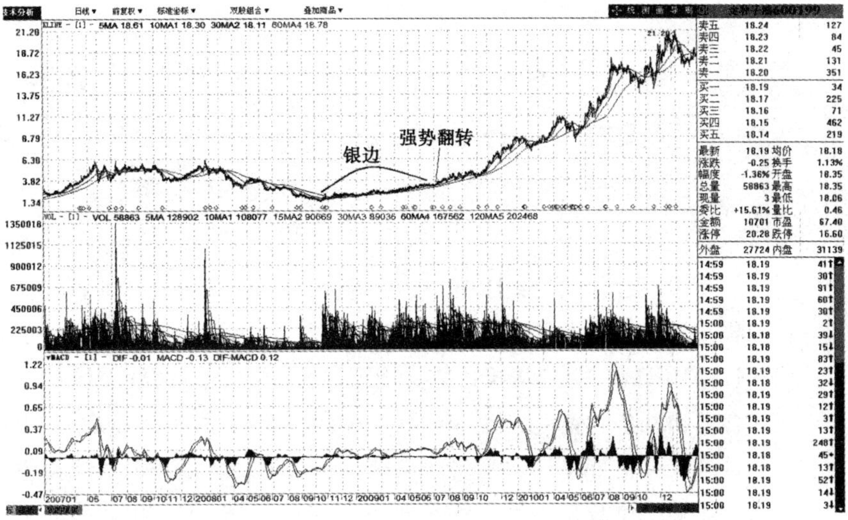

图 6 -7

第二节

三线托底

实战法则：如果我们发现某只经由主力大举介入或高度控盘的庄股，在缩量回调至其 30 日均线上方时，因受该线的有力支撑而引发放量反转走势，我们则可在此处买入该股。

另外一条经常出现在“回档坑”下方并对其起到支撑作用的就是30日移动平均线——它也是股价上涨的必由之路！

说到股价的均线系统，就不能不提到“30日移动平均线”。您知道股价的中短期均线系统中都包含着哪几条均线吗？是5日、10日和30日均线；您又知道股价的中长期均线系统中又包含着哪几条均线吗？是20日、30日和60日均线。而其中的30日均线又恰好是这两套均线系统的结合处，所以一只股票无论是中短期或中长期上涨它都是要点所在。正是由于30日移动平均线所处的地位特殊，所以有很多资金实力雄厚的庄家在正式启动拉升行情之前的洗盘过程中都以该线作为打压底线。

强势个股在增仓后的强势回档——会止于其30日均线处。

在多头市场中，30日均线都是排列在60日均线上方的，所以建仓个股在回档过程中，股价能止跌于30日均线附近而未向下触及60日均线的，相对来说都可以称得上是强势个股了，以此推论下去，此类强势回档的个股在日后也必将形成强势的上涨行情。

例如，华闻传媒（000793）在其“草肚皮建仓”后，于洗盘过程中，只将股价向下打压至其30均线处，便以此为支撑展开了大幅而凌厉的上涨行情（如图6-8所示）。

第6招

巧使均线

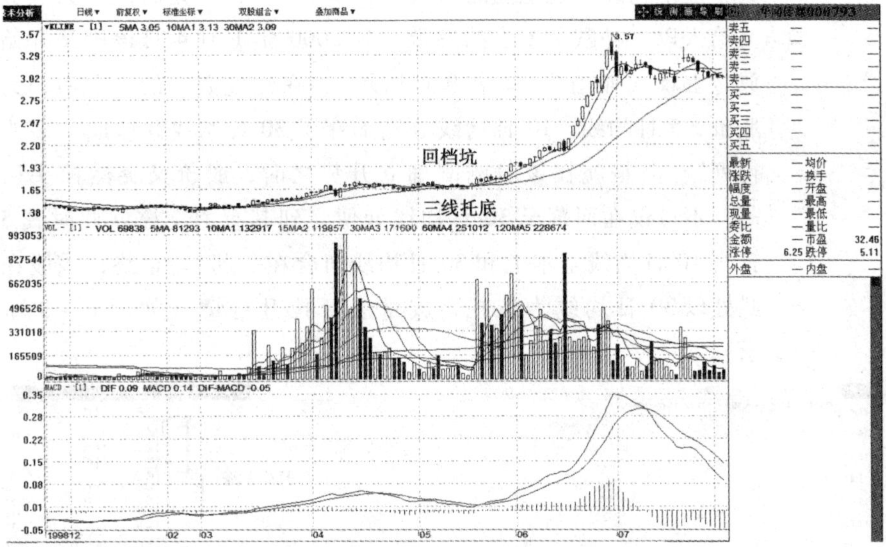

图6-8

30日均线也是强势庄股引发上涨行情的最好契机。

还有另一种情况，股价也会于大涨之前受到30日均线的有力支撑：某些庄家早已建仓完毕，但由于大势不好，没法继续拉升，其中主力只好悄悄隐藏起来，等时机来临时再作打算。相对来说，这种股票大多伪装得很好，股价在其中短期均线系统之下缓慢下行，给人以疲弱的感觉，但是时机一到它们就立马轻装上阵，放量大涨。此刻，您会听到股民这样报怨："这只股票说涨就涨，谁能看得出来啊？"其实，您若仔细观察它们的中短期均线系统，尤其是30均线，还是可以从中找到蛛丝马迹的。

例如，中卫国脉（600640）的股价自1999年10月27日放巨量形成大阳线后，便一路小幅下跌（如图6-9中A点所示），其中短期均线系统也随之形成“空头排列”，但是时间一久该股又给人以一种跌不下去的感觉。到2000年1月4日该股又开始放量上攻（如图6－9中B点所示），在经过数天的上涨后，其股价、5日均线、10日均线分别上穿了30日均线并形成“多头排列”。但是就在该股刚刚确立升势之时，股价又突然掉头回落，不过仅在回落至30日均线处便受到其有力支撑（此时其5日与10日均线基本上和30日均线扭合在一起）。最终，该股在此处以30日均线为依托，放量展开拉升行情（如图6－9所示）。

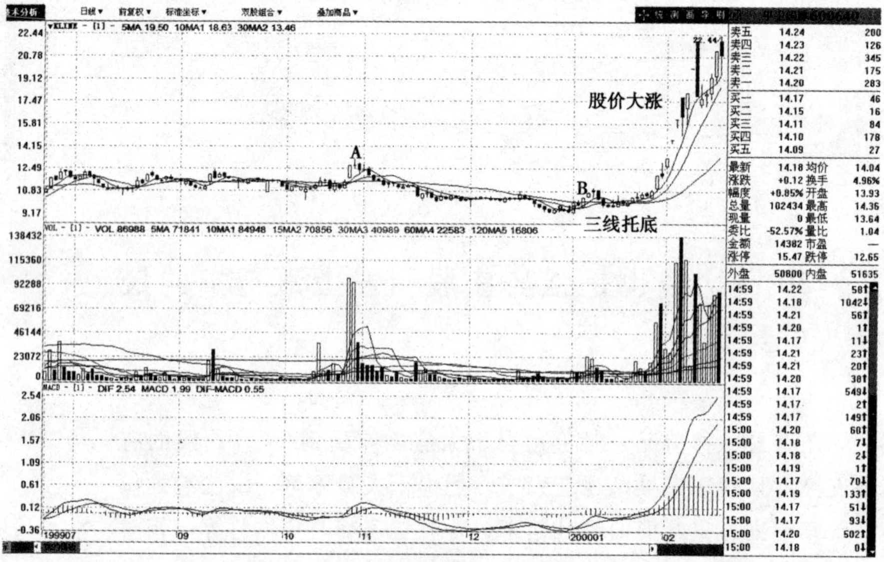

图6－9

我们已经利用股价的30日移动平均线在“回档坑”处，成功地捕捉到华闻传媒（000793）和中卫国脉（600640）两只黑马股了，可见该线于该处的重要性。所以，今后我们就将建仓个股于“回档坑”处受到30日均线支撑并由此引发股价反转的技术行为称作“三线托底”（如图6－8、图6－9所示）。

“三线托底”中的三线指的是指 5 日、10 日和 30 日均线，其中 30 日均线是主线，技术上要求这三条均线在托底之时应尽量扭合于一处。

实盘案例一：

名称：中视传媒　**类别：**三线托底　**时间：**2006 年

庄股在增仓之后——形成“三线托底”的概率较高。

中视传媒（600088）的股价在 2006 年 1—3 月经“草肚皮建仓”后，于洗盘过程中出现了比较深幅的回落，曾一度向下跌破了其 30 日均线（如图 6－10 所示）。洗盘结束后主力开始逐渐增仓，以致股价重新放量走高，并再次向上突破 30 日均线。随后该主力又再次洗盘，但这次股价的回落幅度有限，仅跌到 30 日均线处便获得支撑，形成“三线托底”（如图 6－10 所示）。

托底成功后该股放量大涨（如图 6－10 所示）。

实盘案例二：

名称：金发科技　**类别：**三线托底　**时间：**2006 年

金发科技（600143）的主力在相对较低的价位以“草肚皮”形

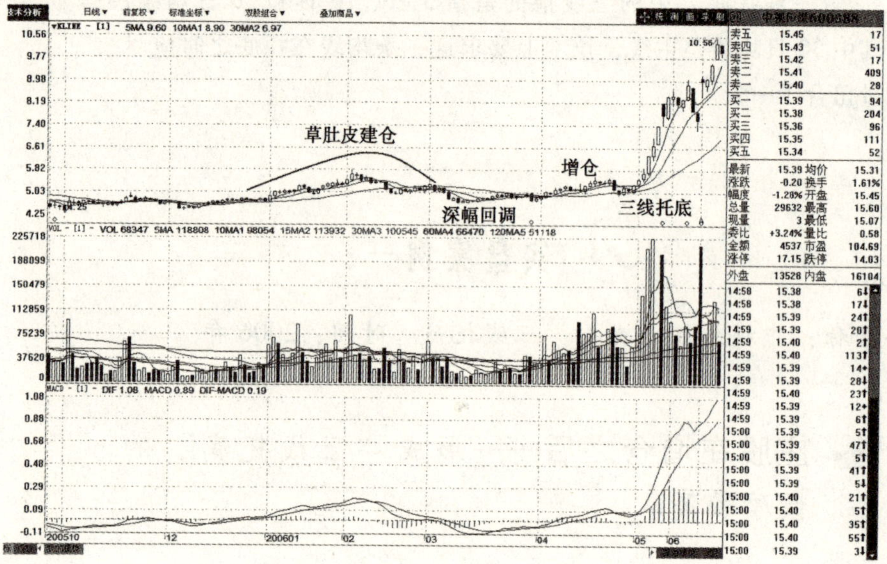

图6-10

式建仓后，又在股价回档过程中以“三线托底”确立了拉升之势。

我为什么说该股已经确立了拉升之势呢！因为该股在托底成功后，股价于反转的同时成交量也迅速激增（如图6-11所示）。一般来说，能于价格的底部区域便受到30日均线支撑的个股，都是主力控盘较高的强势个股，此类个股一旦放量启动，日后形成主升行情的几率是相当高的，并且涨幅也不可限量。金发科技（600143）其后的涨势就很说明问题（如图6-12所示）。

第6招
巧使均线

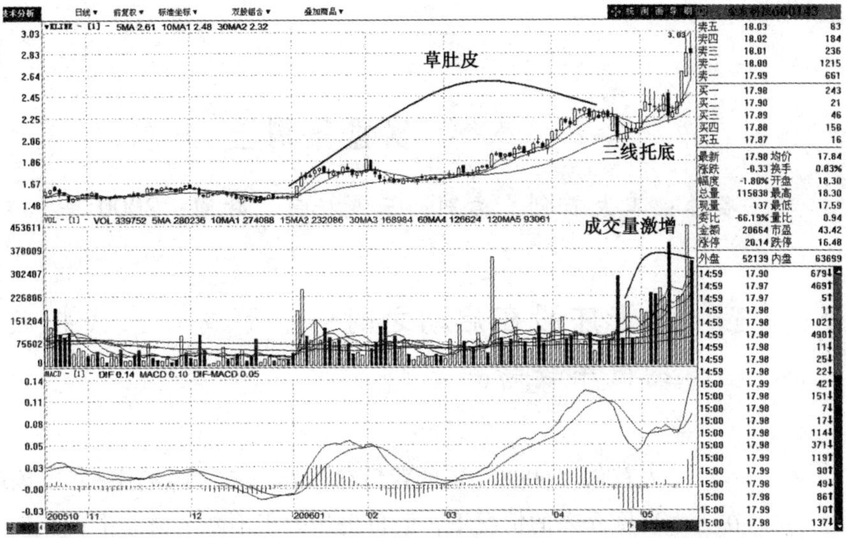

图6－11

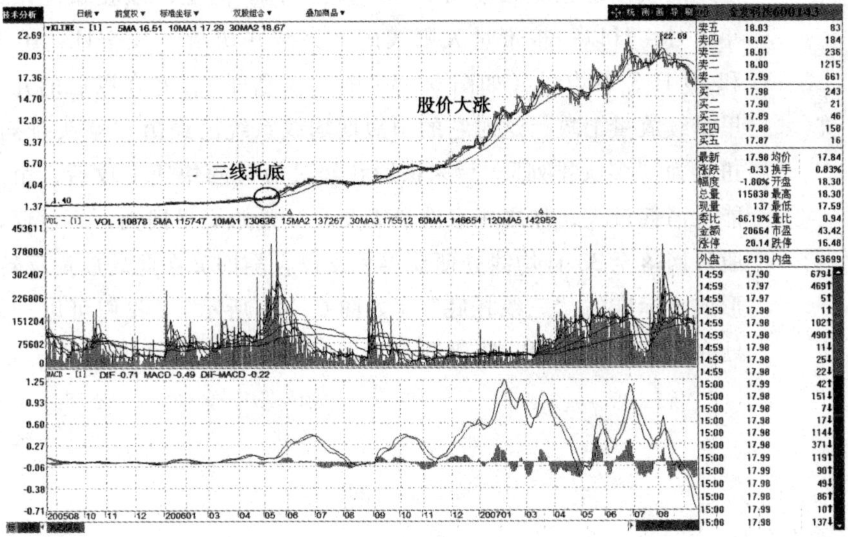

图6－12

实盘案例三：

名称：工大首创　类别：三线托底　时间：2000年

隐形庄股在启动之时——形成“三线托底”的概率较高。

工大首创（600857）的背后存在着一个“隐形庄家”，该股在主力高度介入的情况下，股价仍然处于不断下滑之中，并且中短期均线系统也随之形成了“空头排列”。但是，该股却在2000年1月4日以一根带量大阳线向上突破并切断了其5日、10日和30日3条均线（如图6－13中A点所示），并在以后的几天里继续放量上攻，这时它的中短期均线系统已经由“空头排列”扭转为“多头排列”。后来该股在经过短暂的快速上攻后，由于能量消耗过大，加之庄家洗盘需要，又开始缩量回档，不过仅在股价回落至30日均线处便获得了支撑，随即又在此处放量反转，形成了标准的“三线托底”（如图6－13所示）。我们可以于此处介入，后来该股一路飙升（如图6－14所示）。

第 6 招

巧使均线

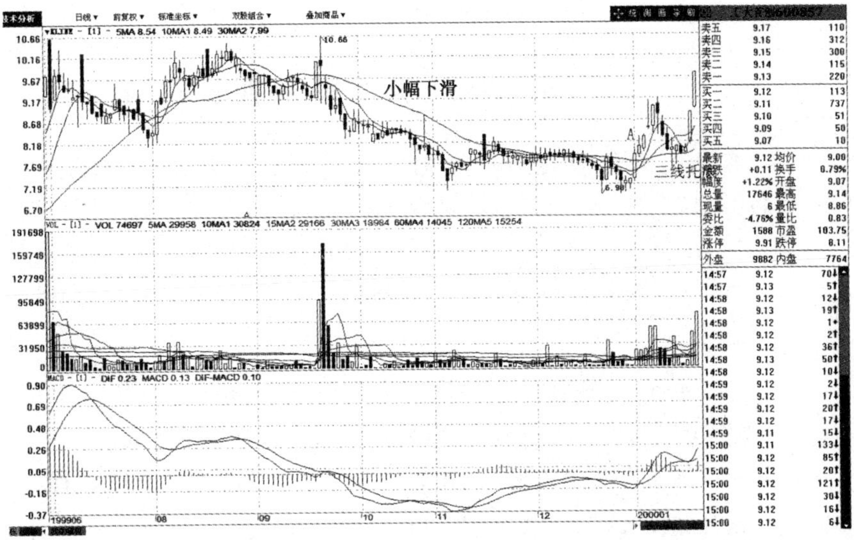

图 6－13

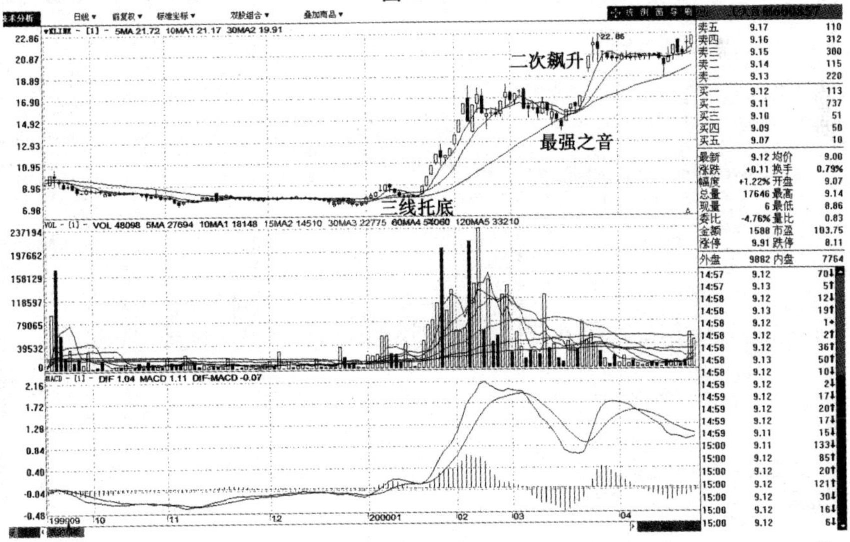

图 6－14

实盘案例四：

名称：海印股份等　类别：三线托底　时间：1999 年

“银边”过后——形成“三线托底”的概率较高。

由于“银边建仓”后主力的洗盘幅度较小，所以大部分“银边回档坑”的落脚点都停留在其 30 日移动平均线之上。

例如，海印股份（000861）和东方明珠（600832）都是如此（如图 6－15、图 6－16 所示）。

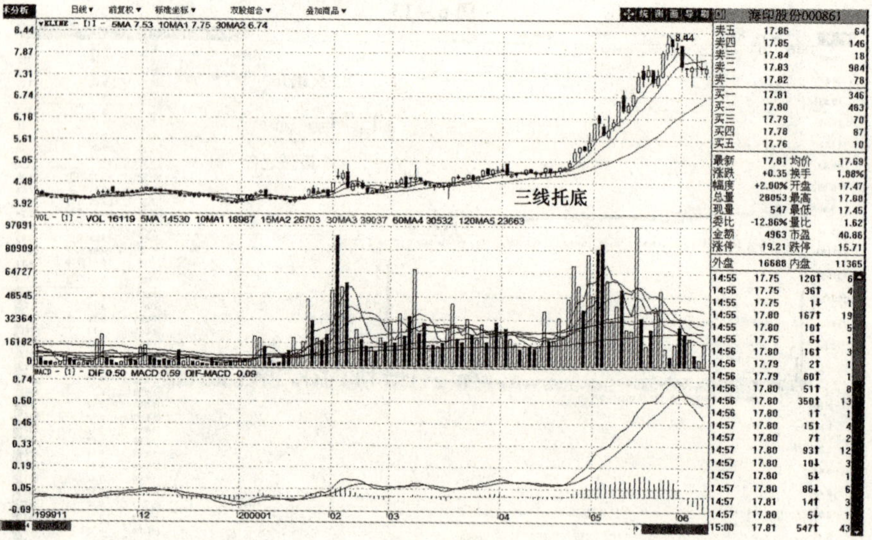

图 6－15

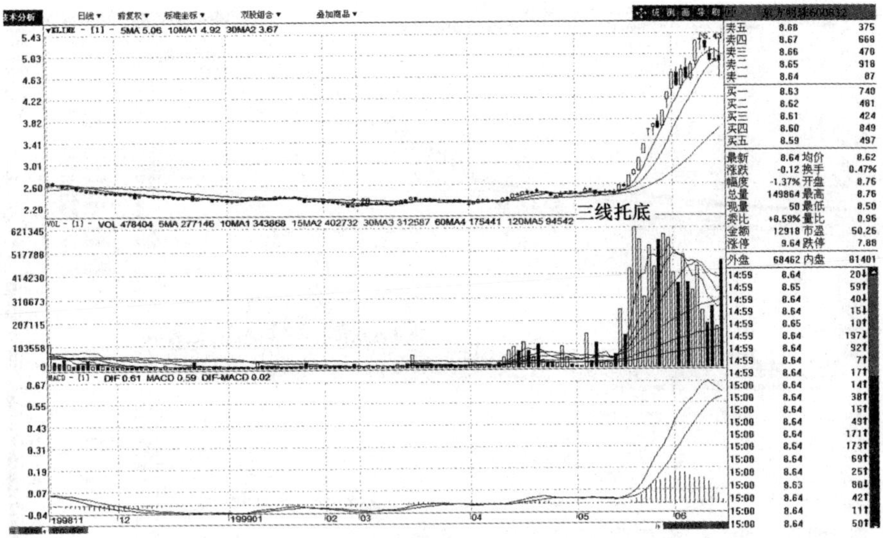

图 6－16

实盘案例五：

名称：民生银行　类别：三线托底　时间：2006 年

一般来说，“三线托底”是我们于价格的底部区域捕捉强势庄股的有力手段。但是，有些庄股会因为主力的建仓周期拖的较长等原因，导致股价趋势发展缓慢，结果就会在其后所形成的“回档坑”下方呈现出，5 日、10 日、20 日、30 日、60 日乃至 120 日均线扭合于一处，共同支撑起股价上涨的局面，这种“多线托底”的上攻方式可以为股价上涨提供更为坚实的技术支撑，应引起我们的高度重视。

民生银行（600016）在其“大型草肚皮”后，就是以“多线托底”的形式展开上涨行情的（如图 6－17 所示）。

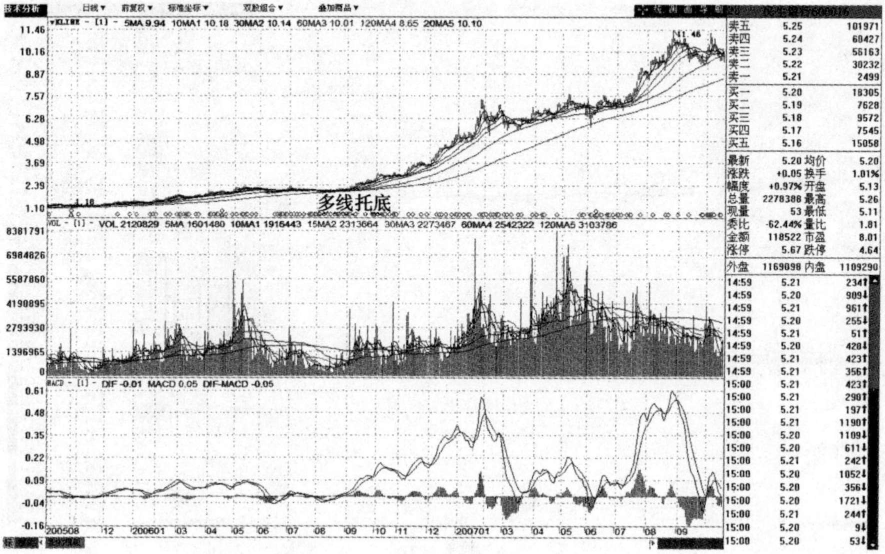

图6－17

第三节

三线见腰

实战法则：如果我们发现某只股票在向上攀升过程中，形成缩量回调，但股价仅在回落至其30均线处便受到支撑并再度放量反转，则可伺机买入。

庄家不仅会在拉升股价之前对个股进行洗盘，在拉升过程中如果感觉到上方压力过大，也会随时随地进行震仓，这就是所谓的中途回档。本节我们将要讨论的内容就是：股价在中途回档过程中与30日移动平均线之间的相互关系。

强势回档——有利于上涨行情的进一步发展。

股价于上涨途中形成回落整理现象到底是好是坏？我认为，关键还要视回调的具体幅度而定。一般来说，浅幅度的强势回档可使处于疲惫上涨之中的股价得到必要的休整与喘息，有利于行情向更高处延伸；而深幅度的弱势洗盘则刚好相反，它会破坏形态、分散人气，不利于行情向纵深处发展。

30日均线——强势回档与弱势洗盘的分水岭。

如果单从均线角度出发，什么样的中途洗盘过程才能称得上是强势回档；什么样的洗盘过程又属于弱势洗盘呢？通常来说，只要其“回档坑”的回调深度能以股价下方的30日均线为下跌底线，就可以算作强势回档了；相反，如果股价在回落过程中跌破了30日均线，那就属于弱势洗盘了。

强势回档，是我们短线介入的绝好机会。

我们于个股在上涨途中形成强势回档后介入，也是相当有利可图的。

例如，中远航运（600428）的股价在经过一段趋势明确的小幅攀升后，股价已经有了相当的涨幅，随后该股出现了回落走势，但仅经短时期的小幅缩量下跌后，便在其下方的30日均线处获得支撑，并由此引发放量反转走势，此刻我们已可以确认该股已于上升途中形成了强势回档（如图6－18所示）。之后，该股便连续不断地向上冲高（如图6－19所示）。

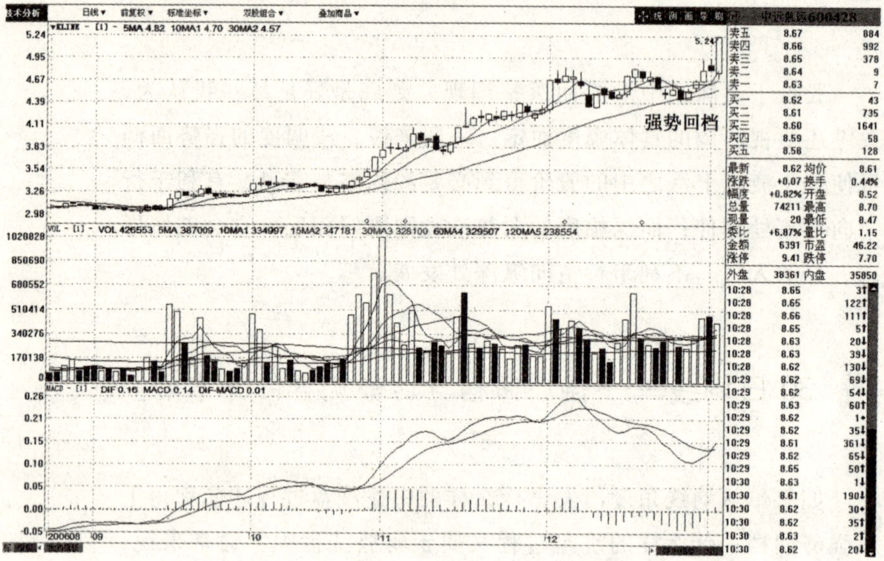

图6－18

由于个股于在上涨途中形成强势回档时的价量结构及短期均线系统的排列方式与"三线托底"的十分接近，因此我们称该种形式的强势中途回档为"三线见腰"（如图6－19所示）。

"三线见腰"与"三线托底"的最大区别在于——30日均线的倾斜角度不同。

"三线见腰"与"三线托底"的最大区别在于，"三线见腰"在形成之时，其下方的30日均线通常处于明显的上升状

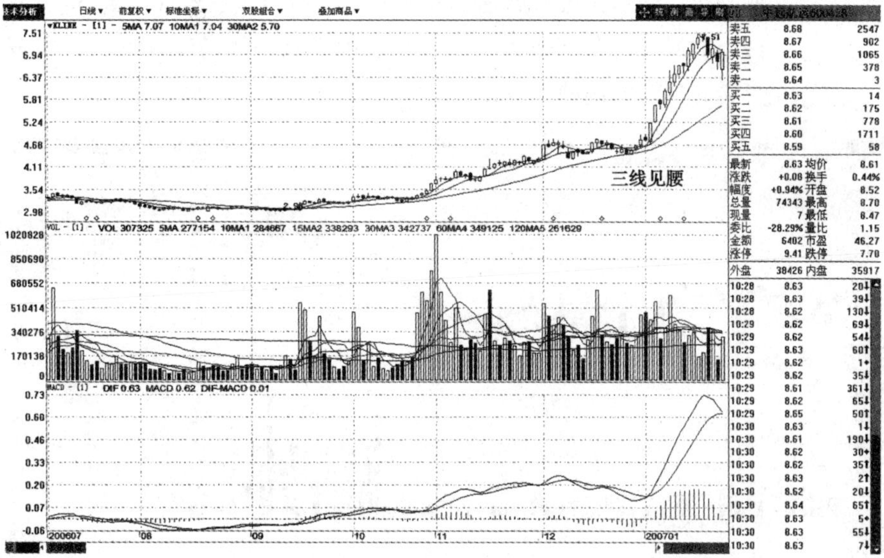

图 6－19

态；而“三线托底”在形成之时，其下方的 30 日均线则大都处于比较平缓或略微向上倾斜的状态之中。

实盘案例一：

名称： ＊ST 力阳 **类别：** 三线见腰 **时间：** 2001 年

“三线见腰”——强势回档的标准界限。

＊ST 力阳（600885）的股价在 2001 年 3 月经过逐级攀升后，已经有了一定的涨幅，并且其下方的 30 日均线也形成了明显的上

倾趋势，随后该股开始逐步缩量回落，但当其股价回落到30日均线上方时便再跌不下去了，而且还因受到该线的支撑而再度放量反转，这是明确的“三线见腰”之势（如图6－20所示）。

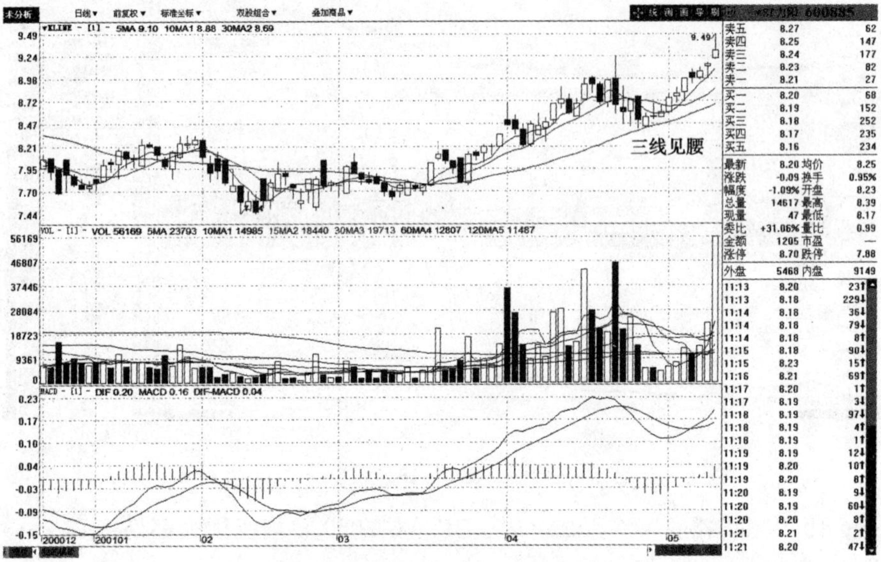

图6－20

此刻我们应择机介入，后来该股升势漫长（如图6－21所示）。

实盘案例二：

名称：洪都航空　类别：三线见腰　时间：2006年

洪都航空（600316）的股价在经过逐步上涨后，于2006年4月在半空中形成了“三线见腰”（如图6－22所示），其后该股便形成了加速上涨之势（如图6－23所示）。

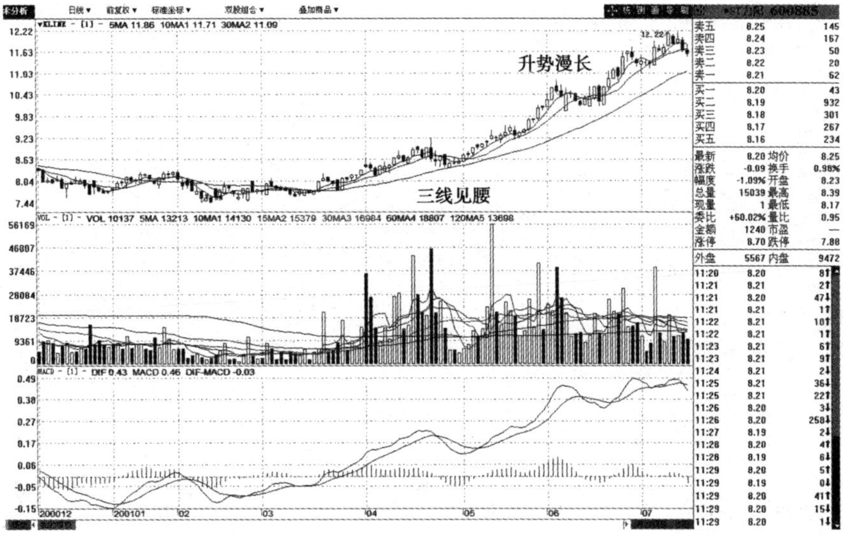

图6－21

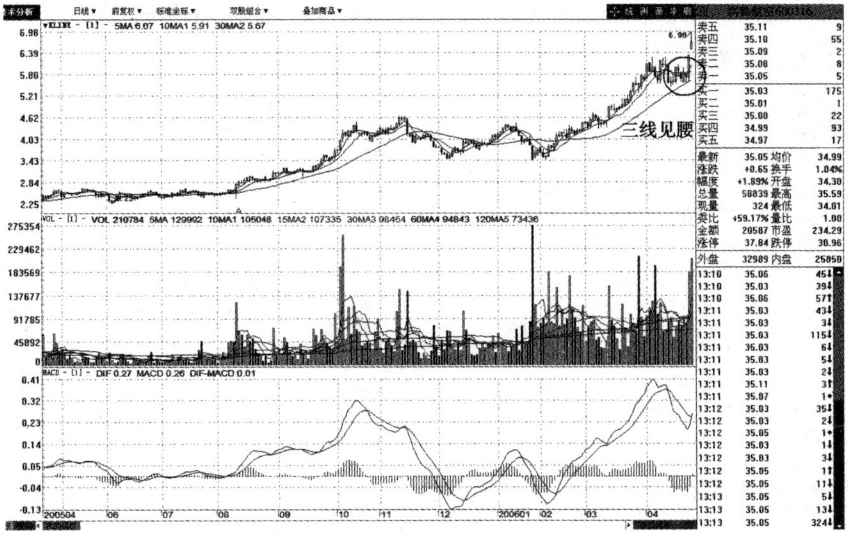

图6－22

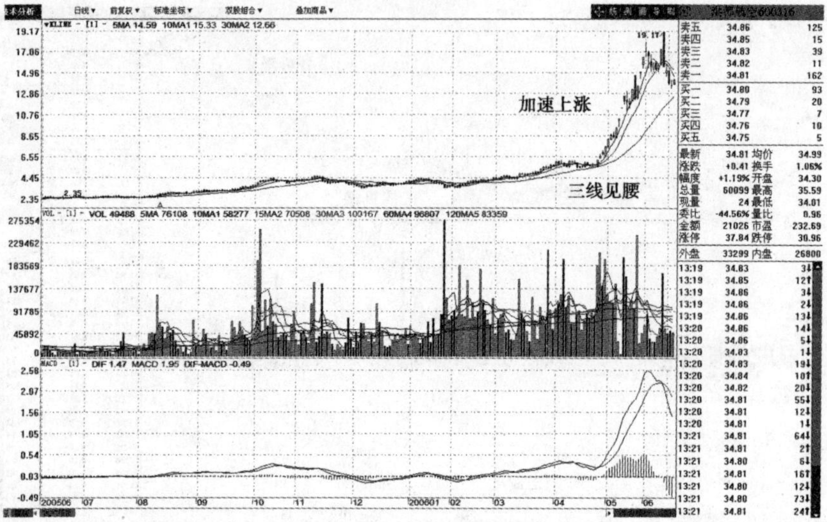

图 6－23

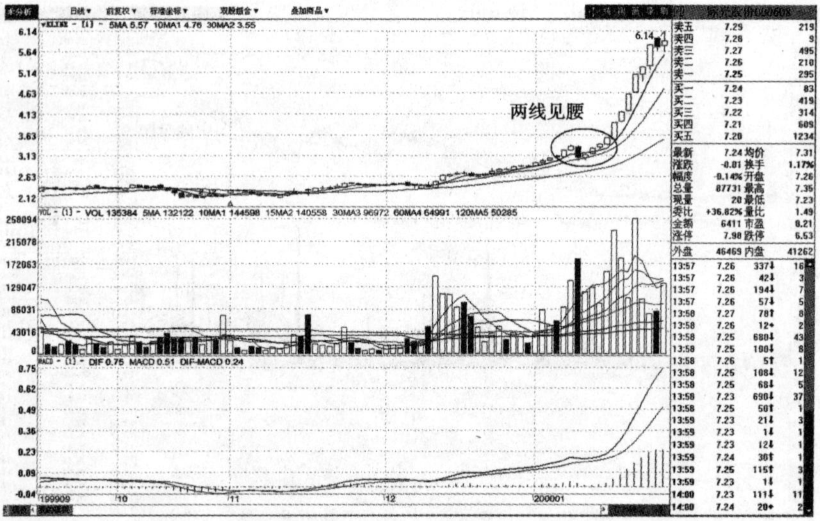

图 6－24

注明：股价在底部启动过程中讲求的是稳重，所以比“三线托底”更为牢靠的启动方式是“多线托底”；相反，股价在上涨过程中讲求的是凌厉，所以比“三线见腰”更为犀利的回档方式是“两线见腰”。“两线见腰”中的两线，所指的是股价的5日和10日均线（如图6－24所示）。

实盘案例三：

名称：江苏三友　类别：三线见腰　时间：2010年

通常来说，我们于股价上升过程中，在“三线见腰”处买入，最终都是会有所收获的。例如，江苏三友（002044）在上涨过程中曾两度形成过“三线见腰”，并且每次之后股价都有不俗的表现（如图6－25所示）。

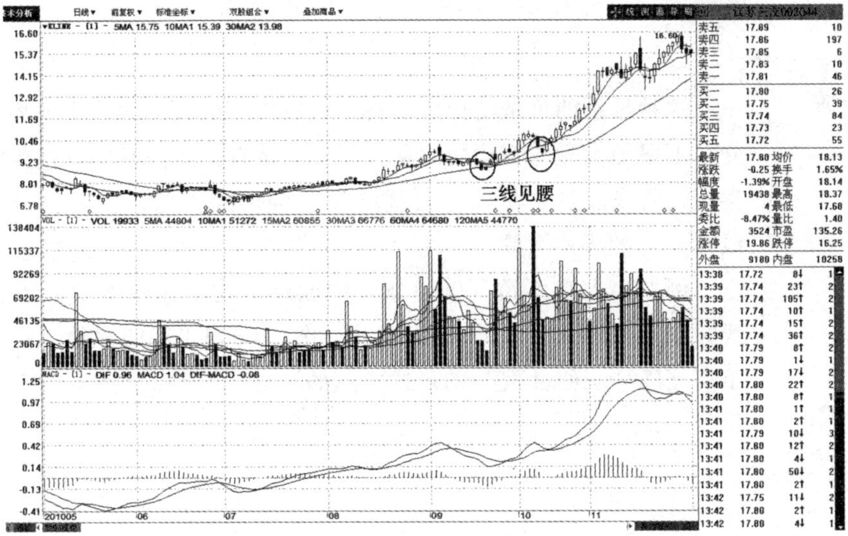

图6－25

如果“三线见腰”僵持的过久——则可演变为“三线并发”。

如果个股在上涨过程中形成“三线见腰”后，却迟迟不见股价向上突破，那我们将会在盘中看到这样的走势：其5日、10日与30日均线长期扭合在一起，K线一根挨着一根站成一排，同时又由以上3条均线把它们串连起来。这不是“银边”，“银边”是放量形成于价格底部的，而它却是缩量形成在相对高位的。

“三线并发”后——股价可上可下。

这种特别的价量结构可不是一般股票所能做到的，它走势独立，不跟随大盘的变化而波动，其中必定有强庄控盘，不过久则生变，将来股价不是以“三线并发”的形式大涨，就是以“三线并发”的形式大跌。

例如，太钢不锈（000825）的股价，就是在半空中以“三线并发”的形式大涨的；而ST康达尔（000048）的股价，则是于高位以“三线并发”的形式大跌的（如图6－26、图6－27所示）。

第 6 招

巧使均线

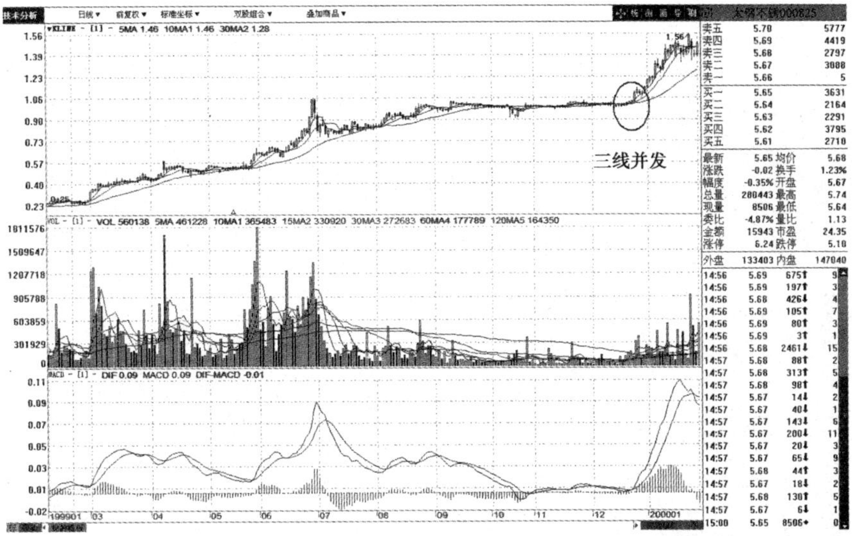

图 6－26

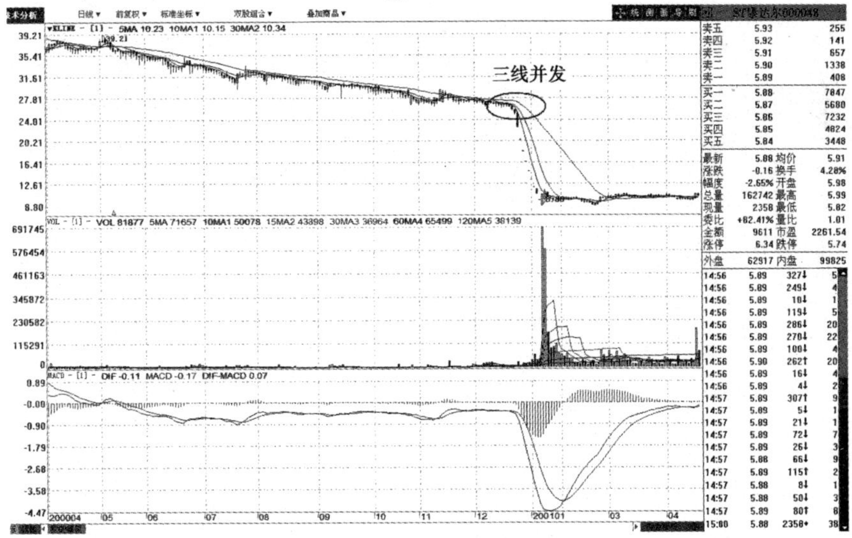

图 6－27

第 7 招

提压试盘

庄家多趁“天时、地利、人和”之时拉升股价。

聪明的庄家在建仓之后，不会冒然地去拉升股价，而是要等到“天时、地利、人和”之时才肯行动。这就是所谓的“顺势而为”。

第一节 测定人气

实战法则： 庄家在大幅拉高股价之前是通过“试盘”行为来测定此股此刻的市场人气状况是否符合启动要求的，而主力最常见的“试盘”方法就是于盘中快速拉升或打压股价。

第 7 招

提 压 试 盘

什么是“人和”——通俗的说就是多数投资者都愿捂股不放。

在股市之中，“天时”是指整个股市的大趋势向好；“地利”是指个股的质地与价位优良合理；“人和”则是指众多持股者的持股态度坚定。“天时”与“地利”对拉升行情所起的积极作用不难理解，我们还是来重点的解释一下人和：如果多数投资者都不看好手中的股票，就会在庄家拉升过程中不断地卖出，这将大大增加庄家的拉升成本及难度；相反，多数持股者都看好手中的股票，庄家就可以利用少量的资金，轻松地将股价拉高，而庄家轻松拉高股价时的人气状况就是“人和”。老话儿说的“人心齐泰山移”，差不多就是这个道理。

庄家又是如何测定“人和”的——通过上下提压股价进行试盘。

那么，庄家在拉升股价之前，又是怎样摸清该股的人气状况的呢？要做到这些其实也并不难，只要在交易时间内对该股进行上下“试盘”就可以了。试盘是主力对即将开展的操盘而进行的前期试验。

具体的测试方法大致如下：在短期内向上提升股价，它可以测试出该股的上档抛压及受投资者的追捧程度等；同理，只要将股价向下打压，就可以测试出该股的下档支撑及持股者的惜售程度等。

如果测试结果不能令主力满意，该股还会继续调整，直至能令庄家满意，股价才会进入主升行情。

第二节 左顾右盼

实战法则：如果我们发现某只经主力建仓的股票，在较为关键的价位上于一日或数日之内形成比较突出的上下影线，就要密切关注该股的今后动向，并在它的走势发生转变后顺势而为。

主力的试盘行为——通常是双向并同步进行的。

通常，主力在试盘的时候会同时测试该股上下两方面的人气状况，并且不可避免地会于盘中留下明显印迹，这些印迹就是股价在关键位置上所形成的上下影线。主力的试盘动作有时会在一天之内完成，有时则会在几天之内完成。由于在主力试盘期间，股价会于盘中形成分指上下两侧的影线，所以我习惯上将庄家的这组试盘动作称为“左顾右盼”。

例如，广钢股份（600894）的股价就曾于拉升之前形成了“左顾右盼”，其测试结果肯定是令庄家满意的，不然该股随后也不会那么快就出现拉升行情了（如图7－1所示）。

第 7 招

提 压 试 盘

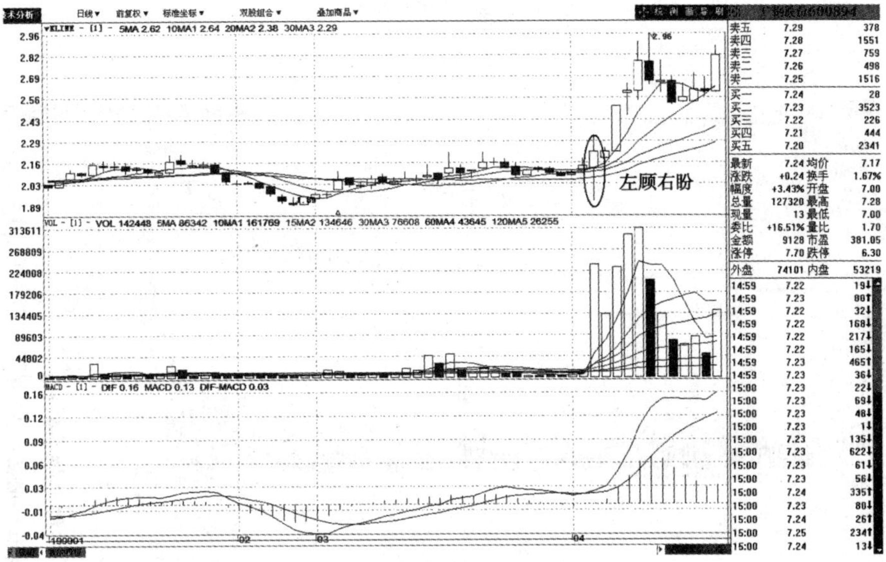

图 7－1

实盘案例一：

名称：＊ST 天一　类别：左顾右盼　时间：1999 年

下影线较长，通常代表多头的抵抗较强——适于拉升。

在主力大规模介入＊ST 天一（000908）之后，其股价便一直在相对低位上做横向整理，在运行至 1999 年 11 月 29 日那天，该股突然于“三线托底”处形成了一根带有较长下影线及较短上影线的小阳线，在其走势图中形成“左顾右盼”

之势，随后股价便开始不断放量上涨，并屡创新高（如图7－2所示）。

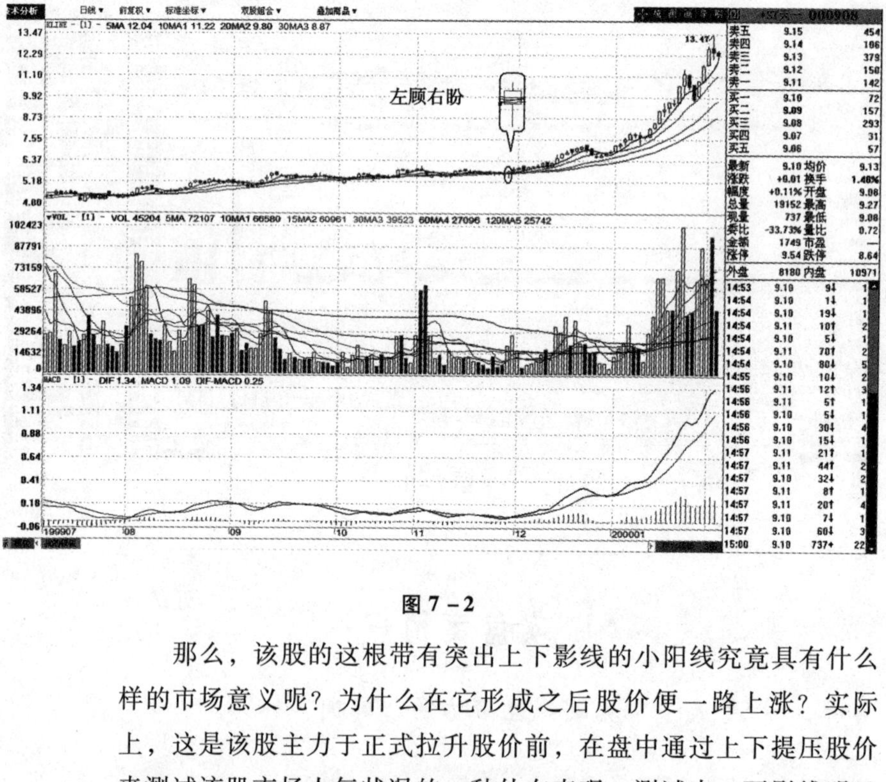

图7－2

那么，该股的这根带有突出上下影线的小阳线究竟具有什么样的市场意义呢？为什么在它形成之后股价便一路上涨？实际上，这是该股主力于正式拉升股价前，在盘中通过上下提压股价来测试该股市场人气状况的一种外在表现。测试中，下影线明显长于上影线，测试结果应该是“下档支撑”大于“上档压力”，适合拉升。所以才会紧接着就出现了后来的那段连贯的上涨行情。

第7招
提压试盘

实盘案例二：

名称：＊ST 商务　类别：左顾右盼　时间：1999 年

上影线较长，通常代表空头的抵抗较强——不适于拉升。

＊ST 商务（000863）的股价在低位盘整期间，曾先后 3 次于盘中形成了较长的影线：其中 2 次向上，1 次向下。这是一种扩展后的“左顾右盼”。

该股的 3 根影线：第一次是在 1999 年 11 月 10 日所形成的长上影线，这是庄家在测试该股的上档抛压；第二次是在 11 月 17 日所形成的长下影线，这是庄家在探明该股的价格低位；第三次是在 12 月 7 日形成的，还是用于测试上档抛压的长上影线（如图 7－3 所示）。

显然，前两次的测试结果未能令庄家满意，所以数天之后主力又进行了第三次测试，在这次测试过程中该股所形成的上影线比较短小，其所反映出的测试结果应该是有利于拉升的。所以不久之后该股便展开了上涨行情（如图 7－3 所示）。

如果我们再碰到于盘中发出频繁试盘信号的个股，就可以对其进行持续跟踪，直到它出现放量上涨后买入。

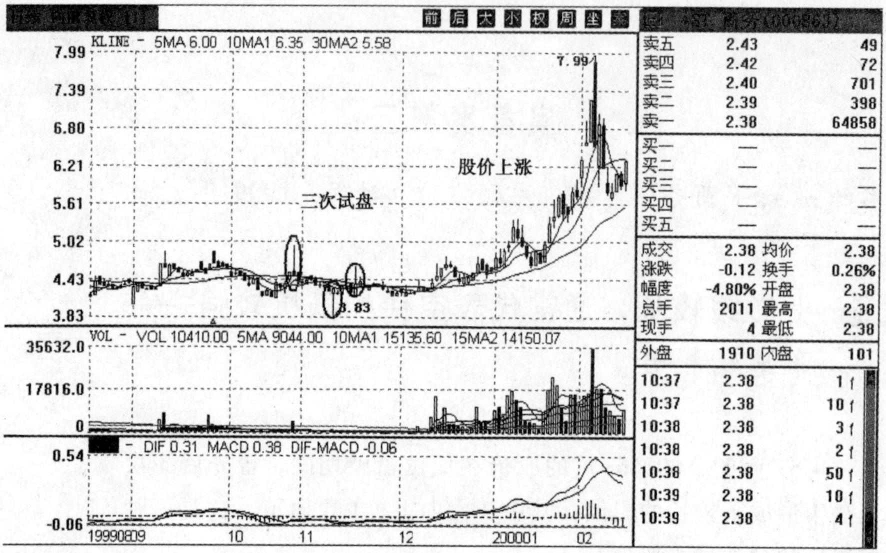

图 7－3

实盘案例三：

名称：海虹控股　类别：左顾右盼　时间：2003 年

主力上下试盘的手法——是多种多样的。

海虹控股（000503）在 2003 年 11—12 月间，形成了一个标准的小“草肚皮”，在“草肚皮”后的“回档坑”处又形成了“三线托底”，在托底成功后，该股便迎来了一波较大的上涨行情（如图 7－4 所示）。

不知道您注意到了没有？该股股价在“三线托低”处形成

了一阴、一阳两根并列的大 K 线，这是一种特殊形式的“左顾右盼”，其目的也是上下试盘，但它不是用影线而是以实体的方式来完成的，因此其中所包含的意义也更为丰富，至少我们可从中看到主力介入程度之深，控盘能力之强（如图 7－4 所示）。

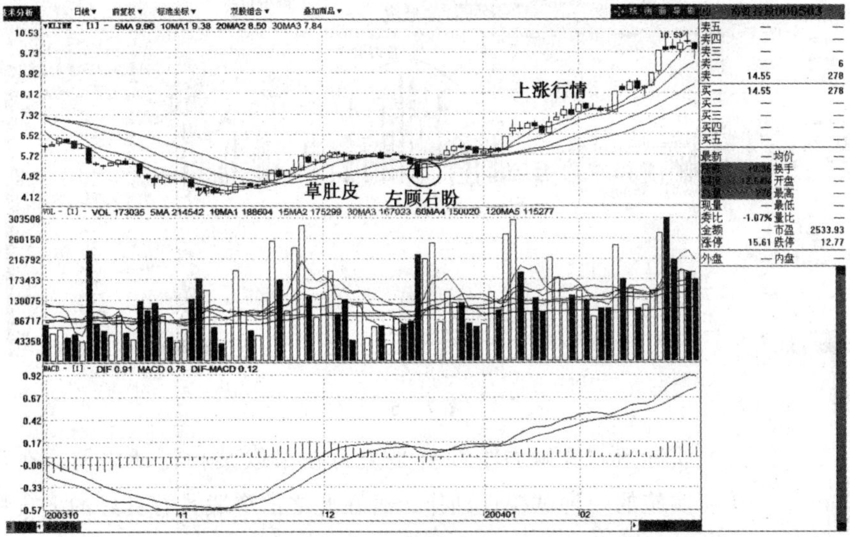

图 7－4

实盘案例四：

名称：哈高科　类别：左顾右盼　时间：2010 年

哈高科（600095）在 2010 年 7 月份后有明显的主力介入行为，后来该股逐渐缩量回调，但跌幅不深，在回调后股价又重新震荡走强并蓄势待攻，就在这时该股形成了一组由 3 根 K 线所组成的“左顾右盼”，试盘结束后股价也正式进入了拉升行情（如图 7－5 所示）。

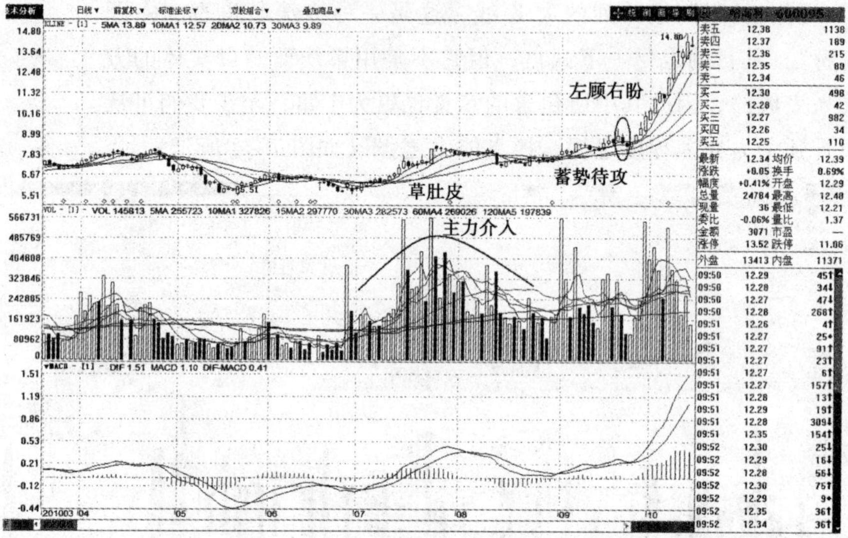

图7－5

实际上“左顾右盼”就是主力在采取某种行动之前，在盘中所实施的一种试探性动作，若在此之前个股具有良好的上攻势态，其后股价的上涨概率是非常之大的。

实盘案例五：

名称：国阳新能等 **类别：**左顾右盼 **时间：**2010年、1999年

主力在拉升过程中——也会进行试盘。

国阳新能（600348）的股价曾在上升途中形成了“左顾右

盼”，当然试盘结果肯定是令庄家满意的，不然其后该股也不可能继续大幅向上飙升（如图 7－6 所示）。

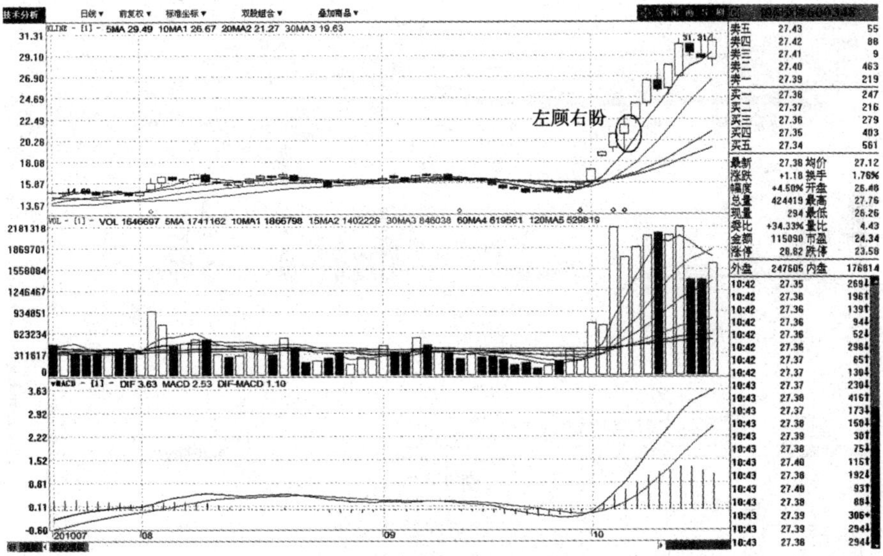

图 7－6

然而，＊ST 中服（000902）于拉升途中的试盘结果就没能令其庄家满意，因此该股股价才会于次高位的“左顾右盼”后，又形成了回调走势，待洗尽浮筹后才重拾升势（如图 7－7 所示）。

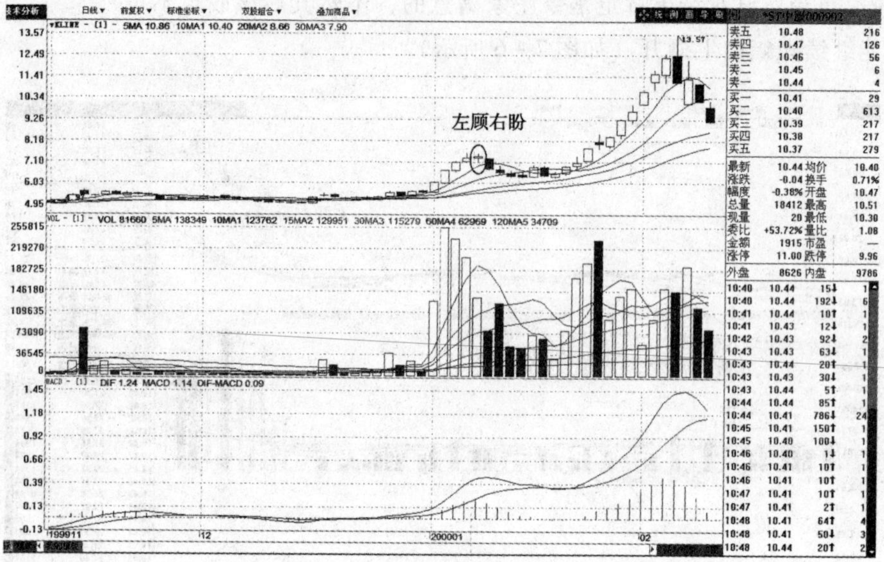

图7-7

第8招

连环出击

个股在经过了建仓、洗盘、增仓、回档、试盘几番折腾后，终于轮到了我们盼望已久的拉升行情。庄家只有通过大幅向上拉升股价才能实现最终的账面盈利，我们也只有把握好拉升行情才不枉费前面所下的苦功并最终获利。

假如我说在股价拉升初期，我们就可以通过某项技术预知该股未来的涨速与幅度，这点您相信吗？如果您不相信的话，就请接着往下看……

第一节 强力启动

实战法则：如果个股于较好的建仓形态后，以7%—10%的换手率启动上涨行情，其股价就十分有可能会在短期内连续向上大幅飙升。

第 8 招

连 环 出 击

股价在拉升阶段的主要技术特征是什么——股价快速上涨、成交量迅速放大。

一般来说，主力都是趁散户没有准备或没有胆量介入的情况下，迅速将股价提拉到高位的，所以很多个股的主升浪都是以中阳线或大阳线的方式迅速向上攀升的。又由于庄家拉升个股时需要投入大量的资金，尤其是在股价的起步阶段，因此，股价在拉升时期给我们留下的另一深刻印象就是成交量迅速放大。

股价上涨初期单日换手率达到 7%—10% 者——可称为“强力启动”。

庄股在“回档坑”后，于启动初期所释放出的成交量大小可是有讲究的，通常我们将单日换手率达到 7%—10% 的启动方式称为“强力启动”。

“银边”或“草肚皮” + “强力启动” = 飙升黑马

一般来说，具有较好的建仓形态并于上涨初期经“强力启动”的个股，都是可以在短期内连续向上飙升的强势黑马股。

例如，江苏阳光（600200）的股价，曾在其“增建仓组合”后，于上涨之初，以 10.12% 换手率“强力启动”（如图 8 -1 所示）。

其后该股便以连续涨停的方式不断向上飙升（如图 8 -2 所示）。

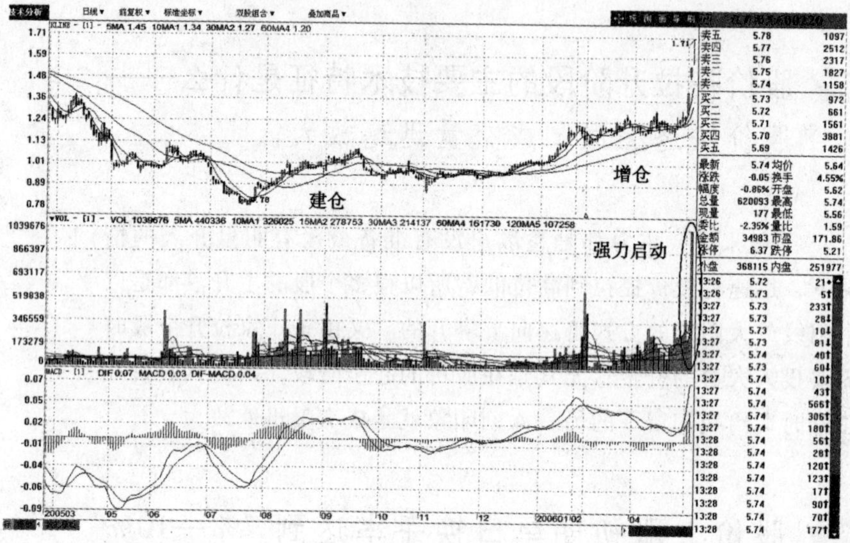

图 8－1

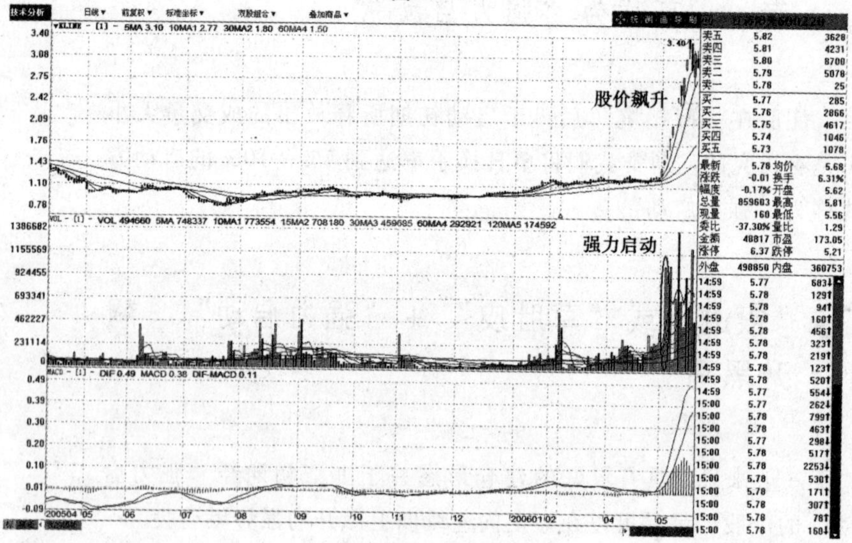

图 8－2

第 8 招

连 环 出 击

实盘案例一：

名称：东方明珠　**类别**：强力启动　**时间**：1999 年

“强力启动”是强势黑马股最佳的启动方式。

东方明珠（600832）的股价在 1999 年 5 月 19 日，以 2.56 元的价格及 7.85% 的换手率“强力启动”，因为该股在启动之前有标准的“银边”相配合，所以我们有把握断定其股价在此之后，必将在短期内连续向上飙升（如图 8－3 所示）。

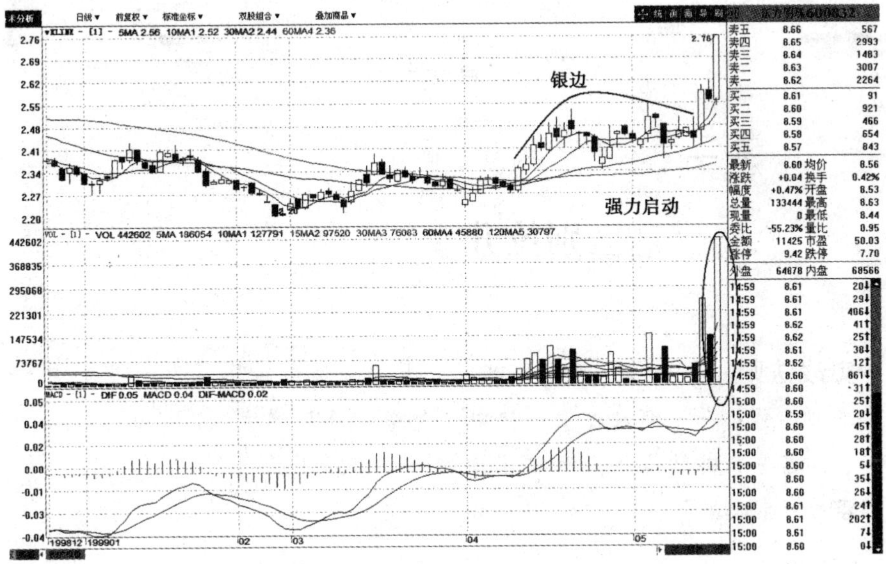

图 8－3

事实上也正是这样（如图 8－4 所示）。

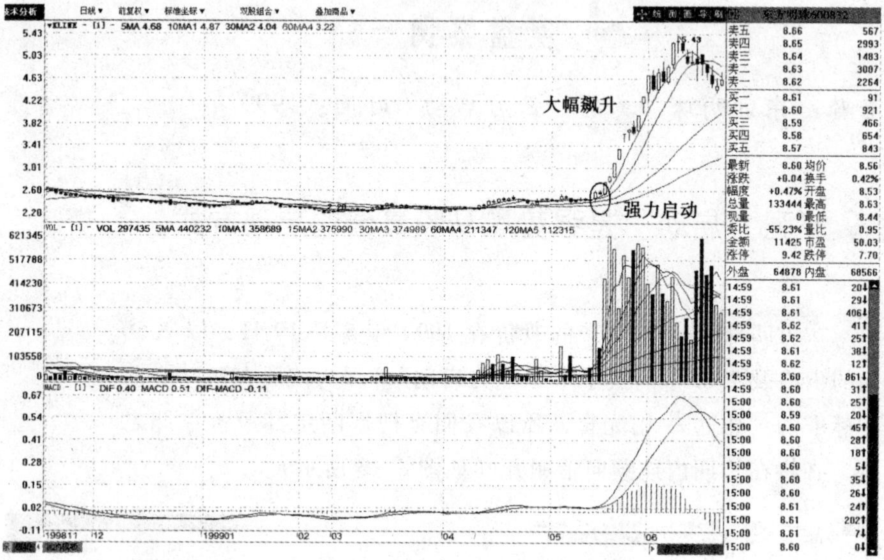

图 8－4

第二节

区别拉升

实战法则：庄股的上涨行情可以分为“放量拉升”与“缩量拉升”两种模式：其中“放量拉升”模式下，容易形成黑马股；而“缩量拉升”模式下，则容易产生大牛股。

第 8 招

连 环 出 击

庄股的拉升方式也极有讲究——具体可分为“放量拉升”和“缩量拉升”。

通常，庄股在放量启动之后，股价就会进入连续拉升行情。然而，股价在连续上涨过程中所形成的成交量分布状况将决定该股未来的上涨幅度，关于这一点您又了解多少？

一般来说，主力的拉升方法大致可以分为“放量拉升”与“缩量拉升”两种形式。

（一）放量拉升

放量拉升：股票在连续上涨过程中，股价下方的成交量由始至终都保持在较高的水平之上或是处于逐步增大的状态之中（如图 8－5 所示）。

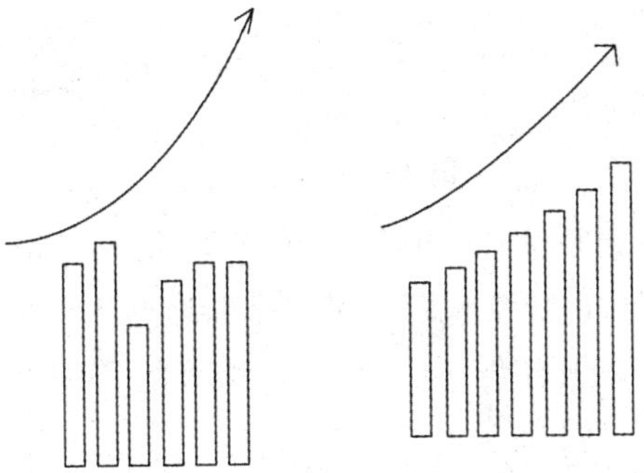

放量拉升（1）　　放量拉升（2）

图 8－5

例如，华升股份（600156）的股价在其“增建仓组合”后，于2006年4月28日以1.39元的价格及8.65%的换手率“强力启动”（如图8－6中A点所示），但是在随后的十几个交易日里该股的成交量毫无萎缩的迹象，直至6月2日该股才因能量耗尽而以3.32元的价格见顶（如图8－6中B点所示），总体涨幅达138%（如图8－6所示）。

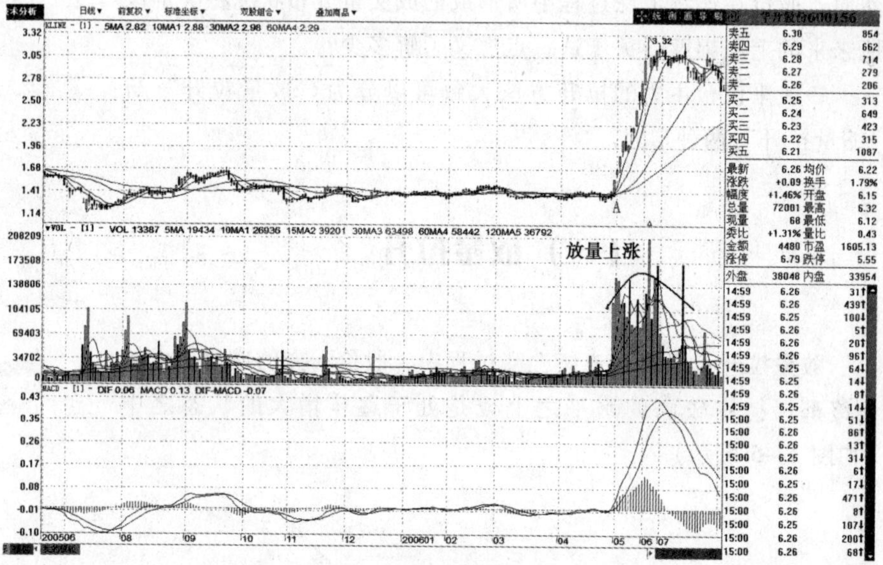

图8－6

还有，海欣股份（600851）在2007年4月份以后的上涨行情中，股价下方的成交量每天都在不断地递增，最终其股价在此局面下上涨了2倍有余（如图8－7所示）。

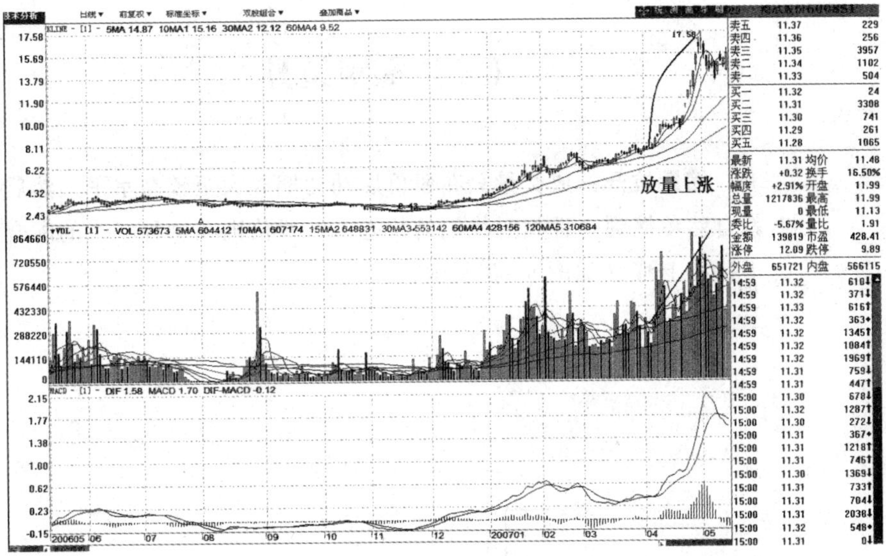

图 8－7

资金断裂和跟风盘过多——是导致“放量拉升”难以长久持续下去的两大根本原因。

人们都说“放量拉升”好，股价在上涨过程中有强大的资金供给作为后盾。不过，您有没有换个角度思考一下？虽说庄家很有钱，但是，他的资金也不可能无限量的呈比例增长下去，总会有断裂的一天。另一方面，在股价上涨过程中，每天都有巨额的资金参与进来，其中的获利盘与跟风盘总是得不到有效清洗，长期以往就会越积越多，这等于在股价上升过程中埋下了巨大的隐患。

综上所述，我认为庄股在“放量拉升”模式下，股价的上涨幅度多以 1—3 倍为主。

（二）缩量拉升

缩量拉升：成交量只在股价启动初期放大至较高水平，然后就自然萎缩到一种相对稳定的状态下，股价则在这种状态的配合下持续上涨（如图8-8所示）。

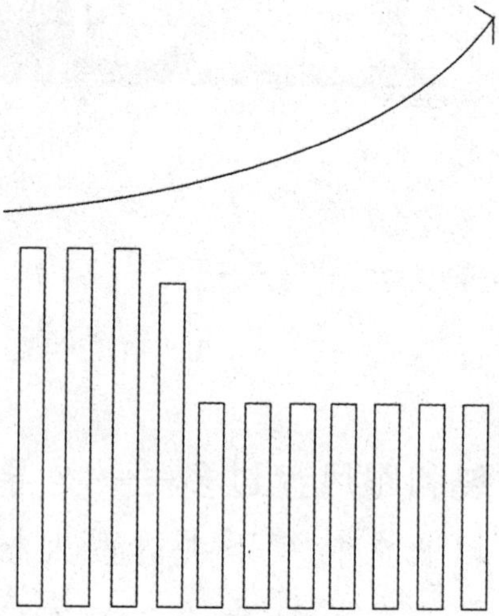

缩量拉升

图8-8

例如，*ST新材（600299）在放量启动不久后，它的成交量便自然地萎缩到了一种相对稳定的状态下，其股价也在这种状态的支撑下不断向上攀升，然而该股最终涨幅却高达10几倍（如图8-9所示）。

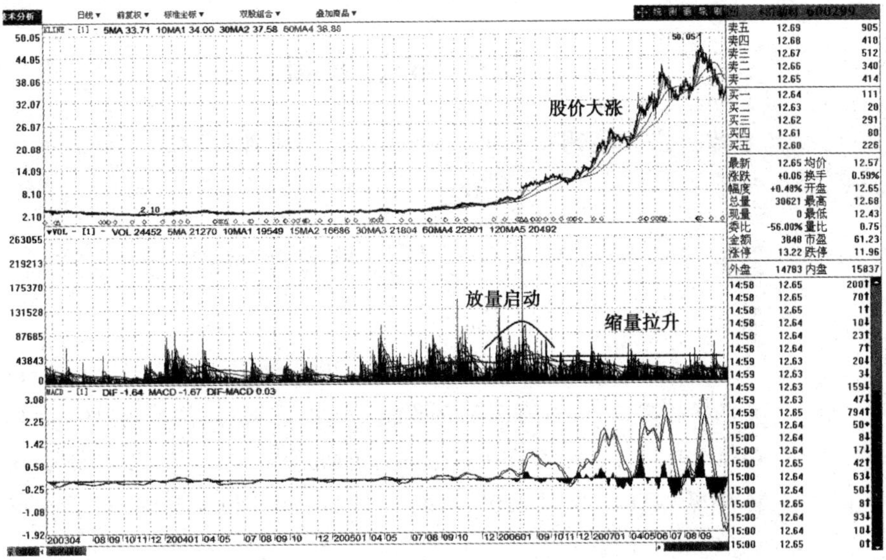

图 8 – 9

细水长流——“缩量拉升”是最佳的牛股上涨模式。

客观分析，“缩量拉升”是一种比较理想的拉升方式，伴随着股票价格的不断上升，成交量既不放大，也不缩小，既为股价上涨提供了源源不断的资金保障，又可以细水长流使上升趋势保持得更久。另外，这也是市场流通筹码被主力高度锁定的一种外在表现。

所以，我认为庄股在“缩量拉升”模式下，股价是完全有可能上涨十数倍，甚至数十倍的。

实盘案例一：

名称：东方集团　类别：放量拉升　时间：2006—2007 年

“放量拉升”是强势黑马股普遍的拉升方式。

东方集团（600811）的股价自 2006 年 11 月 22 日，以 3.11 元的价位及 7.43% 的换手率形成了新的上涨行情后（如图 8－10 中 A 点所示），该股在上涨过程中的成交量便一直居高不下，这种情况一直持续到 2007 年的 3 月 30 日，股价也涨至 7.56 元（如图 8－10 中 B 点所示）。

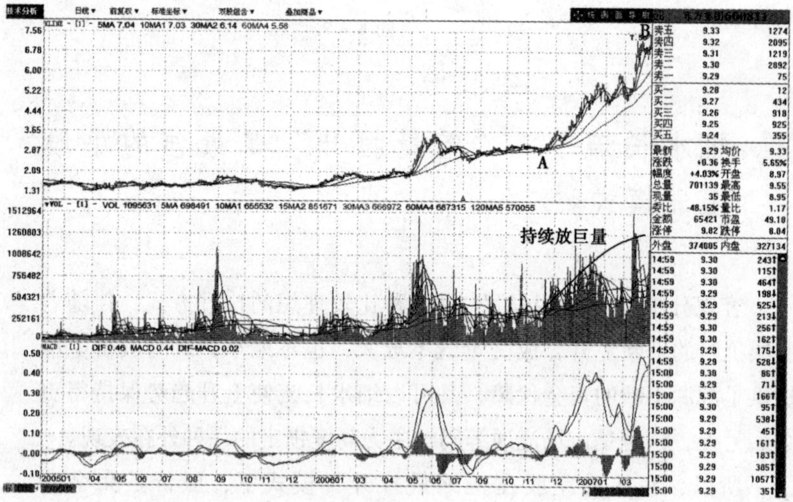

图 8－10

回头再看，该股的这段升势总计放量 3 个月之久，股价涨幅一倍有余。虽然此刻涨势正旺，但我们应该清醒的认识到此种巨量已不可能再维持下去多久了，除非接下来该股会形成“缩量上涨”的局面，否则就不要再奢望其会如其他牛股一般涨到 50 元、60 元了，若能够在此基础上再翻一番就已经相当不错了！然而，在后续行情中该股的成交量却并未出现明显的萎缩迹象，股价最终也在经过连续地放量上冲后于 16.15 元处见顶，这也验证了我们先前所做的推论（如图 8－11 所示）。

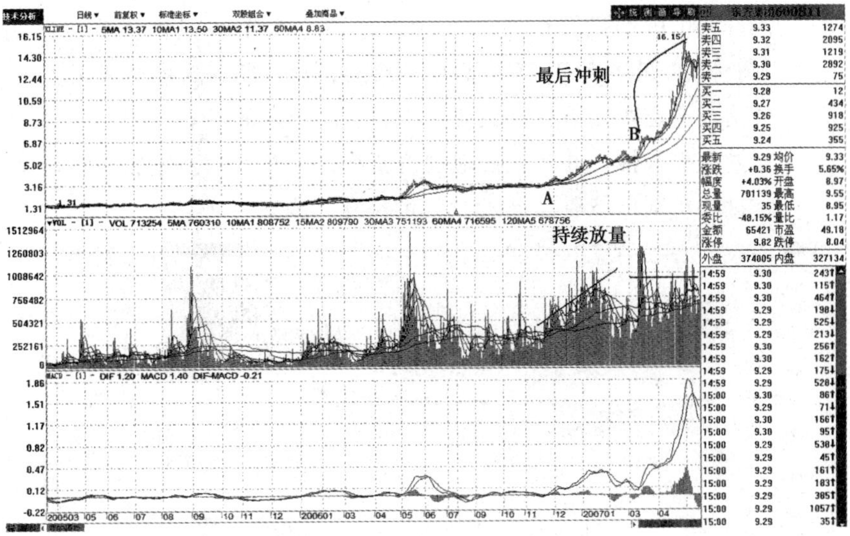

图 8－11

实盘案例二：

名称：中国船舶　类别：缩量拉升　时间：2006—2007 年

“缩量拉升”是超级大牛股唯一的拉升方式。

中国船舶（600150）在经过长达 5 年的“连环建仓”后，股价在 2006 年 3—5 月间放量启动，随后便开始缩量回调，在回调至一定幅度后，该股便在一种相对稳定的成交量配合下展开缩量上涨行情，并且轻松地创出新高，这时我们已经能够明确地从盘中辨别出该股已进入“缩量拉升”模式（如图 8－12 所示）。

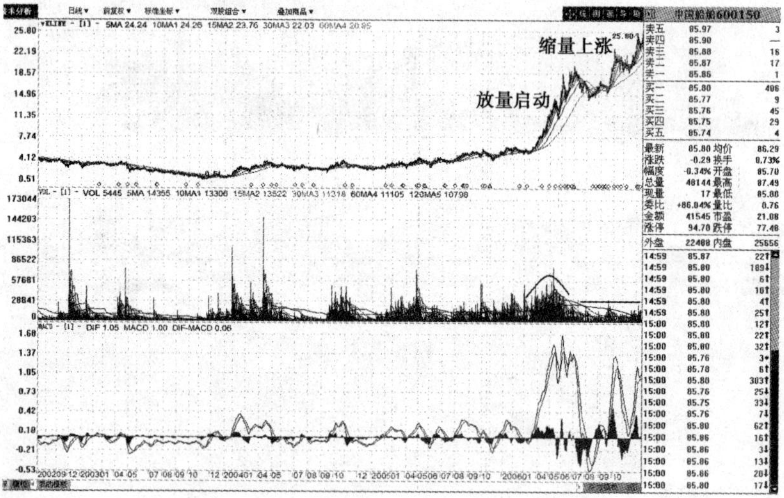

图 8－12

该股在放量启动时的价位是 5.60 元，目前的价位是 25.80 元，虽然已有了数倍的涨幅，但是相对于其庞大的建仓体系而言，这点涨幅不算什么，何况目前又形成了“缩量上涨”之势，其后必定前途无量。此后该股又上涨了 10 倍有余（如图 8－13 所示）。

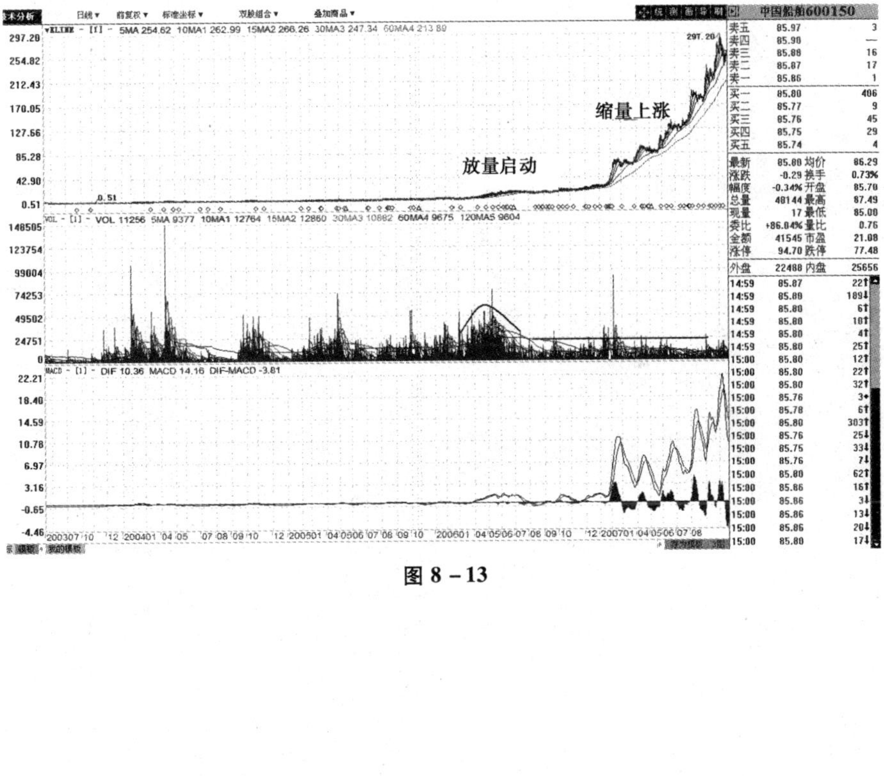

图 8－13

第9招

突破验证

第8招中的“强力启动”，固然是一种捕捉并验证强势黑马股突破性上涨的好办法，然而我们却在实践中发现有许多庄股在启动之时的换手率达不到这一要求强度，但是它们也会于日后形成比较理想的涨升行情，所以本节我们将要介绍一种不需要计算换手率，并且更为简洁、直观的股价突破验证方法。

第一节 底部两强一准

实战法则：如果我们发现某只股票在“回档坑”两侧出现两组强大的“成交量堆”，其中“第二强”要明显大于“第一强”或是“两强相当”，则可在“第二强”的股价突破“第一强”股价的最高点后，果断买入并大胆持有。

我们所说的这种不需要计算换手率的股价突破验证方法叫做——“底部两强一准”。

第9招
突破验证

“两强”指什么——“回档坑”两侧的两组“成交量堆”。

事实上，这是一个有关主力在建完仓后，于“回档坑”两侧的成交量问题。多数“回档坑”的下方都是处于缩量状态的，但是其两侧则不然，通常是处于明显放量状态的。

您看，华闻传媒（000793）的“回档坑”两侧不就有两组强大的“成交量堆”吗！其中，第一组是由庄家拉高建仓所形成的，我们把它称作“第一强”；第二组是由庄家放量启动拉升行情所形成的，我们把它称作“第二强”（如图9-1所示）。

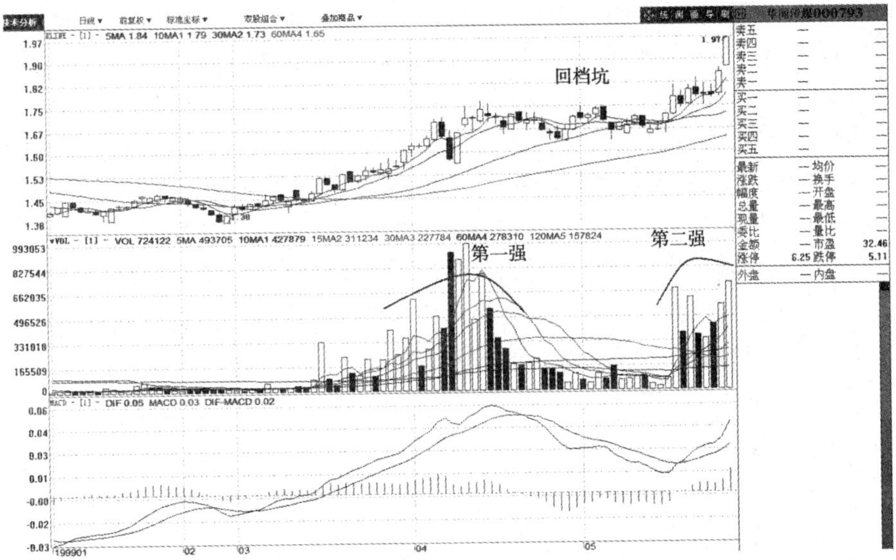

图9-1

股价突破的确认标准——放量突破。

一般来说，股价如果能于“回档坑”后，从蓄势、启动再至突破前期建仓高点期间，所释放出成交量柱的高度不低于该股在建仓时期所释放出成交量柱的平均高度，并且能够维持数日以上，我们就有理由确认该股突破成功并有望展开拉升行情。在实践过程中我们发现，由此种方法所确认的突破个股，其后的拉升概率极高，因此我们才将这种选股方法形象地称之为“底部两强一准”。

“底部两强一准”的基本要求——“第二强”要大于或约等于“第一强”

从形态结构上来讲，“底部两强一准”中的“第二强”在形成力度上应该大于或约等于“第一强”。这是因为在主力拉高建仓时，势必会在该股当中形成大量的获利盘以及跟风盘，而在随后的洗盘过程中，也必将形成一部分套牢盘，在种种不利因素的制约下，股价若想于“回档坑”后再创新高乃至产生行情，庄家就一定要投入与前期相当或更大的资金量才能确保其顺利实现。

例如，华闻传媒（000793）的股价就是于其“第二强”接近“第一强”的情况下，展开拉升行情的（如图9－2所示）。

第9招

突破验证

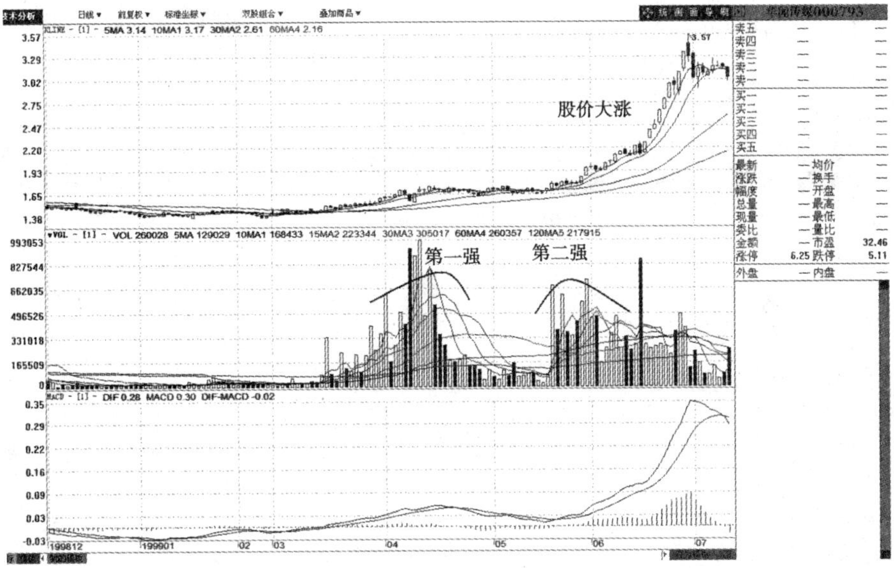

图 9-2

实盘案例一：

名称：东方电子　类别：底部两强一准　时间：1999 年

东方电子（000682）的股价在 1999 年 4—5 月间形成了“草肚皮”走势，同时也于其下方下形成了“第一组量堆”，随后该股便开始缩量回调，在回调后又连续放量向上攀升，股价也顺利地突破了前期“草肚皮”高点，同时也在此期间又于股价下方形成了“第二组量堆”（如图 9-3 所示）。

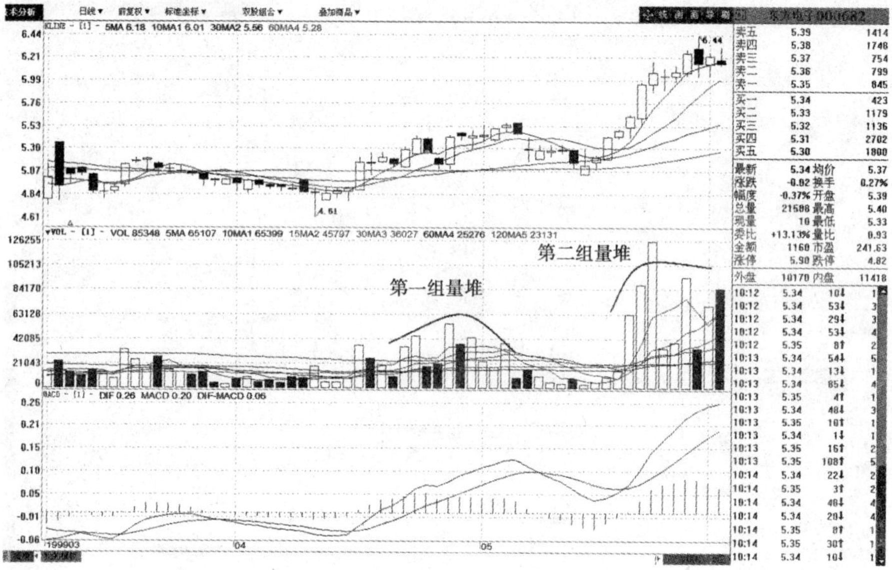

图 9－3

成交量是确认“底部两强一准”的核心方法。

前后两组“成交量堆”相比较，“第二强”明显要大于“第一强”，并且“第二强”的放量行为也持续了数日之久。综合判断，我们认为该股本次的上涨行为是实打实的真突破，后面还将会有更为可观的上涨行情。而事实上也正是如此（如图9－4所示）。

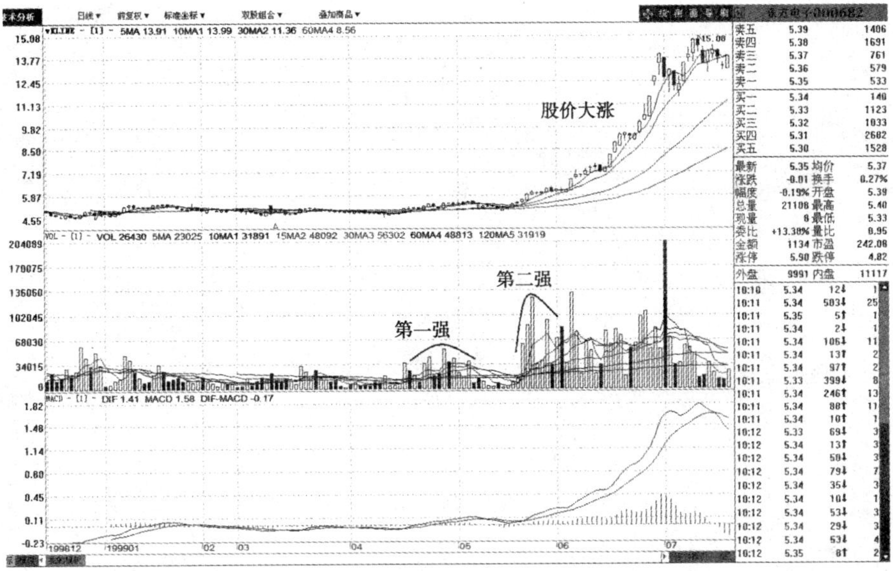

图 9－4

实盘案例二：

名称：葛洲坝　类别：底部两强一准　时间：2006 年

葛洲坝（600068）曾在 2006 年于其“草肚皮”走势下，形成了一组强大的“成交量堆”；后来该股又在“回档坑”后的震荡向上突破过程中，形成了另一组强大的“成交量堆”（如图 9－5所示）。

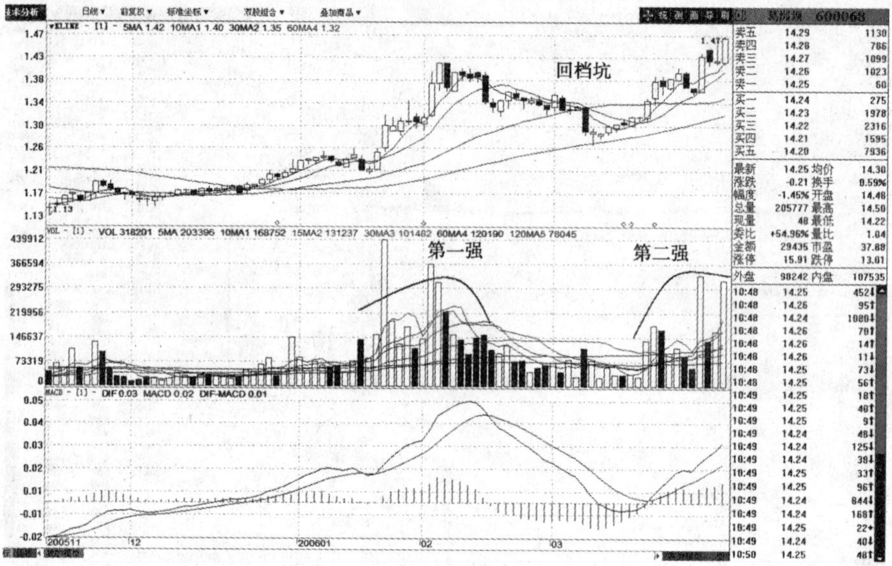

图 9－5

当成交量不能作为有效识别手段时，我们就要寻求其他验证途径。

经认真比较后我们发现，这两组“成交量堆”从量柱高度方面来讲，“第二强”要稍弱于“第一强”，但也弱不到哪去，综合该股“草肚皮”及“回档坑”的完美程度，我们有理由相信该股将由此进入拉升行情，其股价后来的发展结果也正如我们所想（如图 9－6 所示）。

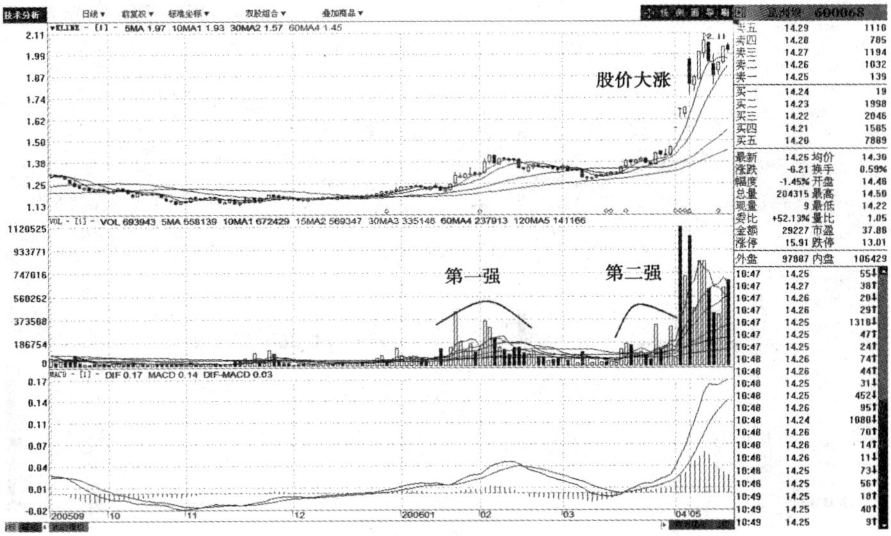

图9-6

实盘案例三：

名称：重庆啤酒　类别：底部两强一准　时间：1999年

由于“银边”下方成交量的分布状况，不像“草肚皮”的那样集中而突出，因此我们在利用“底部两强一准”技术对其股价突破的有效性进行确认时，应以“银边”下方最高或较高的成交量柱作为比较对象。

例如，重庆啤酒（600132）在1999年形成了一段十分标准的“银边”走势，并且其下方的成交量也很充沛，其中还有2根特别突出的成交量柱，然而后来该股在向上突破时所释放出的成交量柱要明显地高于先前“银边”下方的所有量柱，这就是典型的“银边”当中的“底部两强一准”（如图9-7所示）。

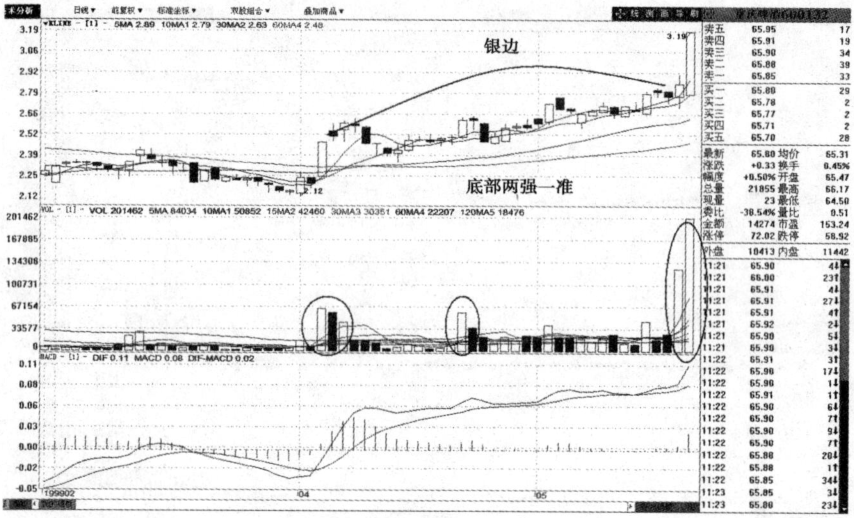

图9－7

其后该股涨幅巨大（如图9－8所示）。

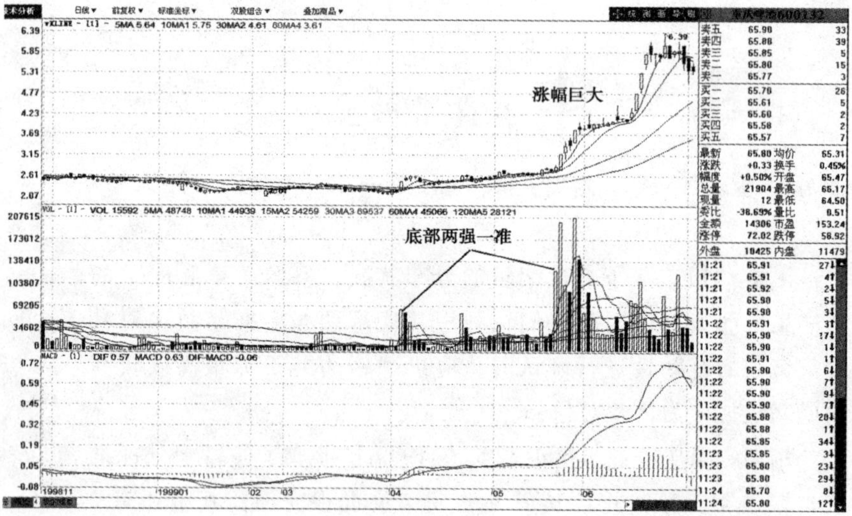

图9－8

实盘案例四：

名称：成飞集成　类别：底部两强一准　时间：2010年

成飞集成（002190）的股价在2009年内形成了一个巨大的“草肚皮”，并且其下方的成交量也是极为丰厚的，后来该股主力开始打压洗盘，使其于盘中形成“回档坑”，“回档坑”后该股又连续地放出巨量并且股价也以连贯而有力的走势突破了前期建仓高点，以致于盘中形成了明确的“底部两强一准”，最终该股涨幅巨大（如图9-9所示）。

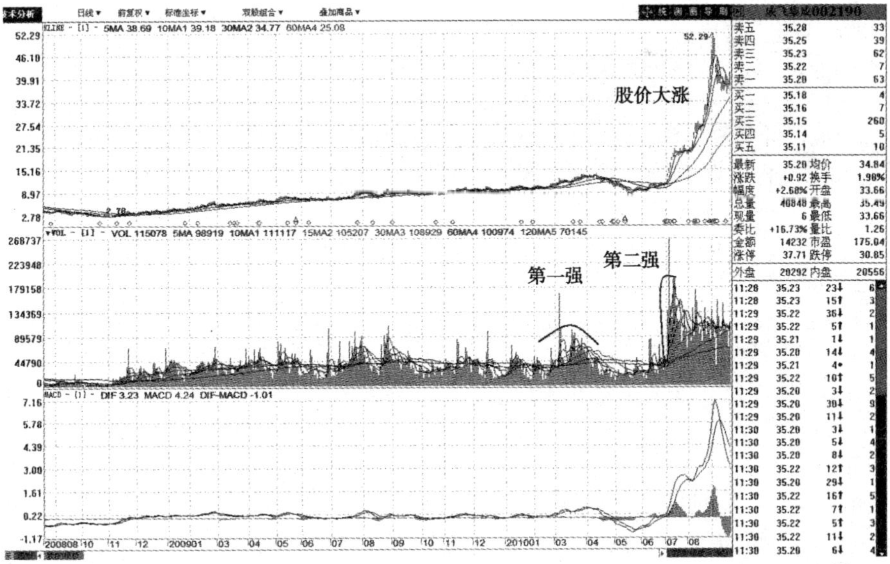

图9-9

第二节 腰部两强一准

应用法则：如果我们发现某只正处于上涨途中的股票，于其形成周期较短的“回档坑”两侧出现两组强大的“成交量堆”，其中“第二强”等于或略小于“第一强”，而且“第二强”的股价是以连贯而有力的中阳线突破“第一强”股价高点的，我们就可以作出该处是该股的“腰部”区域的判断，并在应对上该采取快进快出的操作策略。

“腰部两强一准”——股价中途回档成功与否的验证方法。

股价于上涨中途形成“回档坑”后，同样要面临着向上突破的问题，在突破过程中也同样需要以“两强一准”技术来验证其突破的有效性，不过因其所处位置不同，我们通常将这里的“两强一准”称之为“腰部两强一准”。

通常，“底部两强一准”与“腰部两强一准”的具体区别有以下4点：

第一，形成位置不同。“底部两强一准”在形成之前，股价正处于建仓阶段；而“腰部两强一准”在形成之前，股价已经有过一段可观的涨幅了。

第二，突破方式不同。“底部两强一准”中“第二强”的股价自“回档坑”后，往往是以进二退一、反复震荡的方式向上突破“第一强”股价高点的，这是主力于拉升初期的蓄势过程，目的是集结更多的上涨能量（不信您看看前面的案例，当然也有例外）；而“腰部两强一准”中“第二强”的股价自“回档坑”后，则多数是以连续而有力的中阳线顺利突破“第一强”股价高点的，这是因为该股先前已经进入拉升阶段了，在惯性上涨的作用力下，再次向上突破已不再需要费太大的力气了。

第三，形成周期不同。“底部两强一准”当中“回档坑”的形成周期通常都在20—30个交易日左右；而经过二次优化过的“腰部两强一准”当中的“回档坑”，其形成周期通常只有前者的半数，这是因为此刻盘中浮筹已少，所以，主力也用不着花那么久的时间去清洗了。

第四，成交量配置情况不同。在“底部两强一准”中，“第二强”通常要大于等于“第一强”；而在“腰部两强一准”中，“第二强”一般都小于等于“第一强”，同样也是因为此时主力控盘程度较高、盘中浮筹已少。

例如，*ST中服（000902）的股价在经过一小轮放量上涨后开始缩量回落，并于其股价下方形成了第一组强大的“成交量堆”，但没过多久，股价也没回落多少，该股便又形成了第二轮放量上涨，并且股价也以干净而麻利的走势突破了前期上涨高点，在此期间第二组强大的“成交量堆”也形成了，此后该股便一路高涨（如图9-10所示）。

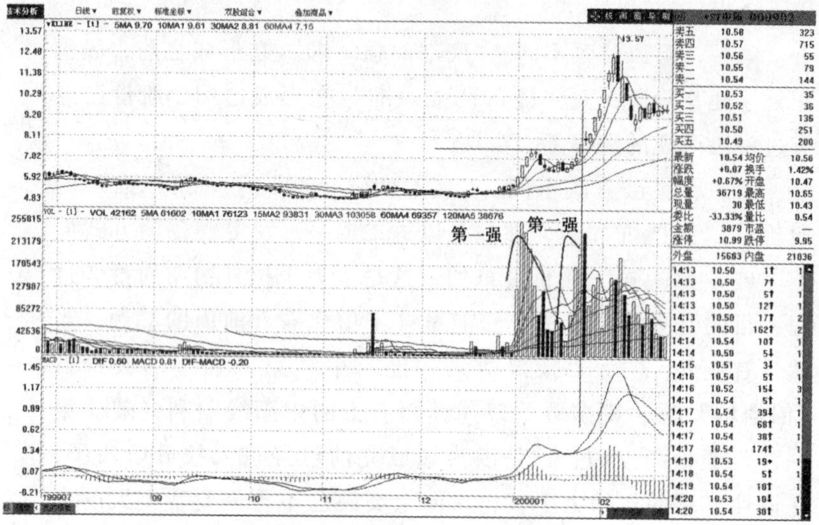

图 9－10

综合分析：*ST 中服（000902）是在经过一段小幅上涨后形成“两强一准”的；其股价是以连贯的中阳线顺利突破“第一强”股价高点的；其“回档坑”的形成周期大概有 10 个交易日左右；它的“第二强”要略小于等于“第一强”，这些都是“腰部两强一准”的标准技术特征。

通常来说，“腰部两强一准”形成之后，就是我们短线买入的机会。

实盘案例一：

名称：宏源证券　类别：腰部两强一准　时间：1999 年

宏源证券（000562）在 1999 年经过一小轮放量上涨后，于

5月31日形成了见顶回落迹象（如图9－11中A点所示），在回落过程中股价下方的成交量也跟随着不断地缩减，但是该股只在小幅下探至其10日均线附近处便受到了支撑，并于企稳后逐步放量上涨，最终在6月23日以大阳线的方式迅速向上突破前期股价高点（如图9－11中B点所示）。

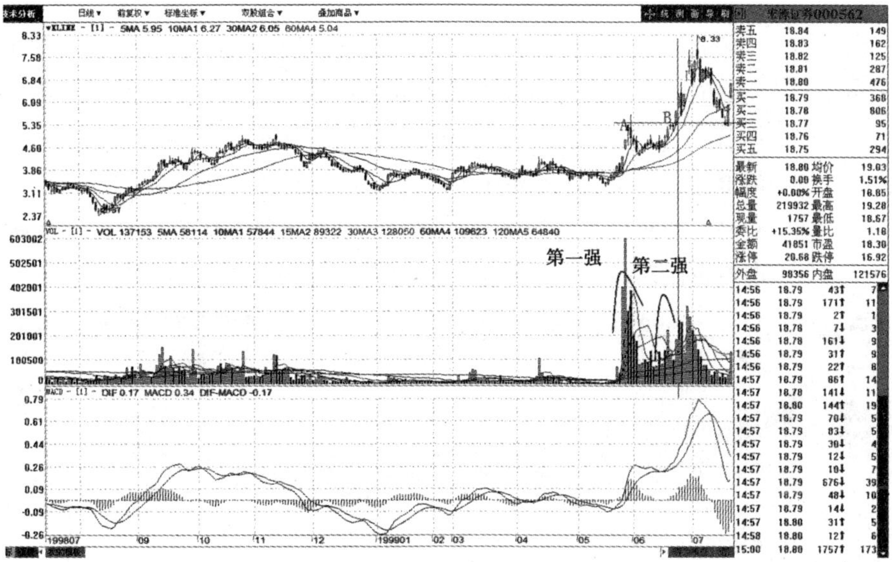

图9－11

此刻我们可于盘中画线观察，该股的“第二强”要略小“第一强”，整个“回档坑”的形成周期大概在15个交易日左右，并且形成过程干净利落（如图9－11所示）。从上述技术特征中我们不难判断出，这里所形成的是该股的“腰部两强一准”。也就是说该股此时的价位距见顶应该不远了，后面的操作要格外小心。

果然，在其后的几个交易日里，该股没能走出多远便告下跌了（如图9－11所示）。

实盘案例二：

名称：西宁特钢　类别：腰部两强一准　时间：2006 年

西宁特钢（600117）的股价从 2006 年 1 月 17 日起，于其“银边”后以 2.04 元的价格开始连续放量上涨（如图 9－12 中 A 点所示），至 2 月 10 日该股收盘价已上升至 2.94 元（如图9－12 中 B 点所示），绝对涨幅近 50%。随后股价开始走软，经过几个交易日的小幅缩量回落后，该股便以放量跳空的方式向上突破前期股价回落高点 B 点，至此一个形成时间仅有数日，“第二强”

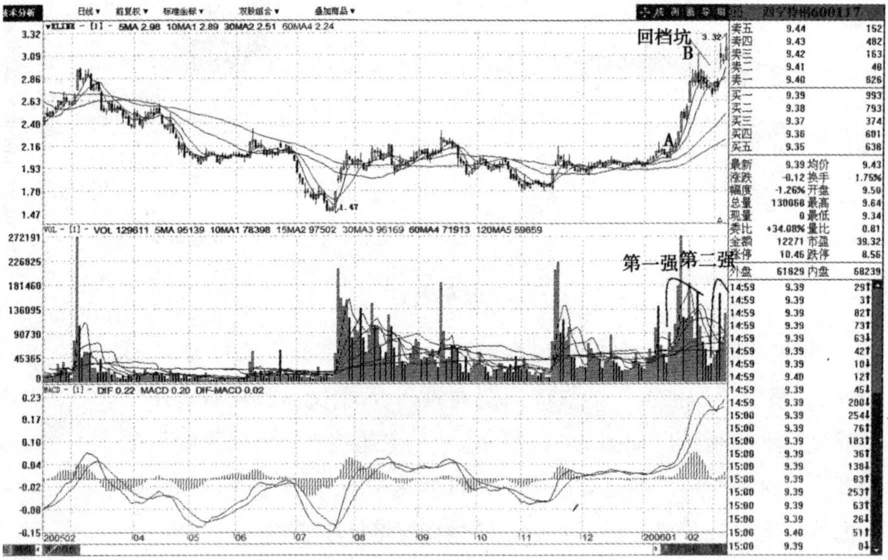

图 9－12

略小于“第一强”的“腰部两强一准”形成了（如图9－12所示）。我们可以从中料想到，日后该股还将继续一段升势。有趣的是其股价在继续上涨一段距离后，又于相对高位形成了第二组“腰部两强一准”，而在此之后股价也再一次形成了一波较为凌厉的上攻行情（如图 9－13 所示）。

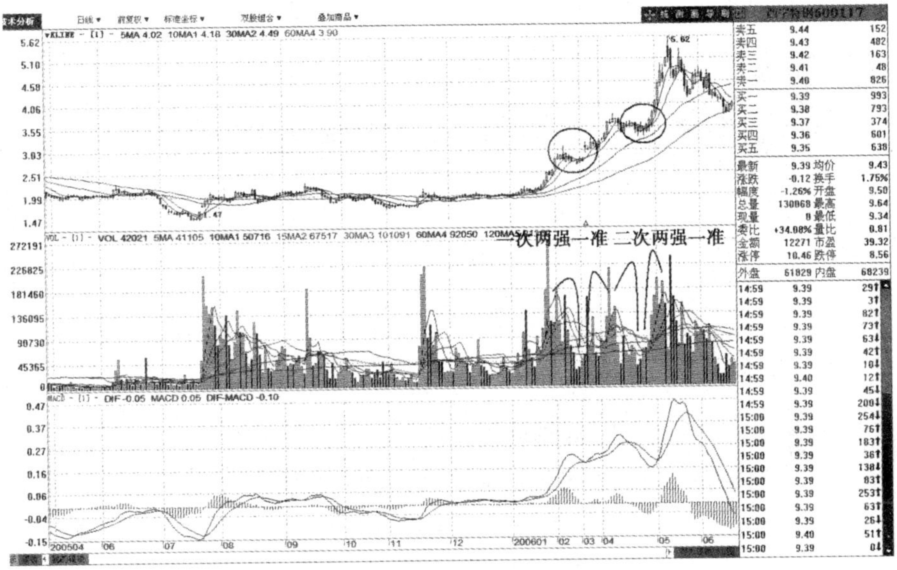

图 9－13

实盘案例三：

名称：华东数控　类别：腰部两强一准　时间：2010 年

华东数控（002248）的股价也曾在 2010 年 11 月份，于上涨途中形成过“腰部两强一准”（如图 9－14 所示）。

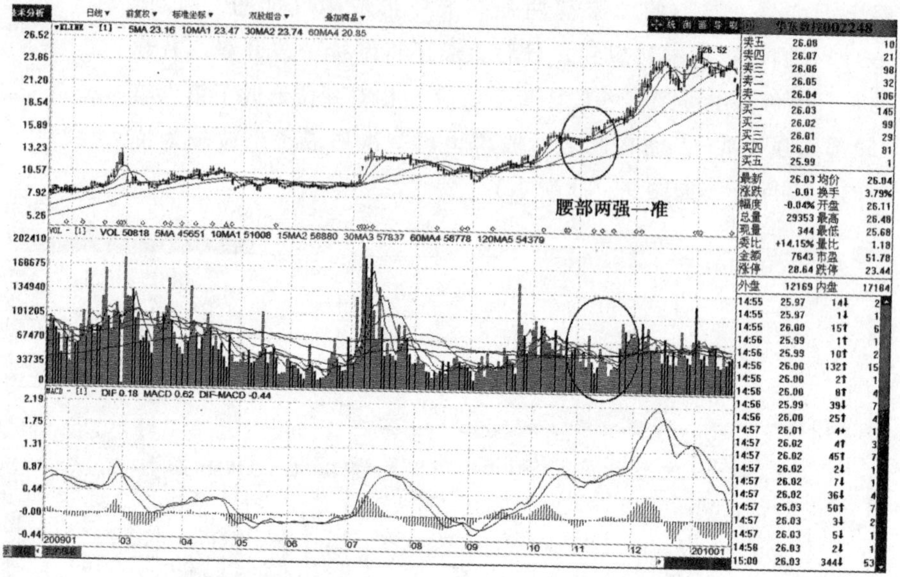

图 9-14

我认为，“腰部两强一准”只是起到了为我们提供短线介入的机会，或是发出价格顶部将要来临的警示，其实战意义远不及“底部两强一准”重要，因此我们也就不再对其做过多描述了。

第10招

小谢青发

阅读诗歌可以陶冶情操，抒发情感。尤其是股民朋友，在喜悦或绝望之时，更需要借助它来调节情绪。本人就非常喜爱唐代诗仙李白的作品，他的诗妙绝古今，不仅仅是简单意义上的豪放，并于豪放当中包含着婉约与浪漫，具有极强的感染力，可以说每字每句都流露出天才诗人所特有的才情。

记得他在《宣州谢眺楼饯别校书叔云》中这样写道：

弃我去者，昨日之日不可留。
乱我心者，今日之日多烦忧。
长风万里送秋雁，对此可以酣高楼。
蓬莱文章建安骨，中间小谢又青发。
俱怀逸兴壮思飞，欲上青天览日月。
抽刀断水水更流，举杯销愁愁更愁。
人生在世不称意，明朝散发弄扁舟。

全诗忧郁、奔放，是我们抒发情怀的好作品，尤其是开头几句，正是我们于炒作股票过程中迎来送往复杂心情的真实写照。中间的一句“中间小谢又青发”说的是：晋代诗人谢惠连专以写山水风景而见长，他的诗清新、秀雅与众不同，每每焕发出一种脱俗的新意。

在众多的技术指标中，我仅对“移动平均线（MA）”情有独钟，因为它形成客观，不像其他指标那样容易被人为操纵。不如就让我们借用一下李白的这句“小谢青发”，来对股价的移动平均线指标展开一轮新的探索吧！

第10招 小谢青发

第一节 传统均线

实战法则：传统的“移动平均线”应用理论，只注重均线与均线及股价三者之间的相互关系，却忽略了成交量的存在，而能给我们带来巨大投资机会的庄股却是最强调成交量的变化的，因此旧有的均线理论在应对庄股的部分环节上还存有一定的欠缺。

您了解“移动平均线”的基本功能吗?

当我们只观察一条移动平均线时，传统的均线理论是这样描述的：

(1) 移动平均线从下降走平或转为上升，而股价又从平均线的下方向上突破平均线，为买入信号。

(2) 移动平均线持续上升，而股价快速向下跌穿平均线后又快速回升到平均线之上，为买入信号。

(3) 股价在移动平均线上，突然下跌但未跌穿平均线又再度勾头向上，为买入信号。

(4) 股价在移动平均线下暴跌，远离平均线，则很可能会出现反弹，为买入信号。

(5) 移动平均线由上升逐渐走平，而股价则从平均线上方向下跌穿平均线，为卖出信号。

（6）当股价在移动平均线上并远离平均线，此时股价很可能出现回落，为卖出信号。

（7）股价在移动平均线下展开反弹，但未能突破平均线便告回落，为卖出信号。

（8）移动平均线持续下行，而股价却向上突破平均线，但不久又回落到平均线之下，为卖出信号。

移动平均线向上，表示股价趋势向上；移动平均线向下，表示股价趋势向下。同时，移动平均线还具有揭示市场平均成本、对股价起到支撑和阻力等作用。

此外，该理论对短、中、长多条移动平均线所形成的组合，则是这样解释的：

当短期移动平均线向上突破中期移动平均线和长期移动平均线，中期移动平均线又向上突破长期移动平均线时，它们之间所形成的交叉叫“黄金交叉”，此时的均线排列也被称之为“多头排列”；相反，当短期移动平均线向下跌破中期和长期移动平均线，中期移动平均线又向下跌破长期移动平均线时，它们之间所形成的交叉叫“死亡交叉”，此时的均线排列也被称之为“空头排列”。

关于均线组合，我们所得出的最终结论是：“黄金交叉”看涨，“多头排列”助涨；“死亡交叉”看跌，“空头排列”助跌。

“移动平均线”还可以怎样使用？

有关“移动平均线”的传统功效已经介绍完了，那么，我们又能在此基础上有什么样的创新呢？请您再接着往下看……

第二节 最强之音

实战法则：如果我们发现某只庄股在底部区域形成一根放量大阳线，而该大阳线又突破并切断了该股的数条移动平均线，我们就可以通过“排除确立法”找出其中的“最强之音”，然后在股价每次回落到“最强之音”之上时买入，直至该股出现飙升行情为止。

成交量＋股价＋均线＝意想不到的奇效。

我认为，传统的均线理论太过注重均线与股价之间的相互关系，而忽略了成交量的变化。要知道成交量是股价运动的元神，存在于不同价位的成交量能够真实地反映出庄家的各种意图，如果我们能于实盘分析过程中将成交量、股价、均线三者有机地结合到一起来使用，将会收到意想不到的神奇效果。

能够多次支撑股价上涨并引发行情的“最强之音”——是我们抄底买入的绝佳点位。

在实盘操作过程中，我们会经常遇到这种情况：某只股票在放量突破并切断某条移动平均线之后，其股价就会在这条均线之上起起伏伏逐波上涨，并且在每次向下回落到这条均线之上时，都会因受到该线的有力支撑而在此弹起，直至以该线为基础展开凌厉的拉升行情。今后我们就把这条能够多次支撑住股价逐波上行并最终促使其展开大涨行情的移动平均线叫做“最强之音”。

例如，特变电工（600089）的股价于1999年3月16日放巨量拉出一根大阳线，而这条大阳线又恰好突破并切断了该股的30日均线（如图10－1所示），此后该股便在这条均线之上逐波上行，并且在每次向下回落至该线上方时都因受到其有力支撑而再次涨升，这种神奇的支撑现象总共发生了3次，最终股价在第3次获得该线的支撑后形成了加速拉升之势（如图10－1所示）。因此，30日移动平均线也就是该股的“最强之音”。

如何于众多均线当中确立“最强之音”——可以使用“首次回档跌穿排除确立法”。

然而，在现实行情当中，当股价于较低价位形成一根带量大阳线后，其所突破并切断的不可能只是股价的一条移动平均线，而很可能是与之相邻较近的多条均线。那么，在这数条均线当中，哪一条才是我们所要寻找的“最强之音”呢？其实，这个

第 10 招

小谢青发

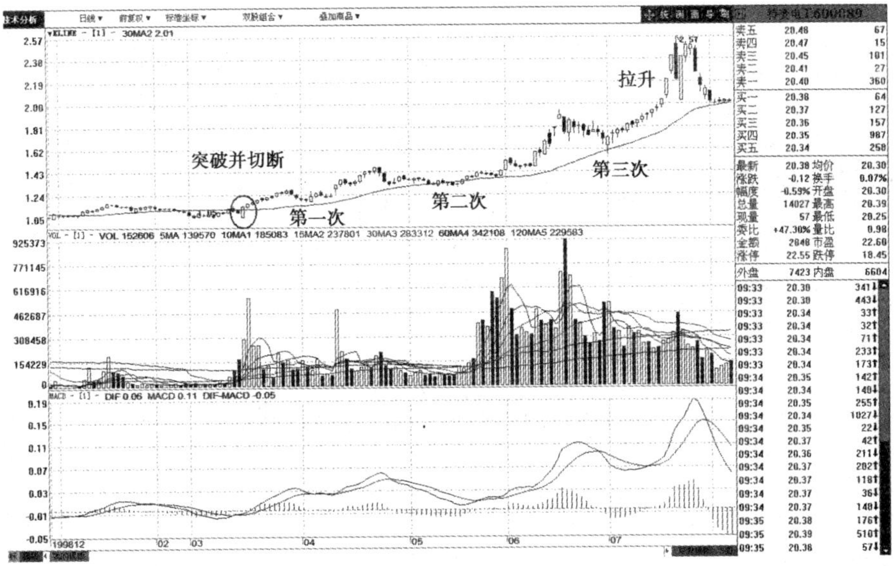

图 10 －1

问题不难解决，我就有一个很简单的方法可以准确地找出这条均线。我把这种方法起名叫做“首次回档跌穿排除确立法”，简称“排除确立法”。名字很长，但却很容易理解，就是在个股形成一根放量大阳线向上突破并切断其上方的数条移动平均线后，股价于上涨过程中出现首次回落时所跌穿的那些均线统统都不是我们所要寻找的目标，只有那条恰好能够支撑住股价再度上行的移动平均线才是真正的“最强之音”。

例如，莱钢股份（600102）于 2000 年 1 月 19 日形成一根带有巨量的大阳线（如图 10 －2 中 A 点所示），此刻我们先将该股的均线系统设置为 5 日、10 日和 30 日 3 条，这 3 条均线也恰好被这根放量大阳线所突破并切断，这也是我们所要求的。该股在这 3 条均线之上运行了一段时间之后，股价便开始逐步下滑，形成了自先前突破上涨以来的首次回档，但是股价在回档过程中却

连连跌破了以上 3 条均线（如图 10－2 中 B 点所示），由此，我

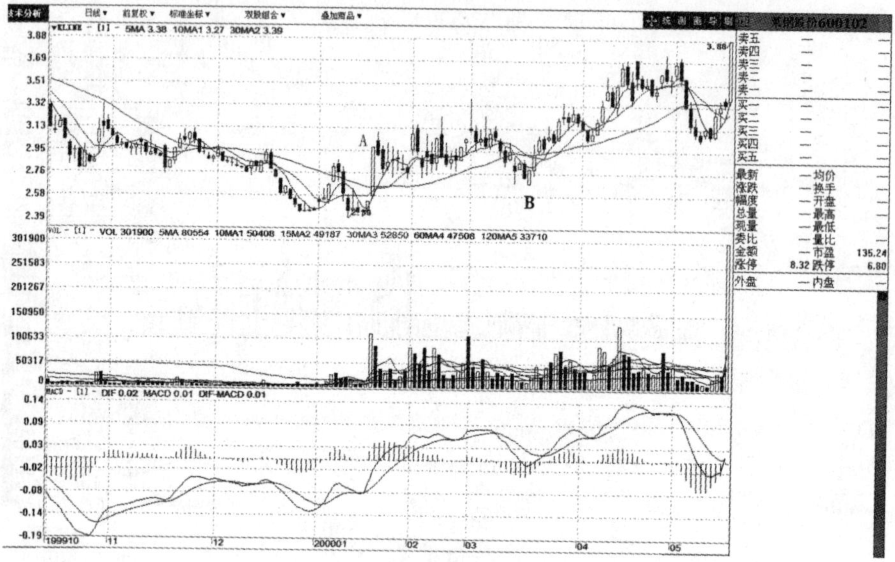

图 10－2

们可以排除这 3 条均线都不是该股的“最强之音”。别急，我们还可以在软件上重新设置该股的均线系统，当将其 60 日均线也添加进去之后，就可以惊奇地发现该股在首次回档过程中股价不偏不倚刚好受到了该线的有力支撑（如图 10－3 中 C 点所示），这时我们可以确认 60 日均线就是莱钢股份的“最强之音”。

在该股的“最强之后”确立之时，我们可以在此买进该股，也可以等到股价在下一次回落到 60 日均线附近时再行买进，直至出现飙升行情为止。

后来，莱钢股份（600102）的股价又在其 60 日均线之上运行了一段时间，并再次向下回落，股价也又一次受到了 60 日均线的神奇支撑（如图 10－3 中 D 点所示），并最终在这里展开飙升行情（如图 10－3 所示）。

第 10 招

小谢青发

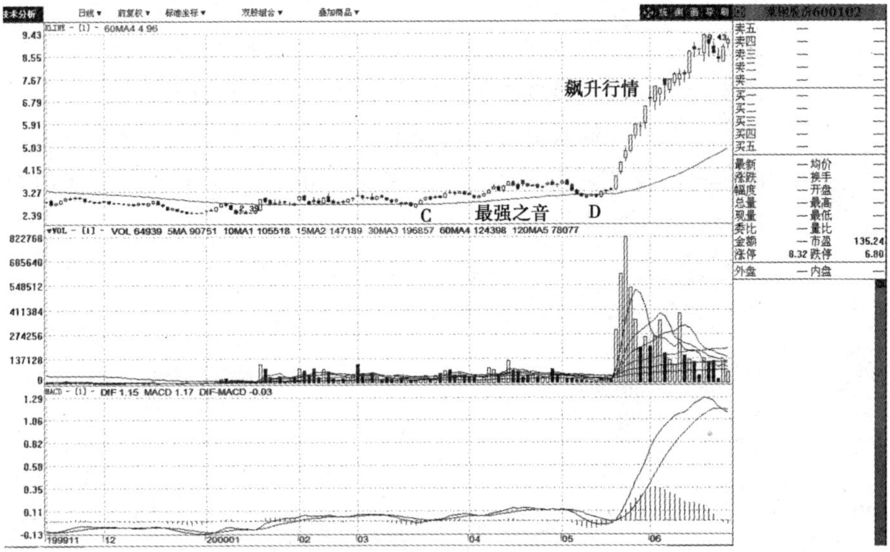

图 10－3

实盘案例一：

名称：中核科技 **类别：**最强之音 **时间：**2000 年

如果一次确立不了“最强之音”，还可以等待下一次。

中核科技（000777）的股价于 2000 年 2 月 28 日形成一根带量大阳线，这根大阳线突破并切断了该股的 5 日、10 日、20 日、30 日和 60 日均线（如图 10－4 中 A 点所示）。随后不久，其股价便在这 5 条均线之上出现了首次回档，可是在回档过程中，由于股价下方的各条均线之间相距太近，令我们在一时之间也无法辨别出该股在回落过程中究竟是受到了哪条均线的有力支撑才止跌企稳并再度上涨的（如图10－4中B点所示）。

所以，我们只能等到该股于二次上升过程中再一次出现回档时，再对其“最强之音”进行确认。由于该股第二次上涨的幅度较大，因此股价下方的各条均线之间也拉开了距离，所以在随后的股价回落过程中，我们也清楚地分辨出20日均线就是该股的“最强之音”（如图10－4中C点所示）。

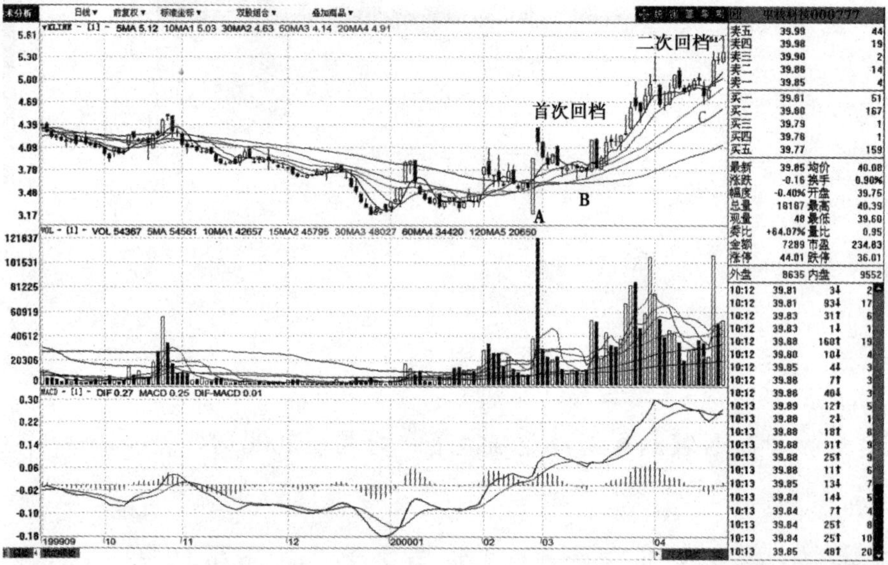

图10－4

此后不久，该股在第三次向下触及其20日均线后，便展开了连贯的上涨行情（如图10－5中D点所示）。

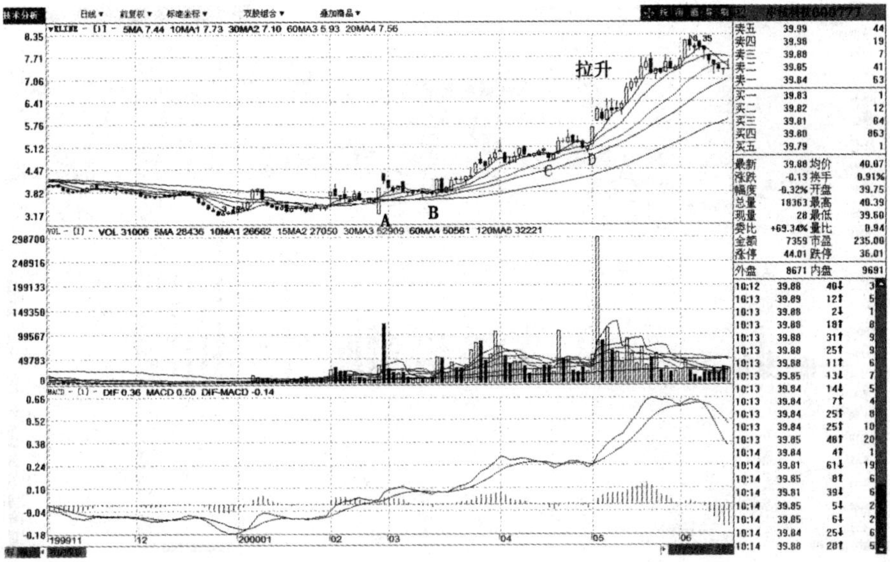

图 10－5

实盘案例二：

名称：综艺股份　**类别**：最强之音　**时间**：1999—2000 年

在综艺股份（600770）的这幅走势图中，我直接给出了该股的“最强之音”，也就是它的 30 日移动平均线。该股在向上攀升过程中，曾多次受到“最强之音”的有力支撑，并最终在此展开一轮飙升行情（如图 10－6 所示）。

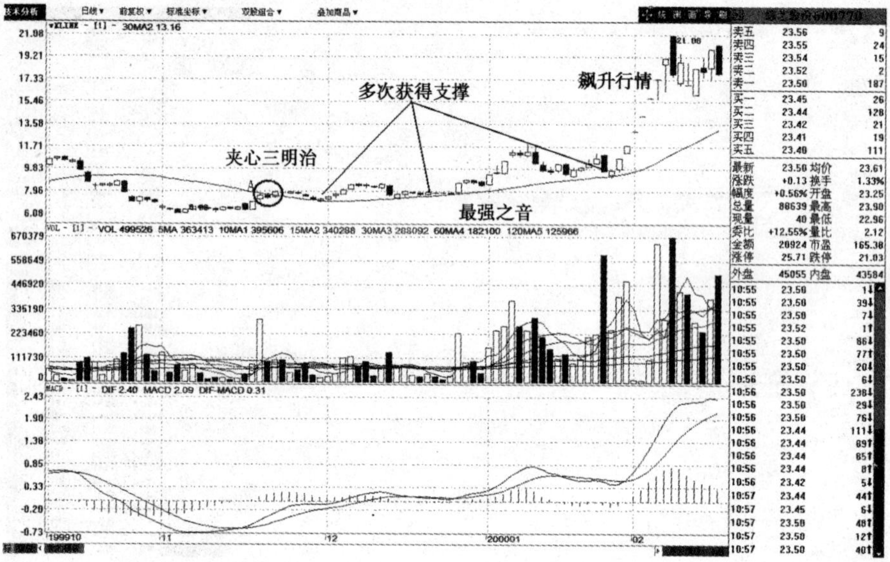

图10－6

突破也是一门艺术——不必千篇一律。

本例将要重点介绍的是该股在向上突破其“最强之音”时的股价表现：综艺股份于1999年11月18日形成一根带有巨量的跳空小阳线（如图10－6中A点所示），该小阳线虽然没有成功的突破并切断其上方的30日均线，但是其后股价也并没有因此走弱，而是在经过一天的小幅蓄势后，第三天以另外一根小阳线毫不费力地站到了其30日均线之上。这3根紧密联系的K线组合，在K线的起源地日本被形象的称作“夹心三明治”（如图10－6所示），是一种具有较强攻击性的上涨组合，理论上我们可以将其看成是一根带量中阳线。因此该股此处也算成功的突破并切断了其30日均线了。

实盘案例三：

名称：*ST 百科　类别：最强之音　时间：2005—2006 年

“最强之音”——是针对建仓庄股而言的。

“最强之音”之所以具有如此神奇的功效，是因为它抓住了庄股的运作脉搏，既然是庄股就一定少不了庄家的参与，所以，

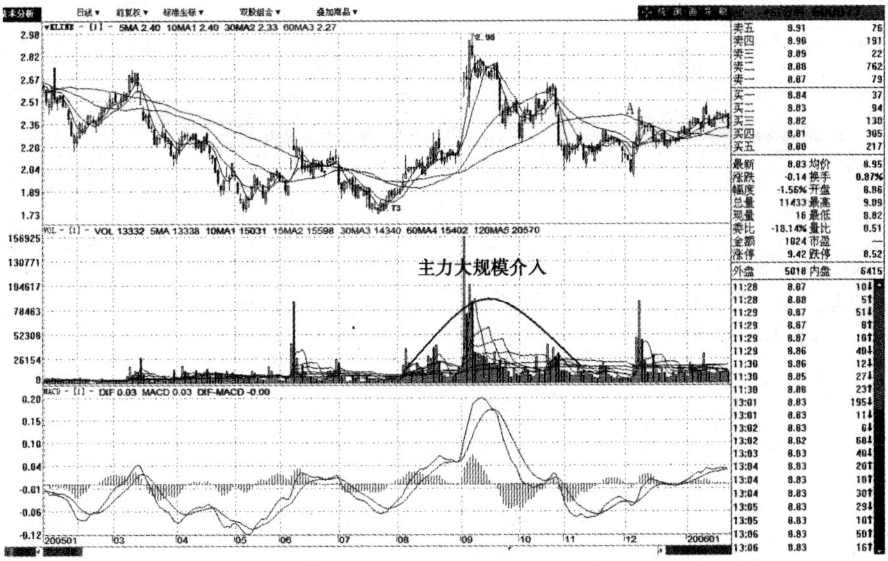

图 10－7

我们在使用此招之时最好先搞清楚在此之前该股有没有明显的庄家介入行为，如果有则可以大大提高本招的准确性。

例如，*ST百科（600077）的股价在2005年12月8日放量向上突破并切断其60日均线（如图10－7中A点所示），经仔细观察后我们得知在此之前该股已有明确的主力入驻行为（如图10－7所示），所以后来其60日均线才能有效地成为该股的“最强之音”，并多次在其股价回落过程中起到支撑作用，直至形成上涨行情（如图10－8所示）。

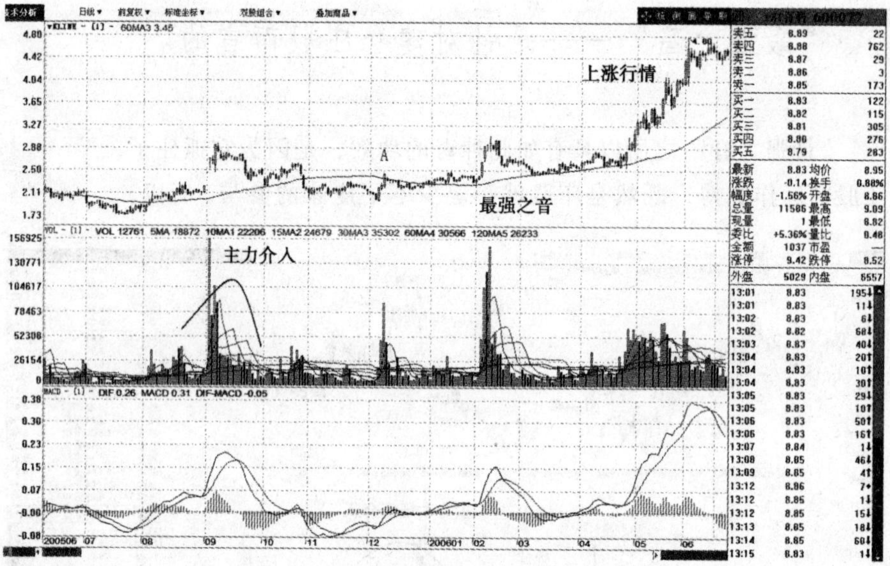

图10－8

第11招

一叶知秋

“一叶知秋”的字面意思是：看见一片落叶，就知道秋天将要来了；而更深一层的解释是：比喻从事物的某些细微迹象，就预料到事物的发展趋向和变化。

“一叶知秋”——股价于盘中大幅高开低走或低开高走后，所形成的孤立K线。

在走势图中，我们经常可以看到：某些被庄家所操纵的个股，在某个交易日里突然大幅高开低走或低开高走，以致在盘中形成孤立的大阴或大阳线，好像一片孤零零的树叶飘挂在那里，它们就是我所说的“一叶知秋”。

“一叶知秋”会对股价的整体走势造成损害，但却有较强的预警功效。

庄家刻意制造这种走势的目的也是为了“试盘”。但是，这种以K线实体进行试盘的行为与我们在“左顾右盼”中所介绍的影线试盘又有所区别。因为，影线试盘即使会对价格形态或走势造成一定损害，但也会在当日内被重新修复，因此，这种试盘方式不会对股价的整体运行势头产生太大的不良影响；而实体试盘就完全不同了，尤其是高开低走的大阴线，会于形成过程中产生大量的套牢盘，它对股价整体走势所造成的损害通常需要较长的时间才可以被逐步修复。所以，当“一叶知秋”形成之后，

第 11 招

一 叶 知 秋

股价大多会出现一段时间的调整走势，然后才会形成趋势转折，再按主力的即定方向持续发展。

试盘——主力测试市场状况的手段；散户洞察主力行为的提示。

可以说，主力的这种试盘动作就是其眼中的“秋叶”，通过它可以获知个股于市场中的相关信息，从而指导其在坐庄过程中的具体应对策略。但是，主力的试盘动作也同样是我们眼中的“秋叶”，这种分布于股价不同运行阶段的奇特走势通常都具有较强的警示作用，是我们在跟庄过程中可于盘中所获得的重要提示。

第一节

地 上 叶

实战法则： 如果我们发现某只股票在较低价位经由主力大举介入后，股价出现大幅高开低走或低开高走现象，我们就应对该股特别留意，等它显现出上涨迹象时及时买入。

“地上叶”，意思是说：春天来临时，从大树的根部所萌发出来的枝叶，它具有极强的生命力，将来必定会茁壮成长，变成参天大树。

“地上叶”——预示股价看涨。

同理，在个股的底部区域，出现大幅高开低走或低开高走的孤立K线，我们就把它称作“地上叶”。它通常暗示着，这只股票即将展开上涨行情。

例如，长城电工（600192）和桂林集琦（000750）都曾在上涨之前出现过“地上叶”（如图11－1、图11－2所示）。

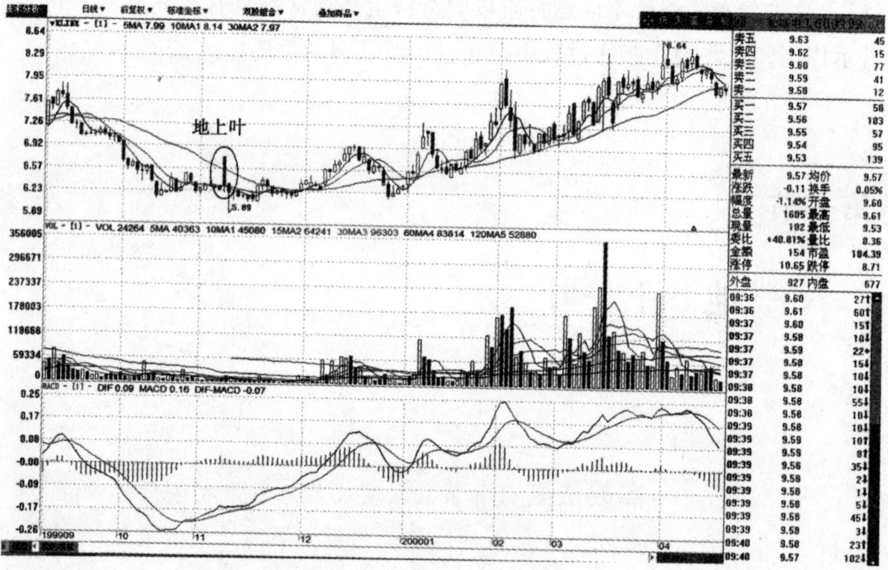

图11－1

第 11 招

一 叶 知 秋

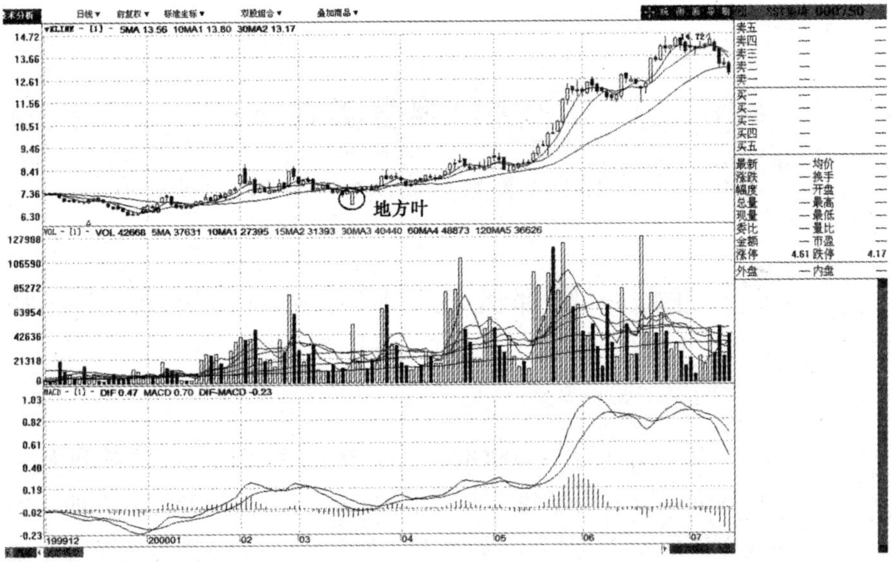

图 11－2

什么是底部区域——以有无庄家大举介入为标准。

究竟什么样的区域才算是股价的底部区域呢？既然我们这本书是以介绍庄股为主，那么我们就将在主力大力介入个股后的相对价格低位，定义为个股的底部区域。

实盘案例一：

名称：东方电子　类别：地上叶　时间：1999 年

庄股 + 底部区域 + “地上叶” = 股价将要上涨。

从东方电子（000682）的走势图中可以看出，该股早在 1998 年间就有明显的主力大规模入驻行为，其股价下方的巨额成交量是最好的证明（如图 11 – 3 所示）。后来该股在经过小幅缩量回调后，便在相对高位维持盘整走势，再后来又在盘整过程中于 1999 年 3 月 10 日形成一片“大阴叶”（如图 11 – 3 所示）。

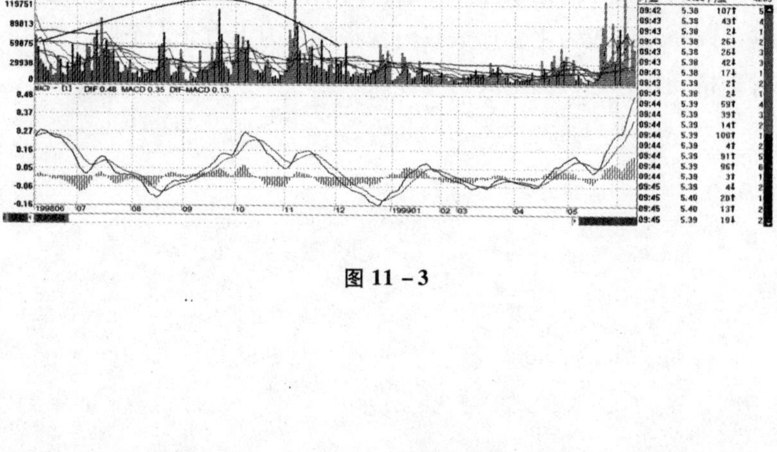

图 11 – 3

此刻，结合该股前期的主力入驻行为，我们斜向于此大阴线为“地上叶”的判断，但不敢肯定，所以还有必要对该股进行持续的跟踪观察。此股接下来所体现出来的技术特征我们就比较熟悉了，先是“草肚皮”，紧接着又是“三线托底”，这时我们已经能够肯定该股于先前所形成的那一大阴线就是“地上叶”了。至于买点就用不着我再说了吧，后来该股涨幅巨大（如图 11 -4 所示）。

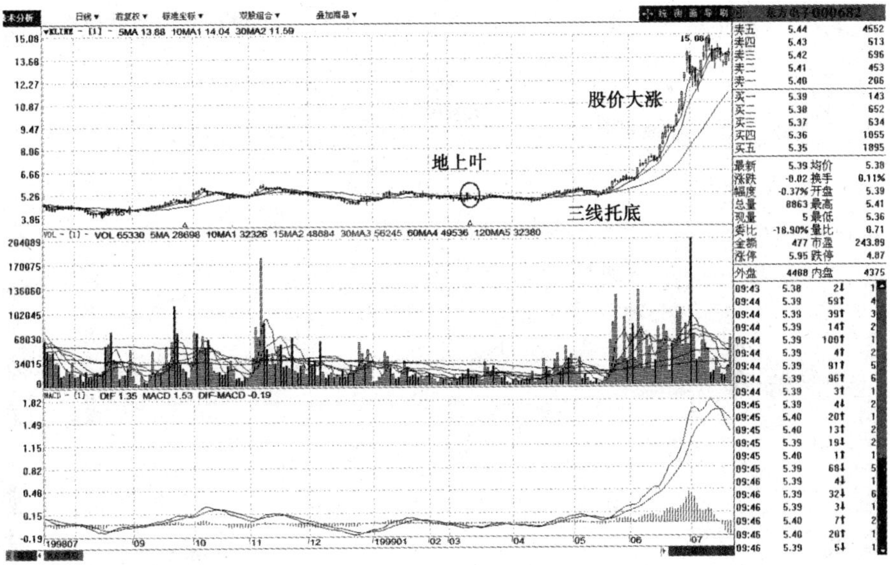

图 11 -4

实盘案例二：

名称：哈高科　类别：地上叶　时间：2005 年

哈高科（600095）的股价从 2005 年 7 月份开始持续放量向

上攀升，其上涨趋势一直持续到 9 月才有所减缓，并在此过程中于其股价下方形成巨大的“成交量堆”（如图 11 – 5 所示）。此后股价便开始逐步缩量下行，相信此时多数人都会认为该股上涨趋势已尽，并对它失去关注，然而它却偏偏在下跌过程中于 10 月 13 日和 11 月 25 日分别形成两片惹人注目的“叶子”（如图 11 – 5 所示）。

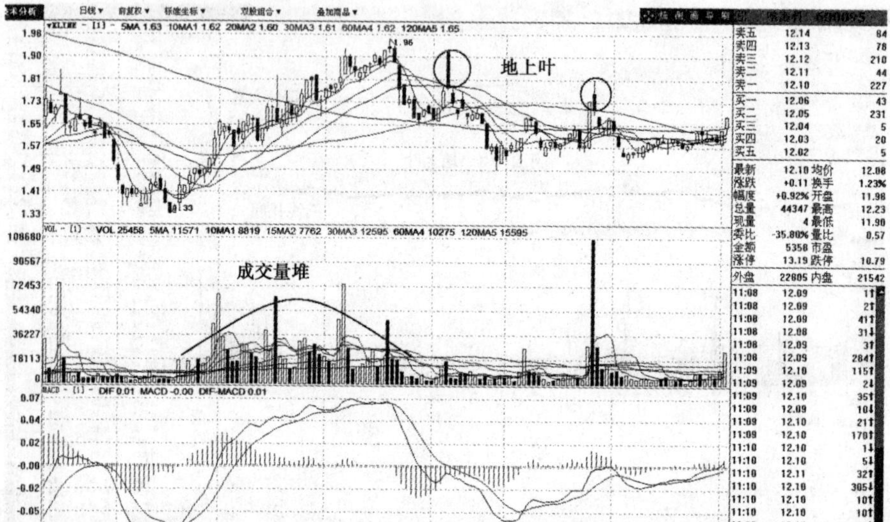

图 11 – 5

这时我们的脑海中又会浮想联翩：该股的累计涨幅并不算大，况且也跌得差不多了，为什么主力还要在其下跌过程中接二连三地搞出这么多小动作？莫非还有下文？于是，我们的目光又会被重新吸引回来，也因而于不久之后看到了“草肚皮”、“多线托底”、大幅拉升等一系列熟悉的场景（如图 11 – 6 所示）。

如结合此股在前期的放量上涨行为，本例则是一个典型的“增建仓组合”（如图 11 – 6 所示）。

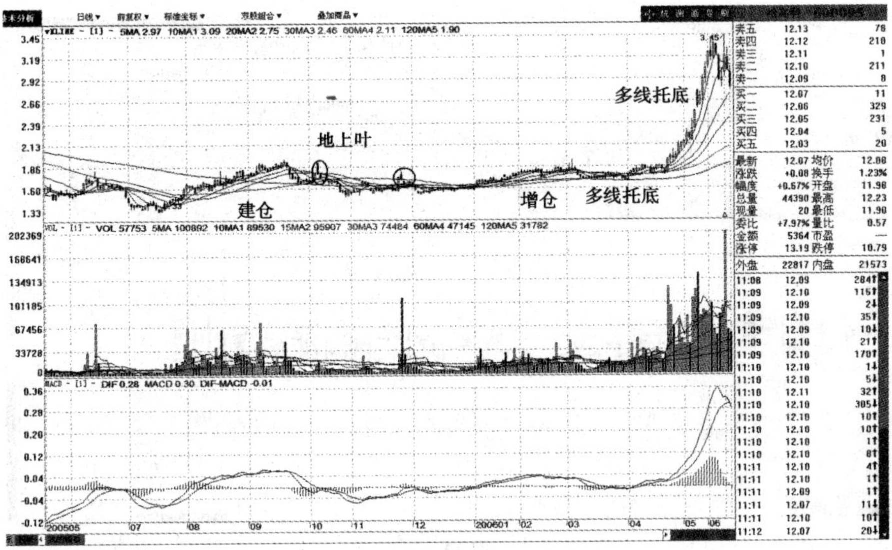

图 11－6

实盘案例三：

名称：尖峰集团　类别：地上叶　时间：2005 年

“地上叶”——还可以起到震仓的作用。

尖峰集团（600668）的股价在 2010 年 7—10 月形成了“草肚皮”，但是其股价在“回档坑”后上涨不多，便形成一根高开低走的大阴线，这是“地上叶”吗（如图 11－7 所示）？

我们的分析过程如下：“草肚皮”下方具有比较丰厚的成交量；“草肚皮”的外部形态工整顺滑；“草肚皮”下方又有重重均线相支撑，所以该股的后期涨幅不应该如此有限！眼下所形成

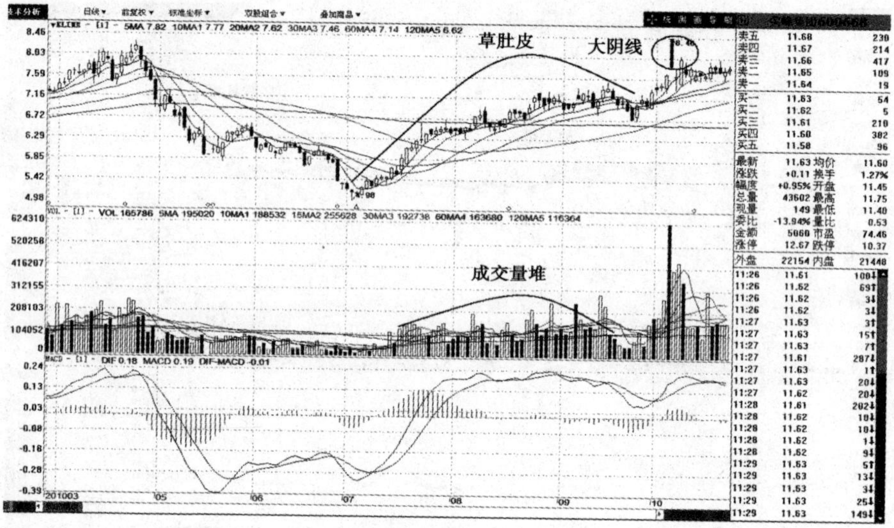

图 11－7

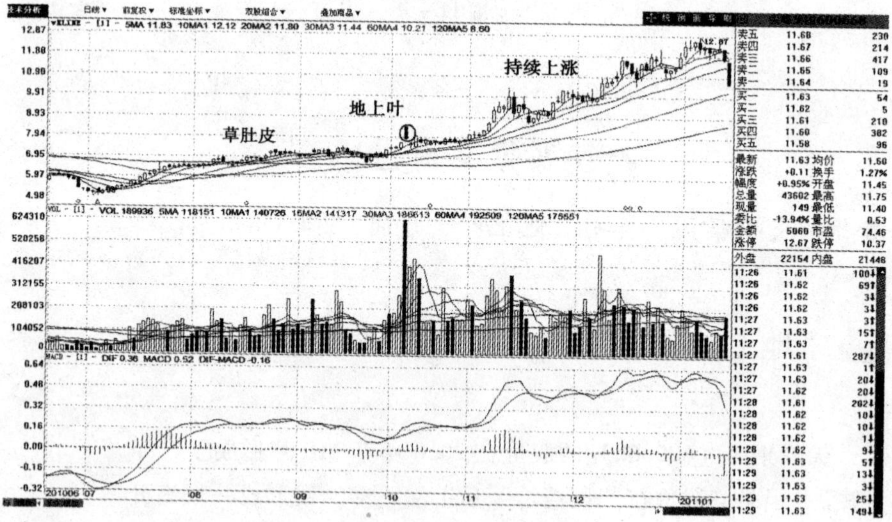

图 11－8

的大阴线应该是该股主力震仓及试盘所为，属于“地上叶”，待股价企稳后还将继续升势。

该股此后的涨势也验证了我们的观点（如图 11－8 所示）。

第二节

天 上 叶

实战法则：如果我们发现某只股票在顶部区域形成大幅高开低走或低开高走的孤立 K 线，就应对该股特别小心，此后股价一旦出现下跌迹象应及时离场。

“天上叶”，说的是：那些高高在上，生长于大树梢头的叶子，它们经过了春天和夏天的疯长，生命力已基本枯竭，迟早会被秋风所吹落。

“天上叶”——预示股价看跌。

同理，在股价的顶部区域，出现大幅高开低走或低开高走的孤立 K 线，好像一片树叶悬挂于高空，我们就把它称作“天上叶”。“天上叶”出现之后，股价多半会见顶回落。

例如，浦发银行（600000）的股价就成曾于连续上涨后，于价格高位形成“天上叶”，该股也因此而见顶并逐步下跌（如图 11－9 所示）。

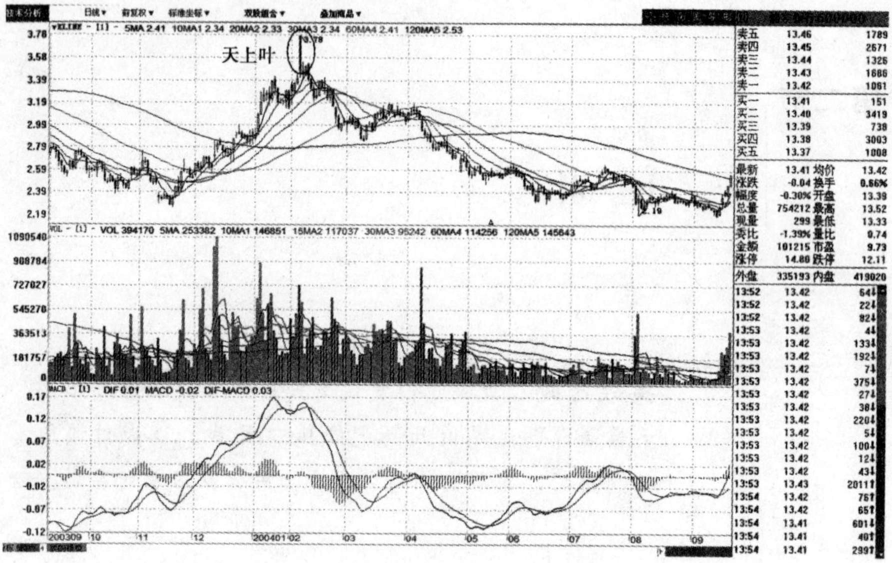

图11－9

底部区域——以股价是否出现过大幅或长期的上涨行情为判断标准。

什么又是股价的顶部区域呢？一般是指那些经过大幅或长期上涨并在高位出现回落、滞涨或横盘等现象的个股所处的价格区域。

第 11 招
一 叶 知 秋

实盘案例一：

名称：华仪电气　类别：天上叶　时间：2001 年

庄股 + 顶部区域 + “天上叶” = 股价将要下跌。

华仪电气（600290）的股价从 2001 年 2 月 22 日以 5.29 元的价格开始上涨（如图 11 - 10 中 A 点所示），在上涨过程中不仅有放大的成交量相配合，而且涨势连贯、有力，我们不难从中看出这是该股真正的涨升行情。两个多月后，其股价已涨至 8.25 元，整体涨幅高达 55%（如图 6 - 10 中 B 点所示）。随后该股开始逐步走软，股价也相继跌穿了 5 日与 10 日两条均线，但在跌破 10 日均线前夕，其股价突然大幅高开低走，以致收盘时于走势图中形成一根凌空突起的大阴线，好像一片“树叶”悬挂在那里，而且这根大阴线下方的成交量也比平日里明显增大（如图 11 - 10 所示）。

一向走势正常的华仪电气（600290），为什么今天会如此反常？这应引起我们的高度警觉。股价涨幅已高；巨大的跳空阴线；阴线下方异常放量，诸多信号都在提示我们该股主力已经开始出货了。

该股后来也是一路深跌（如图 11 - 10 所示）。

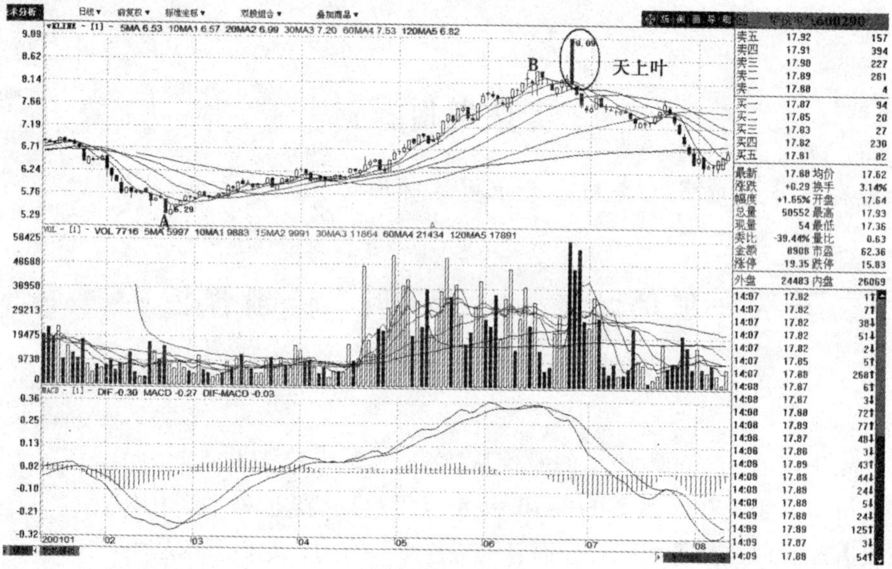

图 11-10

实盘案例二：

名称：中国卫星　类别：天上叶　时间：2006 年

"天上叶"形成之后——会对股价的持续上涨形成强大的阻力作用。

一般来说，个股在经过连续而大幅的拉升后，在高位形成高开低走的大阴线，通常都预示着该股顶部的来临，此后股价既便不出现快速回落局面，但要想重新走强也需要调整相当长的一段时期。

例如，2005—2007 年是国内股市的大牛市期间。中国卫星（600118）在 2005 年 7 月—2006 年 3 月形成了典型的"曾建仓组合"，其后股价在短期内疯狂向上拉升了 2 倍有余，至 2006 年 6 月 2 日于价格高位形成"天上叶"（如图 11－11 所示）。这是一个明显的见顶信号，预示着该股的上涨动能将在很长一段时间内得不到延续。事实上也是如此，在此后 1 年多的时间里任凭大盘屡创新高，该股也仅是在原位徘徊而已（如图 11－11 所示）。

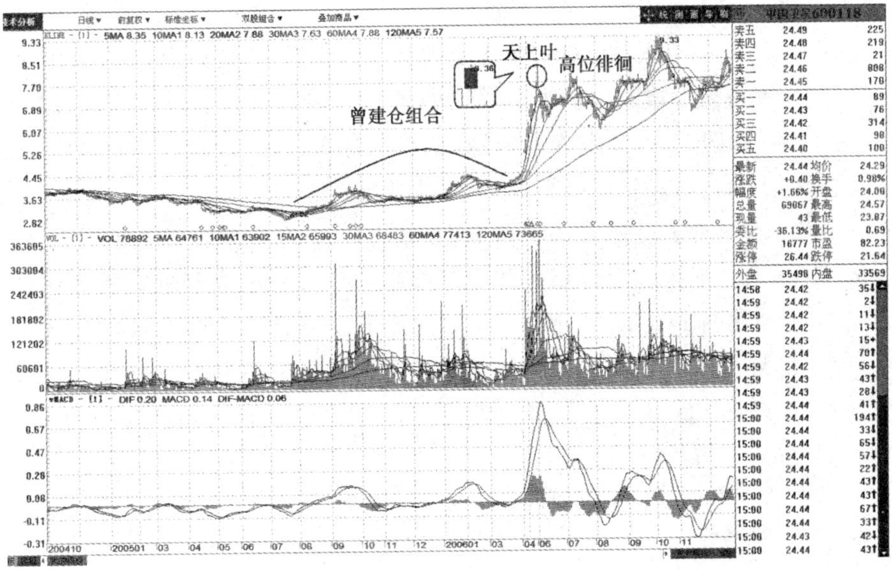

图 11－11

实盘案例三：

名称：昆百大A　类别：天上叶　时间：2010年

股价在反弹过程中所形成的"天上叶"——是明确的见顶信号。

昆百大A（000560）的股价于长期下跌趋势中，在2010年6月份形成波段反弹。该股的反弹是在7月2日以7.35元起步（如图11-12中A点所示），至9月3日以11.15元结束的（如图11-12中B点所示），累计升幅高达51%。

对于反弹来讲，股价能有这样高的涨幅，已经相当不错了。不久之后，该股便在反弹高位形成一根高开低走的大阴线（如图11-12所示）。通常股价于大幅反弹之中形成跳空大阴线，基本上都是反弹终止的信号。该股也不例外（如图11-12所示）。

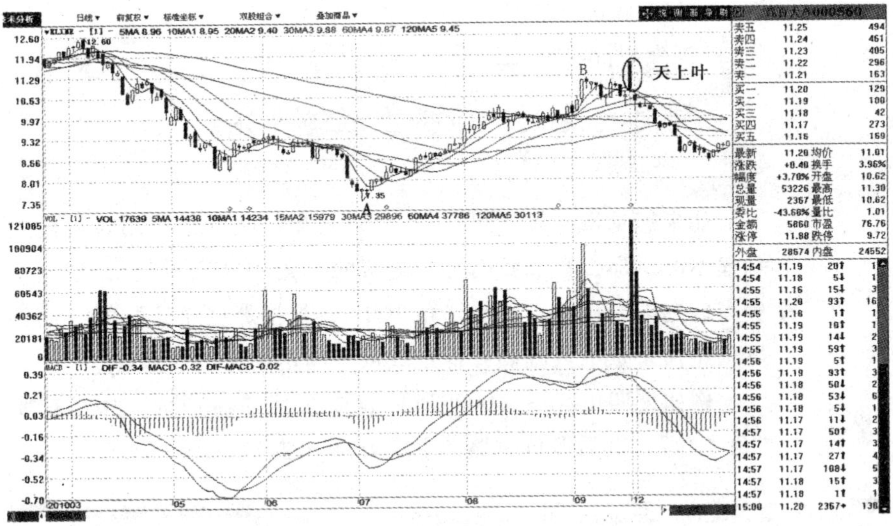

图 11－12

第三节

角 中 叶

实战法则： 如果我们发现某只股票在其“回档坑”中形成一根或数根大幅高开低走的大阴线，则意味着该股即将上涨，应及时介入。

“角中叶”——“回档坑”中的孤立 K 线，同时也是股价即将上涨的征兆。

如果您觉得“地上叶”和“天上叶”在具体应用时可能会拿捏不准，那么本节我们所要介绍的“角中叶”，则会让您毫不费力地选中黑马股。所谓“角中叶”，是指那些于庄股的“回档坑”中所形成的大幅高开低走或低开高走的孤立 K 线。

例如，四川双马（000935）就成在其“回档坑”中形成了“角中叶”，其后股价一路向上攀升（如图 11 - 13 所示）。

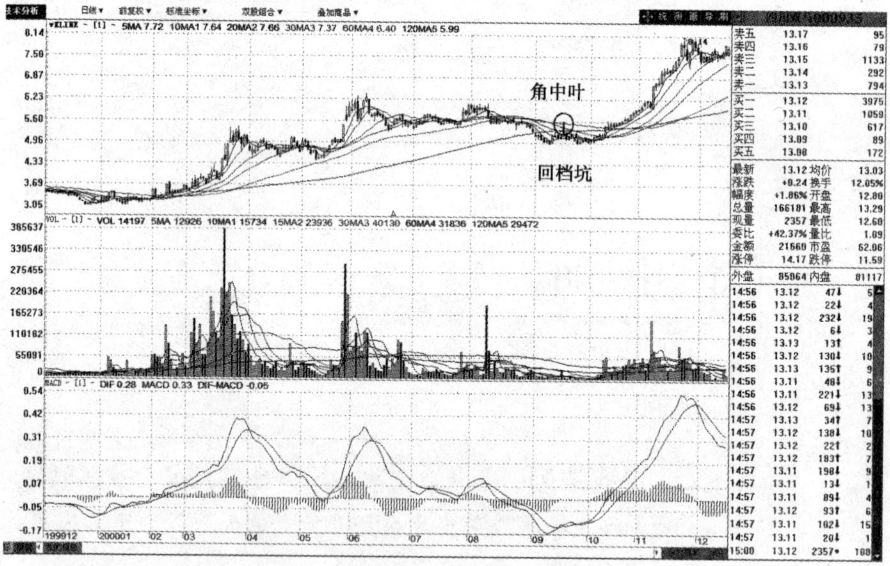

图 11 - 13

第 11 招

一叶知秋

“角中叶”——主力在即将拉升股价之前，积极试盘、跃跃欲试的表现。

我们知道“回档坑”是由庄家在建仓之后打压洗盘所形成的，如果在它当中出现“叶子”走势，则表明庄家已跃跃欲试了，股价势必会于不久之后展开拉升行情。无论您是否同意我的观点，都不能否认“角中叶”具有极高的准确性和实用性，我就曾用此招在大盘处于极度弱势的情况下捕捉到多只黑马股。

实盘案例一：

名称：鼎立股份 **类别：**角中叶 **时间：**2000 年

“增建仓组合”+“角中叶”=股价上涨

鼎立股份（600614）在我所捕捉过的黑马股中涨幅并不算大，但它却是我在 2000 年于大盘走势极度疲弱情况下，利用“角中叶”技术所擒获的。记得在当时的市场状况下，股价可连续上涨达 20% 以上的股票是少之又少，而该股却于这种不利的情况下异军突起，一口气上涨了 100% 以上，从而成为当时沪市小盘股中的“领头羊”。

还是让我们从头来分析这只股票的走势吧：该股于 8 月 31 日开始快速下跌（如图 11－14 中 A 点所示），股价在下跌过程中出现了一次小幅反弹，并在 9 月 13 日于反弹高点形成了“第一片叶”（如

图11－4所示）。在这片“叶”出现之后，该股走势引起了我的关注，并且我发现它在此“叶”形成之前就有明显的主力大举介入行为（如图11－4所示）。“第一片叶”后，该股又出现了加速下跌的势头，但跌势很快就止于次低位，并在9月28日于股价企稳之际形成了“第二片叶”（如图11－14所示）。“第二片叶”的出现，让我对该股的关注程度变得更为强烈。其后股价开始见底反弹，在反弹过程中不时有放大的成交量相配合，当反弹至10月24日时形成了“第三片叶”，并且这片“叶”的价格高度基本上与先前的“第一片叶”相持平，形成左右对称之势（如图11－14所示）。此后倔强的庄家又将对称进行到底，于是一个带有三片“叶子”的“回档坑”也就此形成了（如图11－14所示）。

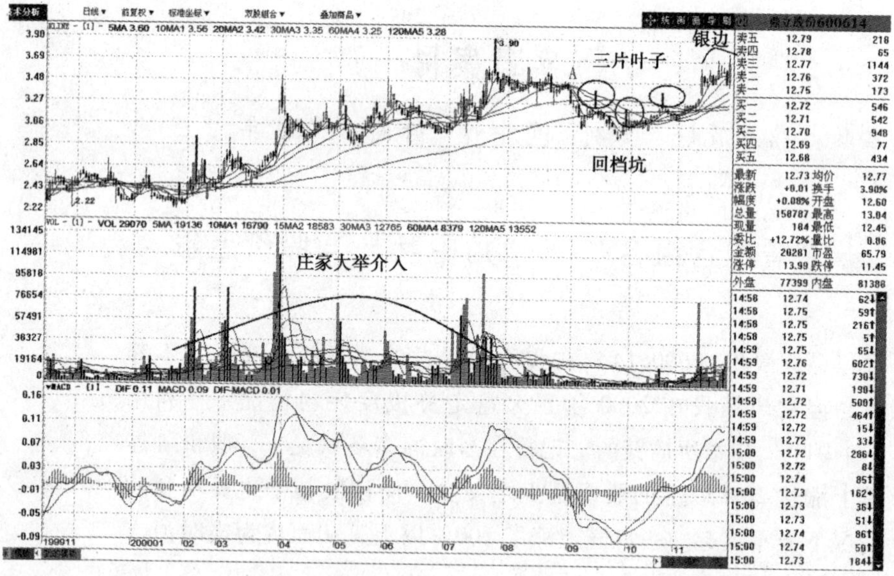

图11－14

“回档坑”后该股出现了一小段“银边”走势，并且“银边”下方带有明显的“成交量带”。庄家大规模入驻＋回档坑＋

银边＝?，即使我再怎么愚笨也知道这意味着什么！此后该股轻松翻倍（如图 11－15 所示）。

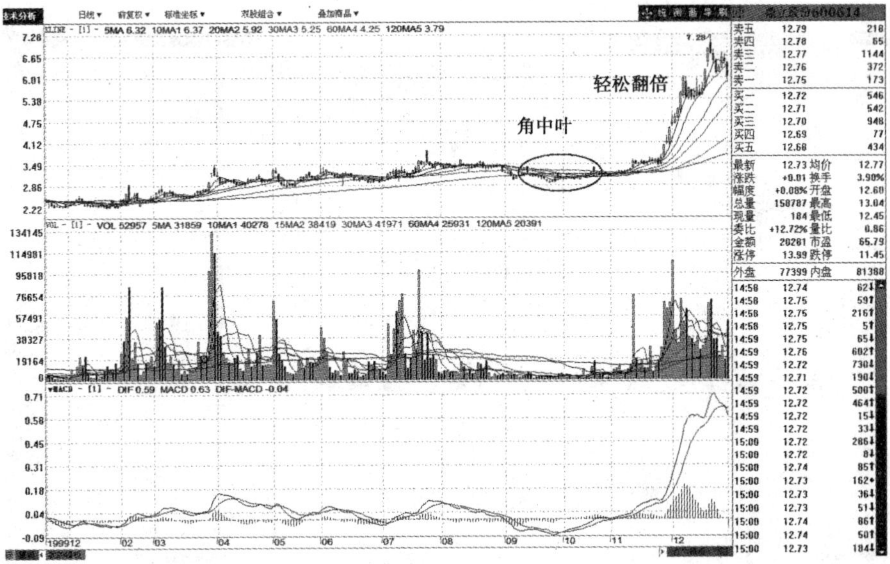

图 11－15

实盘案例二：

名称：海泰发展 类别：角中叶 时间：2006 年

“草肚皮” ＋ “角中叶” ＝股价上涨

海泰发展（600082）在 2006 年 1—3 月形成了比较标准的“草肚皮建仓”，并且“草肚皮”后的“回档坑”结构也十分合理，同时“回档坑”也于下探过程中受到了60日均线的有力支撑，综合来看，这是一种完美的上攻组合（如图11－16所示）。

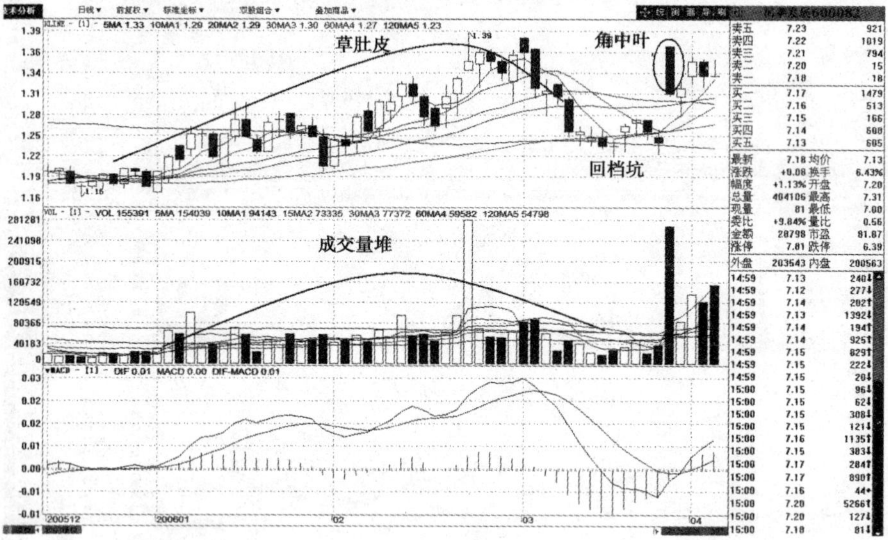

图11－16

但是，该股最扎眼的地方是在“回档坑”内有一根高开低走的大阴线，当您看到这里还敢买入吗？如果您知道这是“角中叶”，就应该知道这是该股主力在拉升之前所进行的一次震仓式试盘，股价拉升在即。

此后，其股价一路大涨（如图11－17所示）。

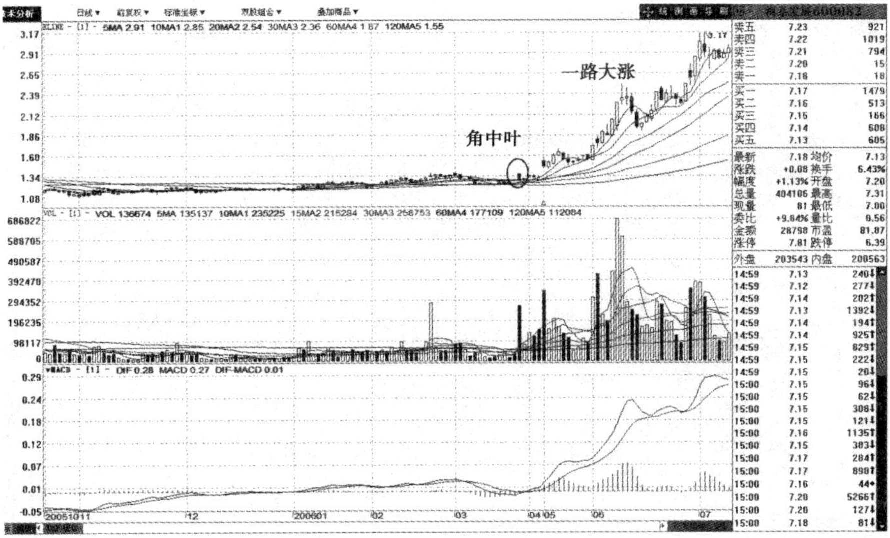

图 11－17

实盘案例三：

名称：厦门钨业　类别：角中叶　时间：2005 年

无独有偶，谁也想不到时隔 5 年，厦门钨业（600549）居然会在其“复合草肚皮”后的“回档坑”中接连出现了三片“角中叶”，形成与当年鼎立股份（600614）几乎一模一样的试盘行为（如图 11－18 所示）。

其后，该股同样也是一路的大涨（如图 11－19 所示）。

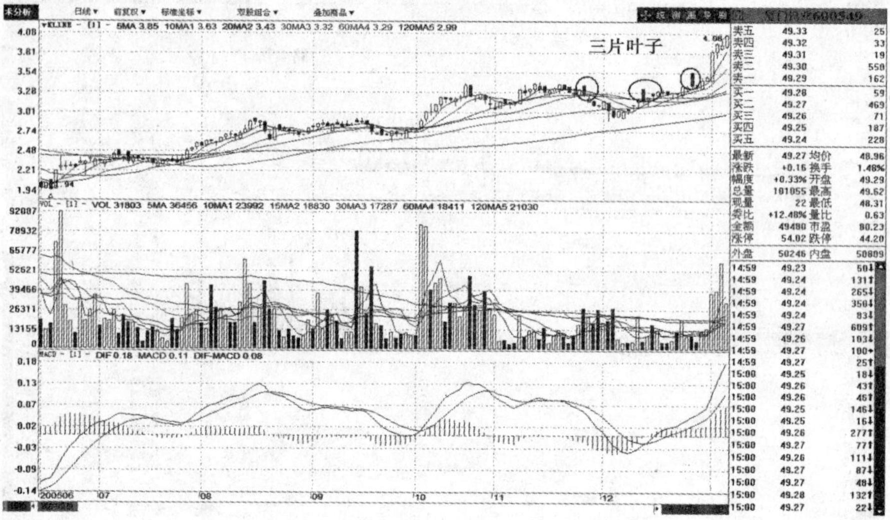

图 11－18

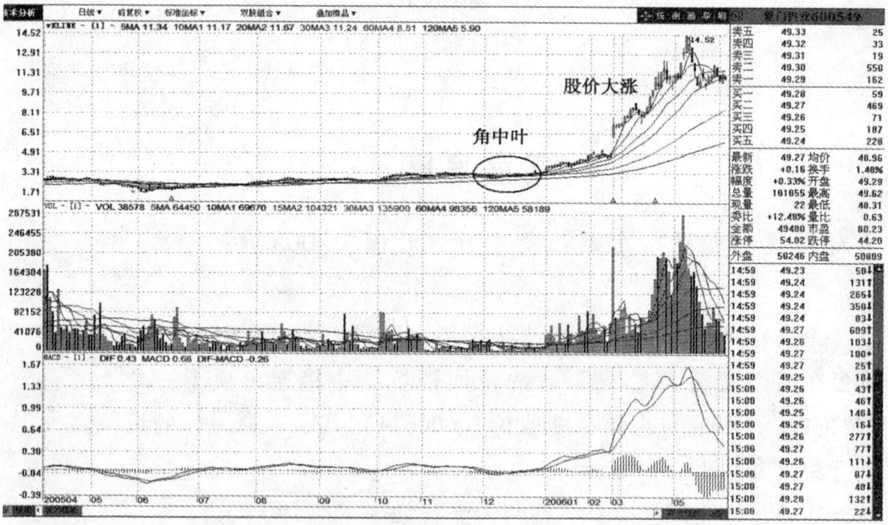

图 11－19

第12招

影线发威

上下影线——是K线的重要组成部分。

一根K线，无论阳也好、阴也罢，它们除了具有实体以外，大多具备不同长度的上下影线。

在分析盘面过程中，应把上下影线与庄家行为相结合。

在许多介绍K线的技术书籍中，都对其上下影线的功效有详细的介绍，所以我们也就不在此多说了。但是，若将这些上下影线与庄家的盘中行为结合到一起去分析，又会在它们身上发生许许多多新的故事……

第 12 招

影 线 发 威

第一节

形单影孤

实战法则：（1）如果我们发现某只股票在经过连续下跌后，于低位形成一根带有较长下影线的 K 线（无论阴线、阳线），并且这根 K 线的下方有明显的放量迹象，我们可在该股企稳反弹时介入。

（2）如果我们发现某只股票在经过连续上涨后，于高位形成一根带有较长上影线的 K 线（无论阴线、阳线），并且这根 K 线下方的成交量处于明显放大状态，我们应及时卖出该股。

上下影线对股价运行，分别具有阻挡与支撑作用。

对于 K 线的上下影线，一般的股市技术书籍中是这样描述的：上影线对股价的上涨势头具有阻挡作用；下影线对股价的下跌势头具有支撑作用，并且影线越长所具有的阻挡或支撑作用也就越强。另外，根据上下影线所处位置的不同，其对股价所起的阻挡或支撑强度也不相同，通常，股价在经过连续上涨后于高位所形成的长上影线，对股价的上涨势头具有较强的阻挡作用；而股价在经过连续下跌后于低位所形成的长下影线，对股价的下跌势头具有较强的支撑作用。

庄股在连续上涨后，形成较长的上影线，代表庄家出货——后市看跌；庄股在连续下跌后，形成较长的下影线，代表庄家吸货——后市看涨。

如果我们能结合庄家行为，将一些出现于股价顶部或底部区域带有较长上下影线的K线与其下方的成交量联系到一起去判研，则能准确地把握住个股的发展动向。比如说，一只股票在经过连续上涨后，于高位形成一根带有较长上影线的K线（无论阴线、阳线），并且这根K线下方还带有相当大的成交量，那么这就意味着该股庄家在当日大幅出货，今后该股很可能会出现下跌行情；相反，一只股票在经过连续下跌后，在低位形成一根带有较长下影线的K线（无论阴线、阳线），并且这根K线下方也带有较大的成交量，这也意味着该股庄家在当日大幅吸筹，今后这只股票很可能会出现上涨行情。

例如，中达股份（600074）就曾在其波段涨跌行情中，出现过上述两种情形（如图12－1所示）。

由于本节我们介绍的是单根上下影线的应用技巧，所以才将这两种有关影线的技术形态定名为“形单影孤”。

实盘案例一：

名称：震雄矿业　类别：形单影孤　时间：2000年

第 12 招

影线发威

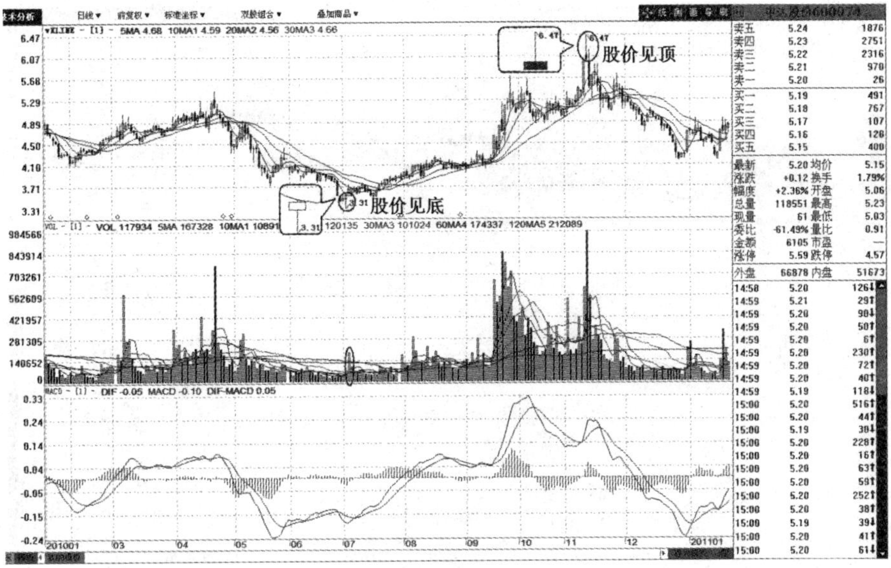

图 12 – 1

股价在经过连续下跌后，形成的较长的下影线——可视为主力的短期吸纳行为。

震雄矿业（600711）的股价在 2000 年 8 月形成过一小段放量上涨行情，我们不难从中看出这是一只有庄家参与的个股，其后该股开始快速单边下跌，在股价即将要跌回原位时形成一根带有长长下影线的小阴线，并且小阴线下方的成交量也随之放大（如图 12 –2 所示）。

其实，K 线的下影线是由股价先跌后涨于盘中上下折返所造成的，我们可将其视为一个微型的“金角建仓”。该股在前期有明确的庄家介入行为，后来又形成缩量速跌局面，其中主力一定

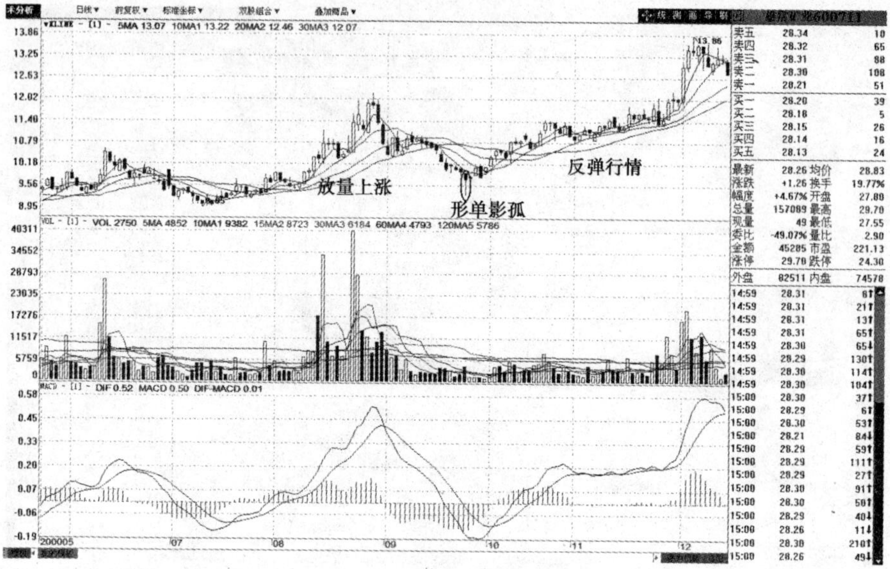

图 12-2

不会全身而退。在其股价大幅下跌至前期主力介入成本区时，庄家势必会借机补仓，具有长长下影线的小阴已表露了主力的增仓意图。所以在此之后股价形成短期反弹应该是十拿九稳的事儿。

而事实上，该股于日后所形成的反弹规模也并不小（如图 12-2 所示）。

实盘案例二：

名称：新疆天业　类别：形单影孤　时间：2010 年

新疆天业（600075）的股价也在 2010 年上半年形成过一小段放量上涨行情（如图 12-3 所示）。我们之所以强调是“一小段”而不是“一大段”，这是因为如果股价涨幅过大的话，就属于拉升行情了，拉升行情过后的“形单影孤”存在着很大的不确定性，我不建议您参与。

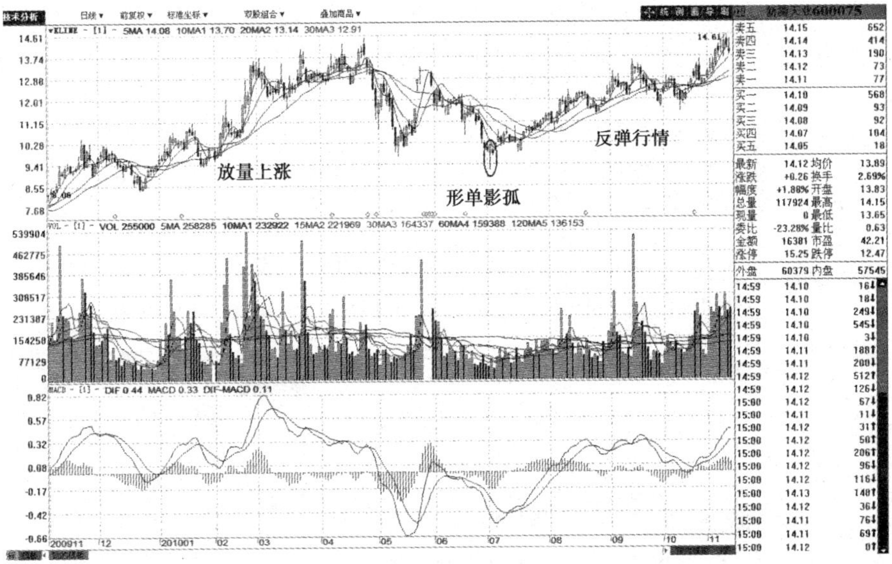

图 12 – 3

在该股的一小段放量上涨行情过后，股价在经过深幅回调后于盘中形成一根带有较长下影线的小阳线，同理，此处也是我们抄底的好机会，其后该股一路震荡上行，形成反弹行情（如图 12 – 3 所示）。

实盘案例三：

名称： ＊ST 金城 **类别：** 形单影孤 **时间：** 1999 年

股价在经过连续上涨后，形成的较长上影线——可视为主力的短期派发行为。

*ST金城（000820）的股价于1999年5月19日以3.40元的价格开始放量上涨（如图12－4中A点所示），其涨势又凶又猛，其中必定有庄家参与，在经过连续的上涨后，至6月24日其股价最高已到达6.13元，不过后来没能坚守得住，以致收市后于盘中形成一根带有较长上影线的大阴线，并且此大阴线下方也创出了近段时间以来的天量（如图12－4中B点所示）。

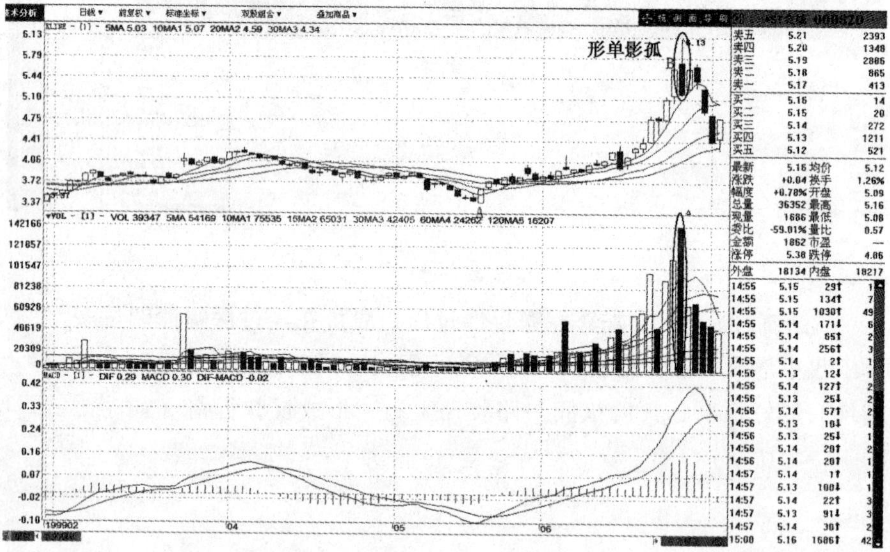

图12－4

庄股在经过大幅上涨之后，遭受如此打击，一定是由主力出货所致，机警的投资者应迅速清仓或减仓。果然，自此“形单影孤”后该股股价应声而下，一落千丈（如图12－4所示）。

第 12 招

影线发威

实盘案例四：

名称：时代万恒　**类别：**形单影孤　**时间：**2010 年

时代万恒（600241）的股价在 2007 年经“银边”蓄势后，开始连续放量冲高，此时我们可以判定该股为庄股无疑（如图 12－5 所示）。庄股吗，有进必有出，当我们买到庄股之后，就要时刻戒备庄家的出货行为，尤其是在其股价经过连续冲高之后，一有异常就要减仓。而该股就在连续冲高后于高位留下长长的上影线，这是明确的主力出货行为，后来股价也因此而一路走低（如图 12－5 所示）。

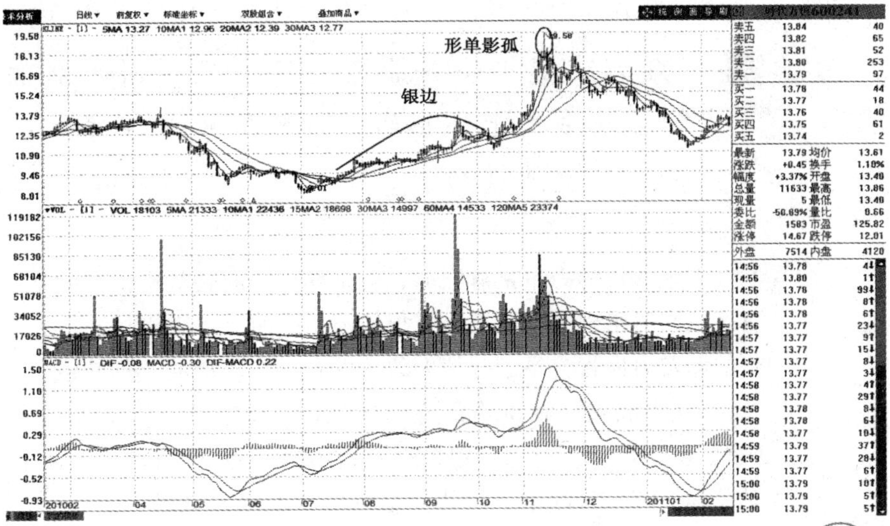

图 12－5

第二节

众志成城

实战法则： 如果我们发现某只股票在长期的低位放量震荡过程中，形成许多长短不一的上下影线，我们则可以判断该股庄家正在大力吸筹，此后可在适当的时机买入此股。

"众志成城"——股票在建仓期间所形成的数目众多的上下影线，同时它也是庄家的一种盘中吸纳技巧。

一根影线的力量是有限的，但是在股票的底部建仓或顶部出货区域同时出现数十甚至上百根长短不一的上下影线时，其所凝聚的爆发力度肯定是十分惊人的，大有"众志成城"的味道。

"众志成城"在价格的底部区域，主要形成于"银边"或"草肚皮"之中。与"形单影孤"所不同的是，其中K线大多同时具有长短各异的上下影线。也可以说"众志成城"是主力为了加快吸纳进度，而于盘中反复收集筹码时，所采取的一种加工不加时的实用建仓技巧。

例如，莱钢股份（600102）在其"银边"形成期间，股价的整体运行态势虽然平稳，但其中的每一根 K 线都具有不同长度的上下影线，实际上这是由庄家于单日内在一定的价格范围内不断地上下吸纳筹码所致，其内部变化极为汹涌澎湃，隐藏着一股巨大的暗流，这就是“众志成城”（如图 12－6 所示）。

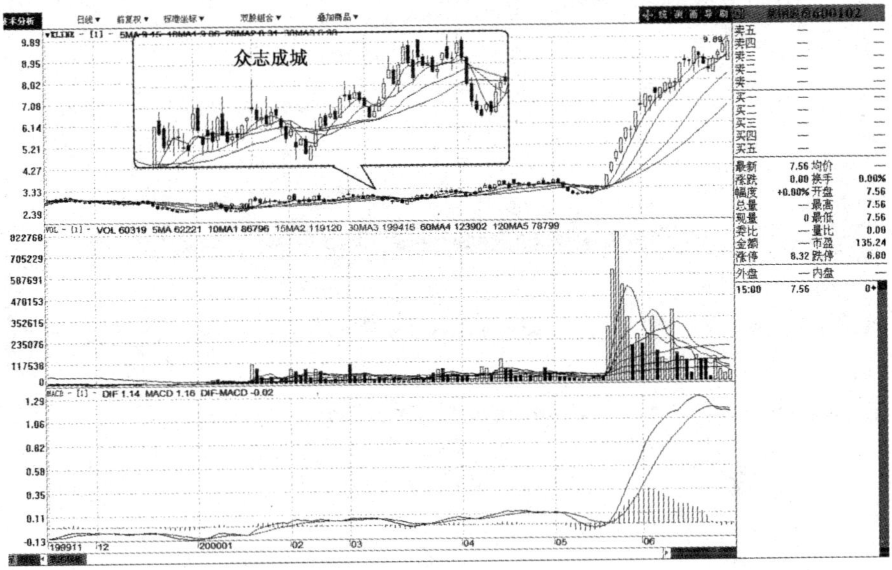

图 12－6

于价格高位所形成的“众志成城”——则是主力的派发手段。

庄股经拉升后，也会于高位形成“众志成城”，但其目不是为了吸纳而是派发。

例如，*ST 金顶（600678）的股价在其长期下跌过程中，于较高价位形成中转平台，在平台内又形成了“众志成城”，待盘整结束后该股依旧延续着下跌趋势（如图12－7所示）。

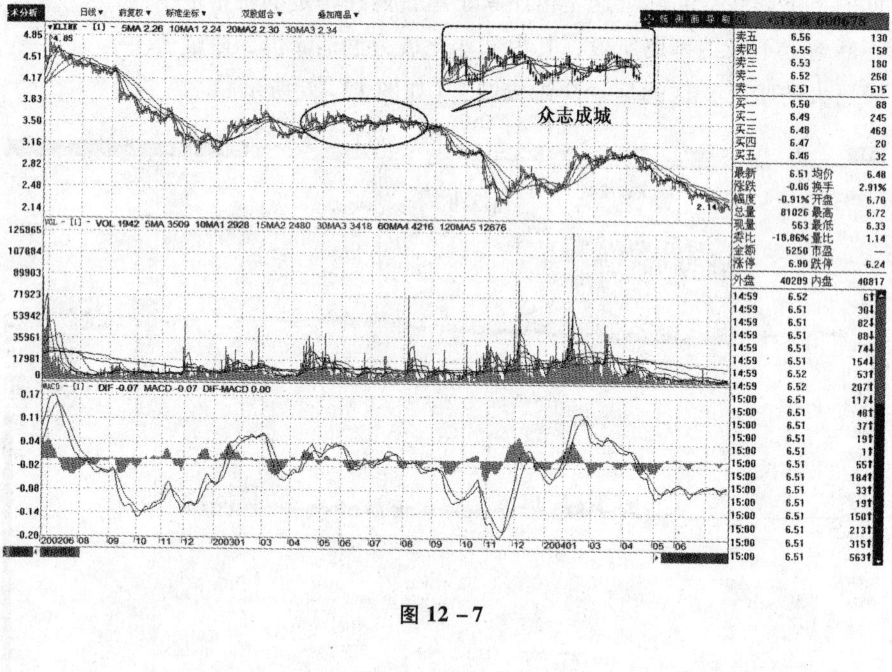

图12－7

拉链走势——暗藏危机。

另外，还有一些股票在经过大幅拉升之后，主力长期出不了货，其股价就会在高位形成一种状如拉链般的奇特走势，这种形态也十分接近“众志成城”。这种情况是由主力在控制股价的同时于盘中对敲出货所造成的，日后随时都有崩盘的可能，所以无论在任何情况下，我们都应该对其避而远之。

例如，ST太光（000555）的股价就曾于高位形成过“拉链走势”（如图12－8所示）。

一般来说，庄股的顶部区域都比较敏感，因此在下一招里

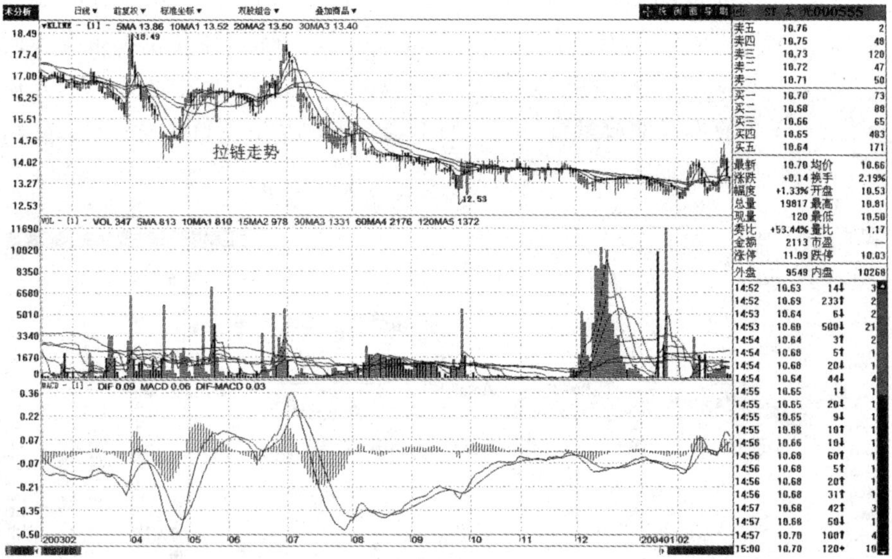

图 12-8

我会给大家介绍一种更为快捷的逃顶方法，本节我们还是将研究重点放在底部区域的“众志成城”之上吧。

实盘案例一：

名称：东方明珠 **类别**：众志成城 **时间**：1999 年

“银边” + “量带” + “众志成城” = 股价上涨

东方明珠（600832）的股价在 1999 年 4—5 月间，形成一段非常规范的“银边”走势，并且“银边”下方具有明显的“量带”，细看这条“银边”之上的每一根K线几乎都带有不同长度的上下影线，尤其是一些具有较长上下影线的K线下方还具有明显的放量行为，我们不难看出这是由主力在当日大肆吸纳所致（如图12－9所示）。

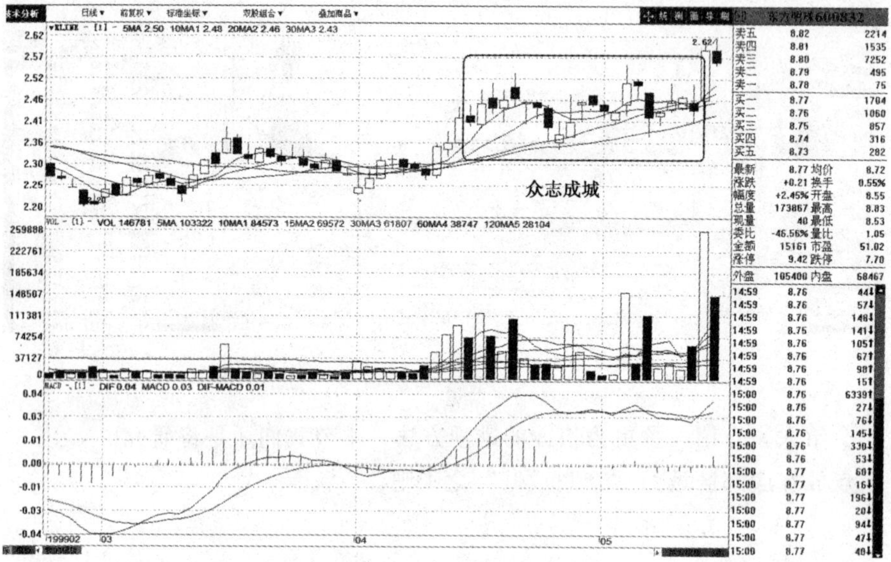

图12－9

综合来看，这条“银边”不仅形态工整，成交量充沛，而且还极具个性，所以该股日后必定会有不俗的表现。事实上也正是如此（如图12－10所示）。

实盘案例二：

名称：马钢股份 **类别：**众志成城 **时间：**1999—2000年

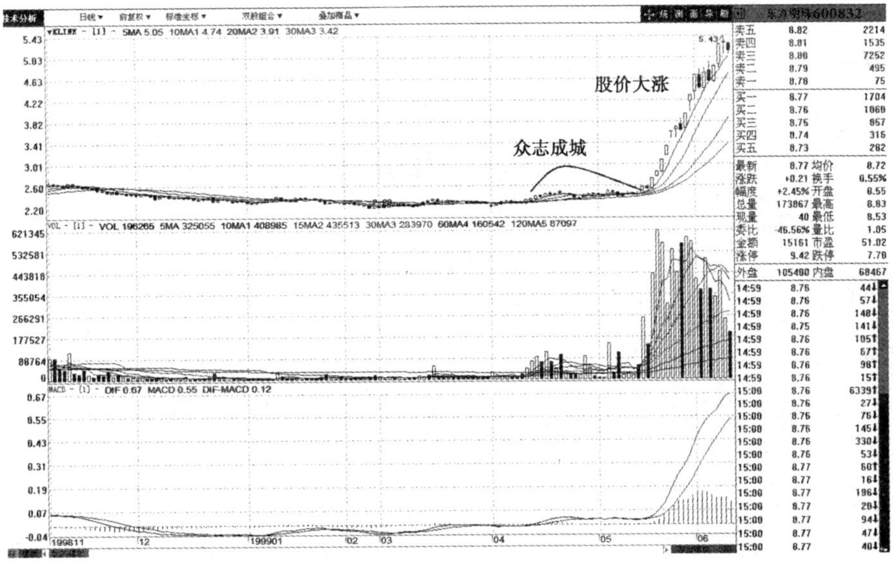

图 12－10

在 20 世纪末期，国内股市规模还比较小的情况下，马钢股份（600808）曾是沪市著名的超级大盘股。然而，在当时的市场环境中，颇为盛行炒作中小盘个股，所以很多人都对它不予关注，然而它却在随后的上涨行情中表现出众，股价走出翻倍行情。想当初，在其刚刚上涨之时，有很多人都认为它只是昙花一现而已，这正是由于这些人对该股主力的建仓行为认识不足所造成的。

马钢股份（600808）之所以能在那一时期表现得如此突出，绝不是偶然现象。该股在 1999 年 12 月—2000 年 3 月间，股价一直都在 2 元多的低位维持放量震荡，以致形成“银边”，而“银边”当中的每一根 K 线上几乎都于盘中留下了较为明显的上下影线（如图 12－11 所示）。“银边” + “量带” + “众志成城”，这样的股票岂能不涨！

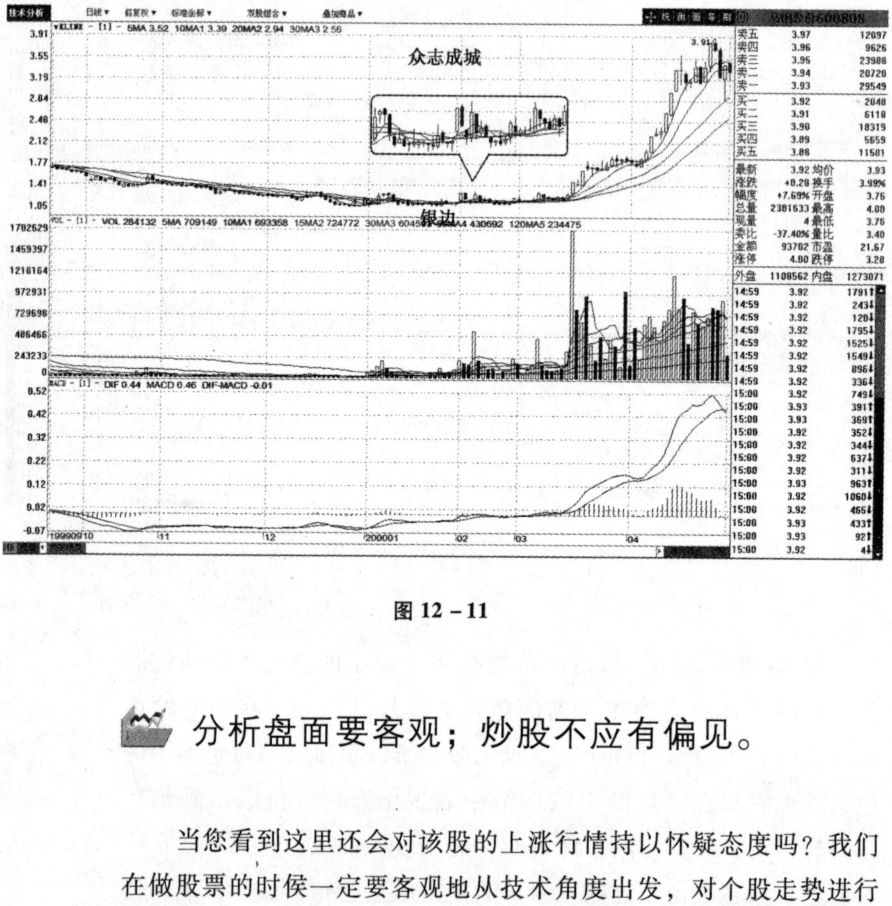

图 12－11

分析盘面要客观；炒股不应有偏见。

当您看到这里还会对该股的上涨行情持以怀疑态度吗？我们在做股票的时侯一定要客观地从技术角度出发，对个股走势进行理性分析，不管它是“大盘股”、“小盘股”、“冷门股”、“热门股”，只要符合我们的选股要求，就该买入。

实盘案例三：

名称：中体产业　**类别：**众志成城　**时间：**1999—2000年

中体产业（600158）的股价从1999年9月—2000年1月，一直在2—3元之间的价位上做窄幅震荡，在震荡过程中该股的每根K线上几乎都形成了较长的上下影线，并且股价下方的成交量也在不时的放大。综合判断，这是一种形成于较低价位上的“众志成城”，日后该股极有可能形成上涨行情（如图12－12所示）。

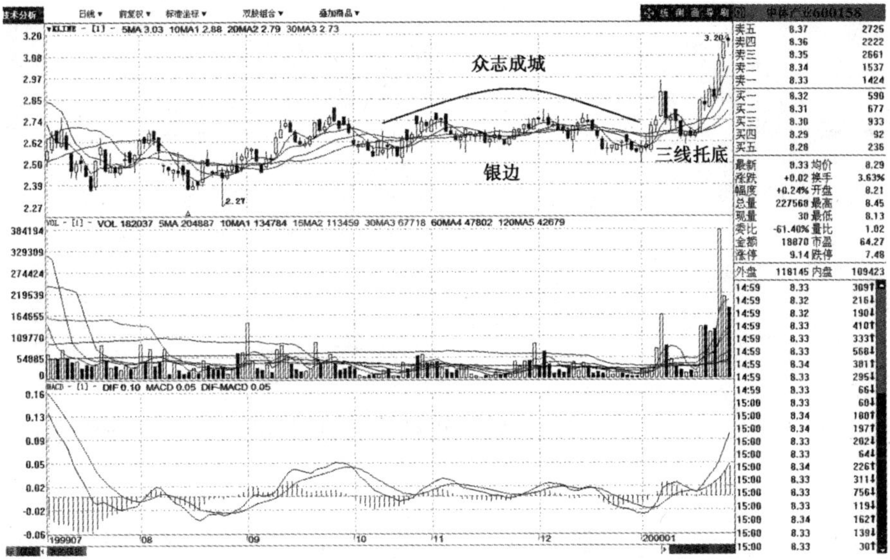

图12－12

直到2000年的1月6日，该股才以强而有力的大阳线放量向上突破30日均线，当其股价在该均线上方上行至一定高度后，又出现了缩量回落，并最终形成“三线托底”，托底成功后该股一路高升（如图 12 – 13 所示）。

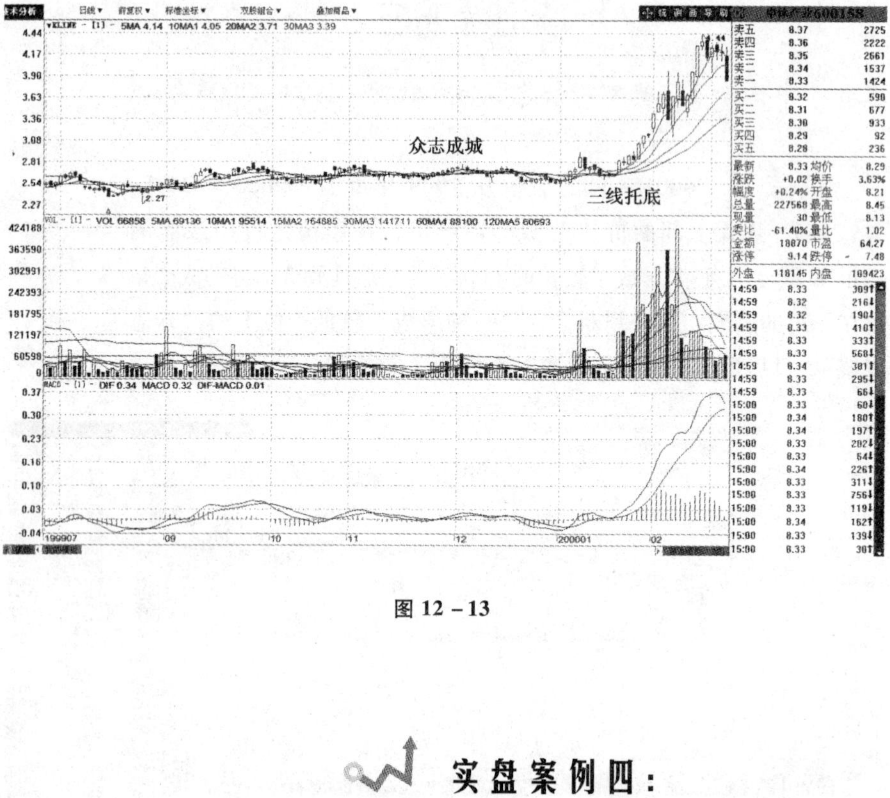

图 12 – 13

实盘案例四：

名称：吉恩镍业 **类别**：众志成城 **时间**：2003 年

“草肚皮” + “量带” + “众志成城” = 股价上涨

通常来说，“众志成城”在“银边”当中形成的概率较大，也容易识别，而当它在“草肚皮”中出现时，就不是一般股民所能够识别得了的。

吉恩镍业（600432）的股价在 2003 年 9—11 月形成了一个标准的“草肚皮”，并且“草肚皮”下方有“成交量堆”相配合。我们仔细观看这个“草肚皮”就会发现，虽然其中的 K 线实体都不大，但几乎每一根都带有长短不一的上下影线，再加上凝集在它们下方的“成交量堆”，就不得不让人联想到这些频繁出现的影线是由主力于盘中上下吸货所致（如图 12－14 所示）。

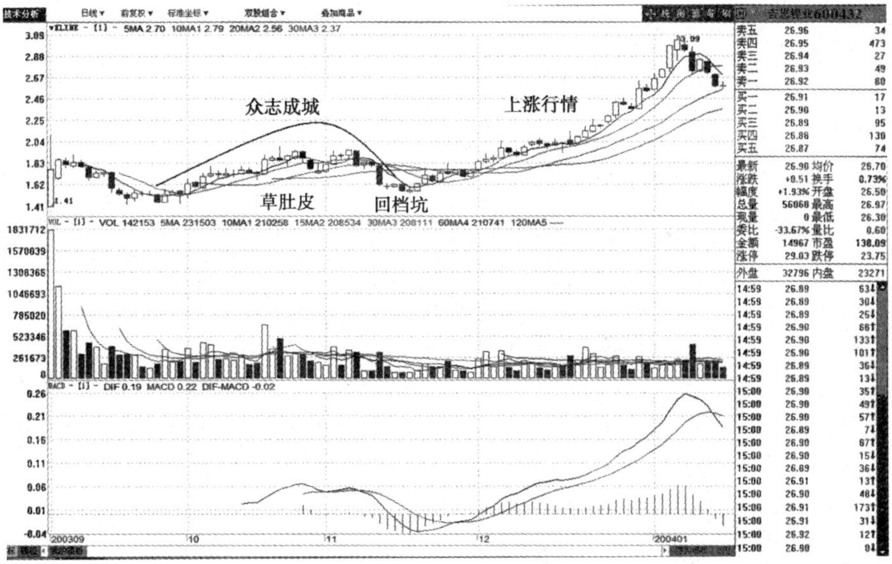

图 12－14

至此，我们可以得出结论：该股庄家在这段时期内，正使用“草肚皮”＋“成众志城”的方式进行吸货的。果然，“回档坑”后该股一路过关斩将，股价屡创新高（如图 12－14 所示）。

第13招

顶部判断

在前些招中，我们由建仓讲到了拉升，该说的已经都说了，本招也该为我们的交易系统打上最后一块“补丁”了——逃顶。

成功逃顶＝保留利润

即使我们所选到的股票再好，其上升趋势也终会有完结的一天。股价于拉升之后见顶，是由庄家出货所造成的。是否能够及时的逃离顶部，将关系到我们能否最大限度的保留住账面利润。

股价顶部的形成时间短暂——所以逃顶的方法要快捷！

俗话说“底部百日，顶部三天”，这说明有些个股的顶部形成过程极为短暂。所以在接下来的逃顶课题中，我只向大家推荐两招最为快捷、实用的逃顶方法。因为介绍多了也没有用，我们只要能够知道主力已经开溜并且也随之卖出就够了，之后任它再怎么来回折腾也与我们无关了，难道不是吗？

第 13 招
顶部判断

第一节
两线交叉法

实战法则：如果我们发现某只股票在经过快速而连续的大涨后，其 5 日与 10 日均线在高位形成“死亡交叉”，就应意思到这里是该股的顶部区域，并及时卖出手中的筹码。

通过 5 日与 10 日均线之间的相互关系——判断价格顶部是否出现。

如果您应用我们前面所介绍的方法来选股的话，大多是能够选到黑马股的，而对于其中一些涨势凶猛、涨幅巨大的强势黑马股，我们主要是通过它们 5 日与 10 日均线在股价拉升过程中是否形成“死亡交叉”来判断其顶部是否出现的。

在股价快速拉升过程中，5日与10日均线之间形成“死亡交叉”=股价见顶。

一般来说，强势庄股在拉升过程中，其5日与10日均线之间始终是保持通畅的，而一旦5日均线向下跌穿10日均线形成“死亡交叉”，也就预示着该股已经见顶了。这是因为此类个股所在庄家都是以5日均线为拉升成本、10日均线为依托成本进行运作的，一旦拉升成本向下跌破依托成本，也就意味着主力已放弃拉升并开始出货了。通常我们将这种形式简洁的逃顶方法称为“两线交叉法”。

“两线交叉法”——逃顶很及时。

例如，我们在前面所介绍过的广电信息（600637）、江苏阳光（600220）等强势黑马股在大涨过程中，其5日与10日均线之间一直都保持通畅，但是最后两股皆在5日均线向下跌破10日均线所形成的“死亡交叉”处见顶。细看这两只股票的“两线交叉”处与其股价在主升浪中所形成的最高价之间相差无几，这说明用此种方法来逃离顶部还是比较及时的（如图13－1、图13－2所示）。

第 13 招

顶部判断

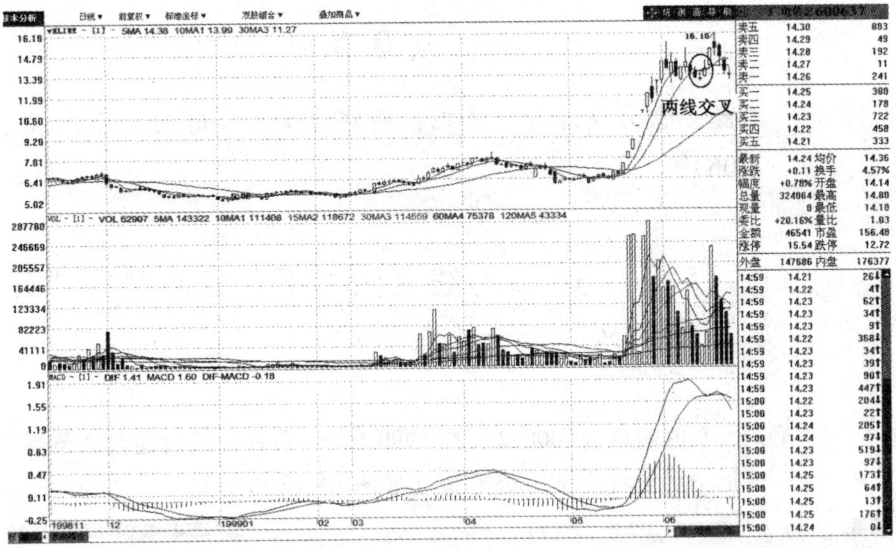

图 13－1

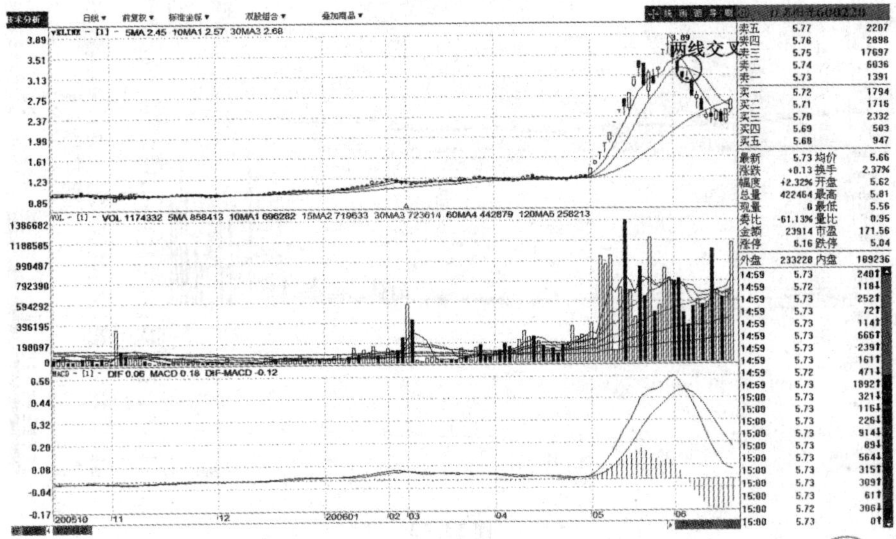

图 13－2

实盘案例一：

名称：东方明珠等　**类别**：两线交叉法　**时间**：1999年、2006年

5日与10日均线之间，不形成明确的“死亡交叉”——不是顶。

东方明珠（600832）在1999年5、6月份经过连续大涨后，股价于“两线交叉”处见顶（如图13-3所示）。

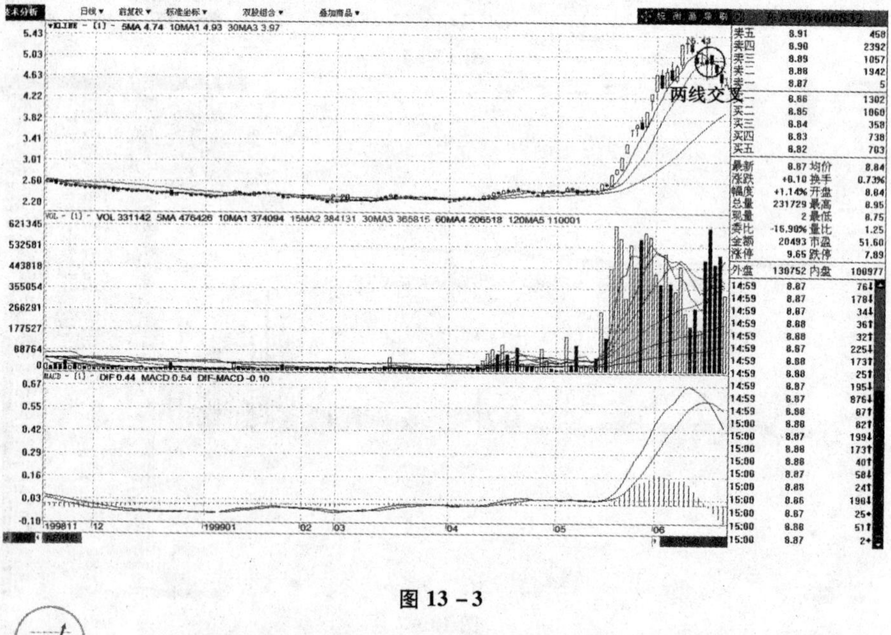

图13-3

＊ST中葡（600084）在2006年的大幅上涨行情中，曾于上涨中途出现过大幅震荡，但其5日与10日均线之间却始终没有

形成“死亡交叉”，因此其股价大幅震荡处也就不是它的真正顶部，直到后来该股又经过一段上涨后，才于“两线交叉”处见顶（如图13－4所示）。

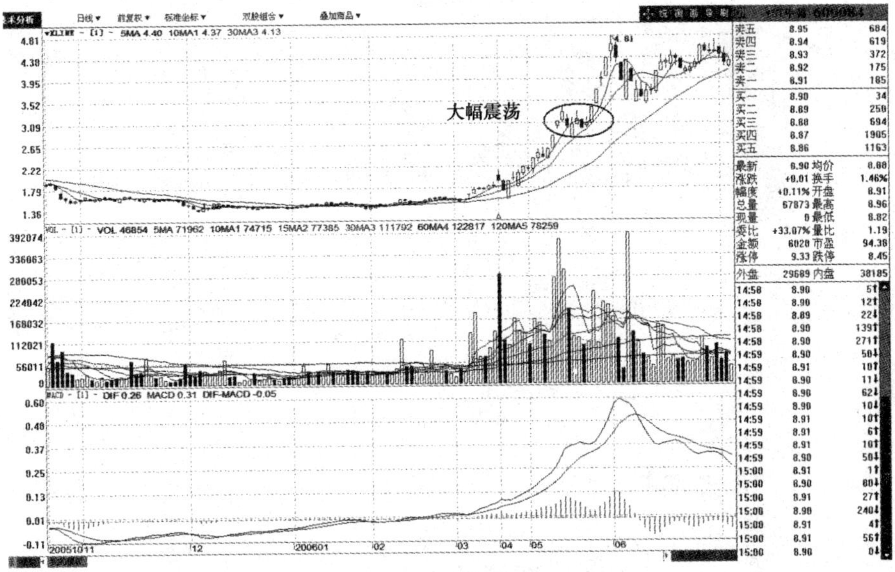

图 13－4

中青旅（600138）的股价在上涨过程中，其 5 日均线与 10 日均线之间虽然多次出现粘合现象，但毕竟没有形成“死叉”，因此这些地方也就都不是它们最终的顶部所在（如图 13－5 所示）。

使用“两线交叉法”法逃顶的最大好处，就是能在赚取股价上涨的最大利润后，及时逃离真正的价格顶部。

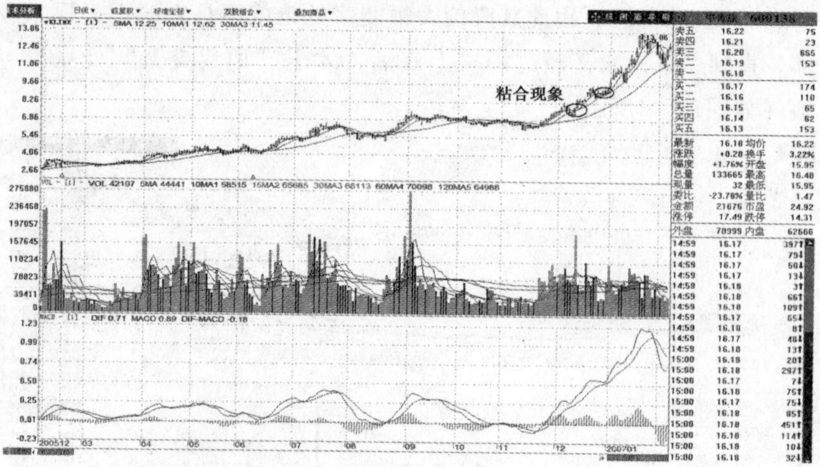

图13-5

第二节 异常判断法

实战法则：如果我们发现某只股票经过连续上涨后，于高位明显放量，出现较长的“上影线”，形成大幅高开低走等异常现象后，就应意识到这里是该股的股价顶部。

“异常判断法”——更为快捷的逃顶方法。

多数庄股在经过连续上涨后，都会于高位在主力出货过程中出现一些不合常规的异常性变化，它们都是股价见顶的征兆，这就是所谓的“异常判断法”。

注明：如果个股在高位出现异常变化不久后，又形成了“两线交叉”，则会更进一步地验证该股价格顶部的形成。

例如，阳光股份（000608）和中国卫星（600118）的股价在经过连续上涨后，分别于高位形成了高开低走的大阴线，随后不久又形成了“两线交叉”，最终这一区域也各自成为了它们的价格顶部（如图 13－6、图 13－7 所示）。

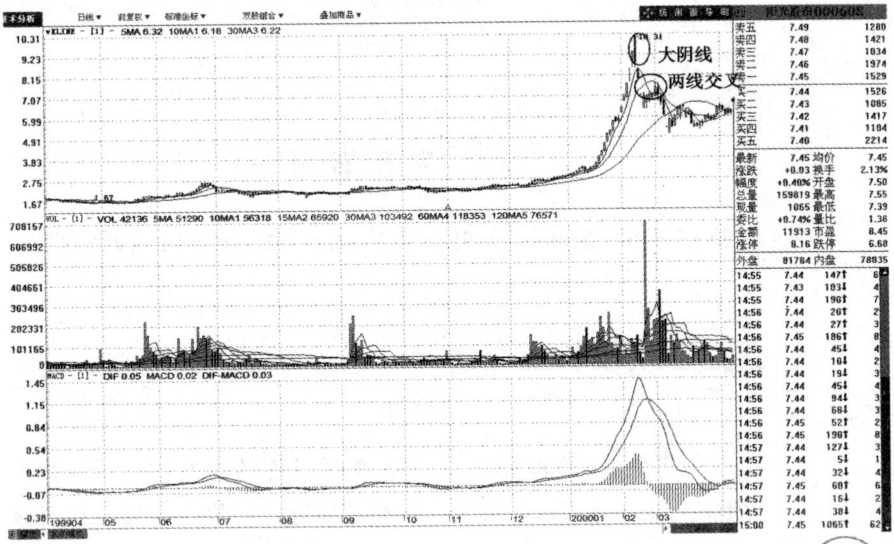

图 13－6

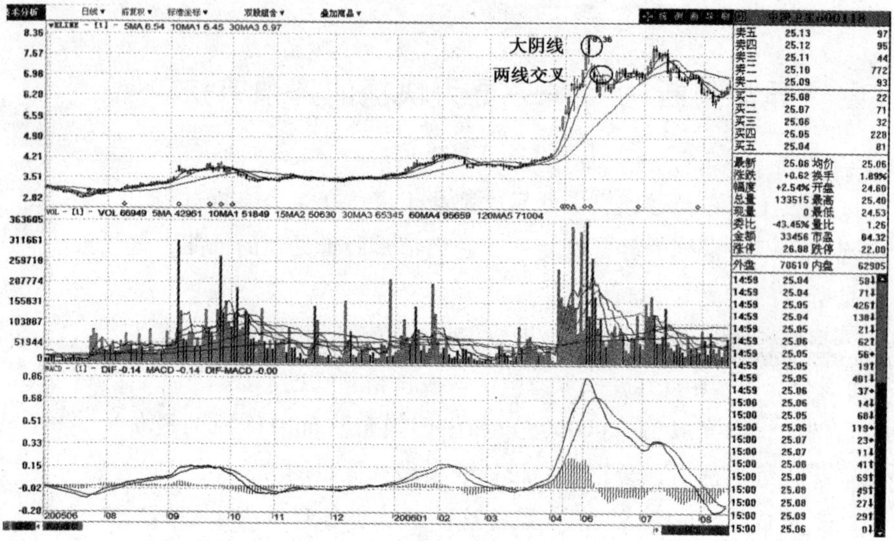

图13－7

实盘案例一：

名称：＊ST金城　**类别：**异常判断法　**时间：**1999年

形成较长上影线——属于异常变化。

＊ST金城（000820）的股价在经过连续上涨后，于高位放量形成“形单影孤”，根据异常判断原则，可以说此处就应是该股于大涨过后的价格顶部了，因此我们应该立即抛出手中的筹码。而不久之后该股所形成的“两线交叉”，也进一步证明了我们的观点（如图13－8所示）。

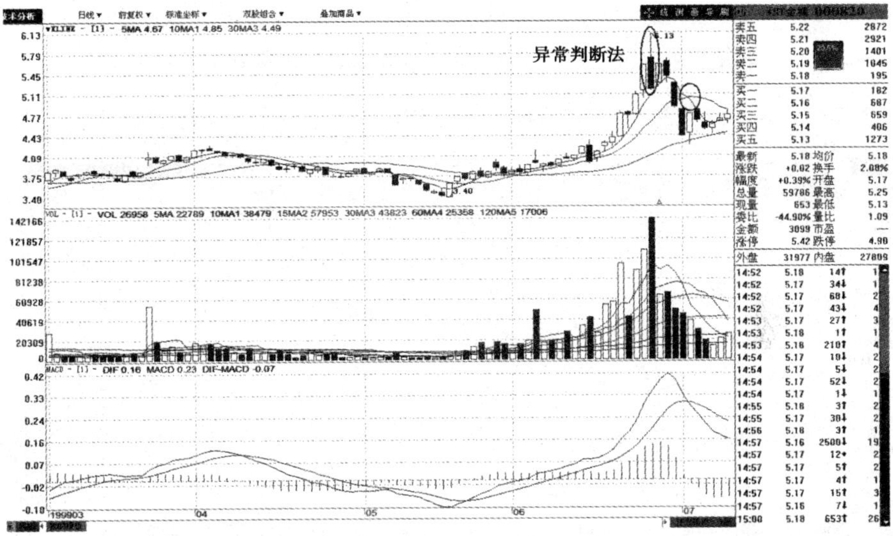

图 13－8

从本例中可以看出，“异常判断法”的反应速度要明显优于“两线交叉法”。

实盘案例二：

名称：东方银星　类别：异常判断法　时间：2000 年

成交量显著放大——属于异常变化。

东方银星（600753）的股价在经过快速拉升后，虽然没有于高位形成较长的上影线，但它却于股价下方异常放量，我清楚地记得它在当日的换手率竟然高达40%以上（如图 13－9 所示）。再看该股在启动初期的上涨步伐是多么的轻盈，为什么反而会在股价进入加速上涨后出现如此大量！这显然是庄家在对敲出货。

其后该股便阴跌不止（如图13－9所示）。

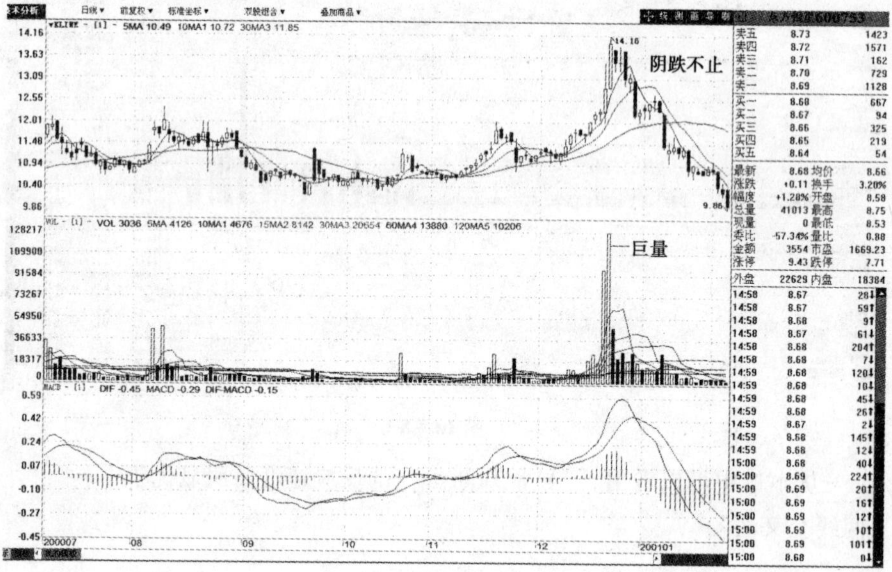

图13－9

实盘案例三：

名称：华仪电气等　**类别：**异常判断法　**时间：**2000年

股价大幅高开低走——也属于异常变化。

华仪电气（600290）的股价在见顶过程中形成了高开低

走的大阴线，这在“天上叶”一节中我们已经介绍过了，不过这也属于“异常判断法”的判研范围之内（如图 13 - 10 所示）。

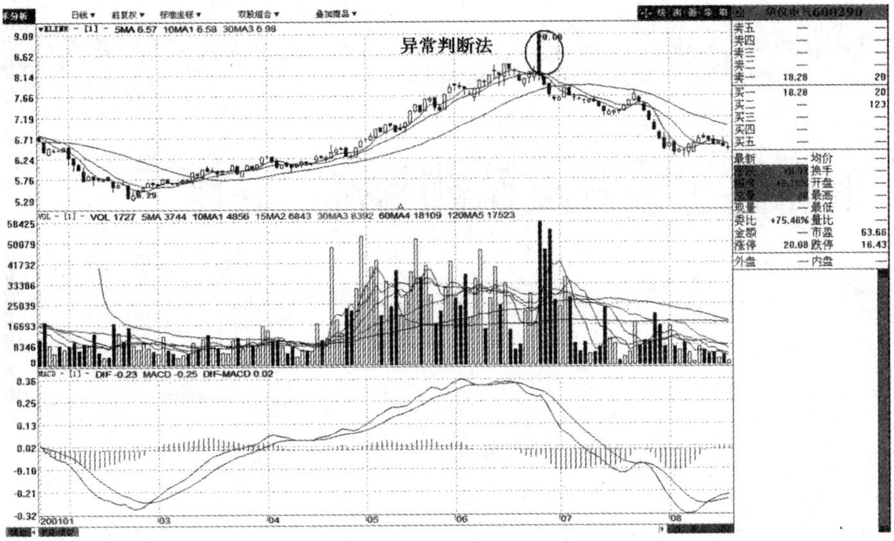

图 13 - 10

还有一些个股在上涨过程中，股价会于上涨至前期价格高点处受到阻力，从而形成头部。

例如，通策医疗（600763）的股价在经过第一轮上涨行情形成头部后，又接连两次形成上涨行情，但每一次都因为于第一轮行情高点附近受到阻力而再次形成顶部（如图 13 - 11 所示）。

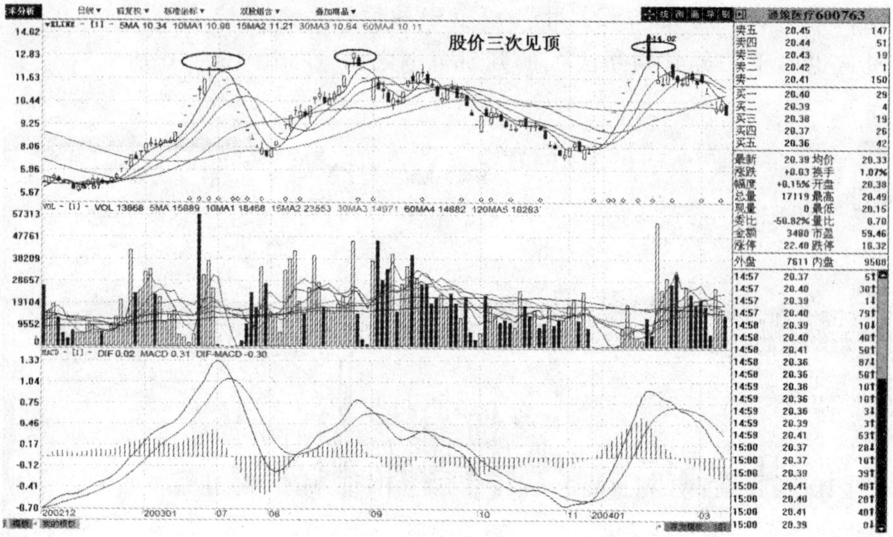

图 13－11

附　录

案例全程解析

本书中我们介绍了建仓、洗盘、增仓、回档、试盘、启动、拉升、逃顶等有关庄股的实用技术，那么这些知识究竟能否于实盘操作过程中用得上呢？还是让我们来检验一下吧！

实盘案例一：

名称：广电电子　类别：案例全程解析　时间：1998—1999年

广电电子（600602）的股价自1998年3月后便开始放量上涨，并且涨幅很大，随后又逐渐缩量回落，此时我们只能从盘面中看出这是一只有主力大举介入的庄股，至于它今后还能不能再有行情？如果有，何时会来？这还真不好说。到1999年3月，该股又重新放量走强，并形成“草肚皮”，此刻我们就能看出些眉目了，这不是典型的“增建仓组合”吗！之后我们只需对该股进行持续跟踪，并在其“回档坑”后择机买入。后来其股价于“回档坑”后形成“强势翻转”，并以“强力启动”进入拉升行情，我们可在此前后买入该股。最终该股又以“两线交叉”的方式结束了主升行情（如图1所示）。

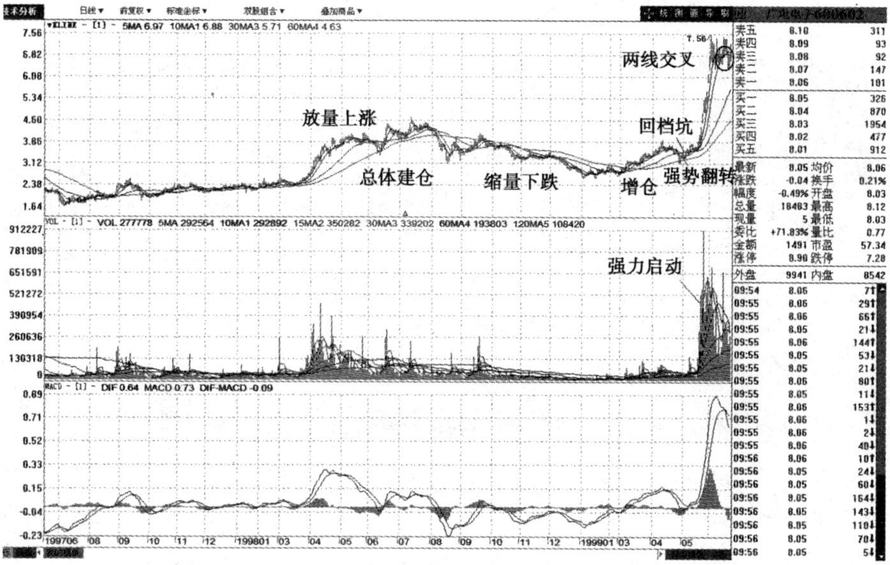

图 1

实盘案例二：

名称：东方明珠 **类别**：案例全程解析 **时间**：1998—1999 年

东方明珠（600832）在 1998 年上半年就有明显的主力大举介入迹象，但其这段时期内的股价整体形态十分复杂，使得一般人根本无法辨认。其后该股庄家一直都潜伏得很好，以致股价始终停留在相对高位保持缩量盘整。直到 1999 年 5 月主力通过"银边"对其增仓时，庄家的拉升意图才初露端倪。在"银边"之后该股又以"三线托底"及"强力启动"的强势姿态，展开主升浪（如图 2 所示）。

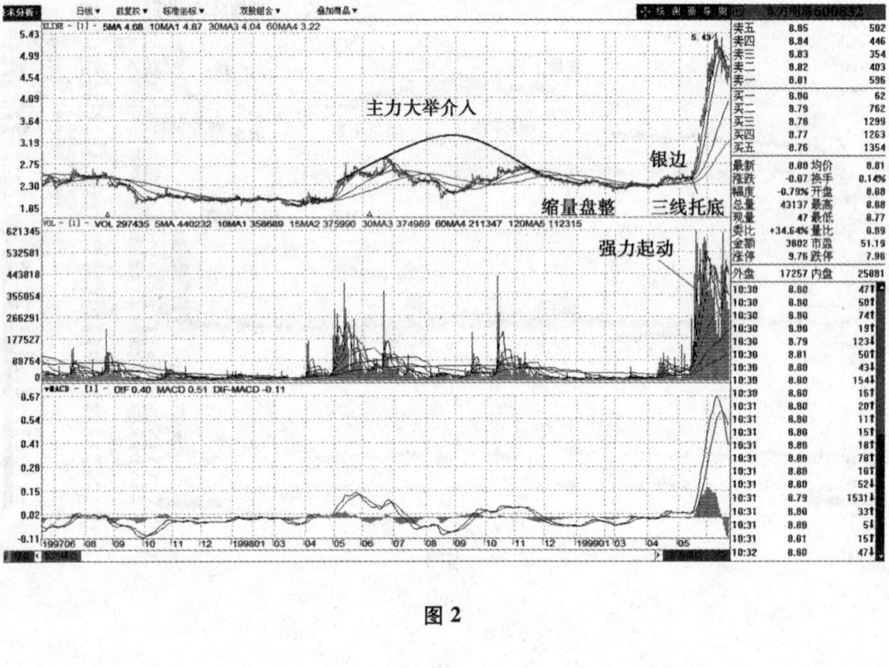

图 2

实盘案例三：

名称：天坛生物　**类别**：案例全程解析　**时间**：2005—2006 年

天坛生物（600161）的股价在 2005 年 7—12 月于盘中形成带有巨量的“草肚皮”，如果此时你还犹豫不决，不敢买进，也没关系。后来，该股又在 2006 年 1—2 月形成了另一个小“草肚皮”，并且这个小“草肚皮”的下方也是能量充沛（如图 3 所示）。

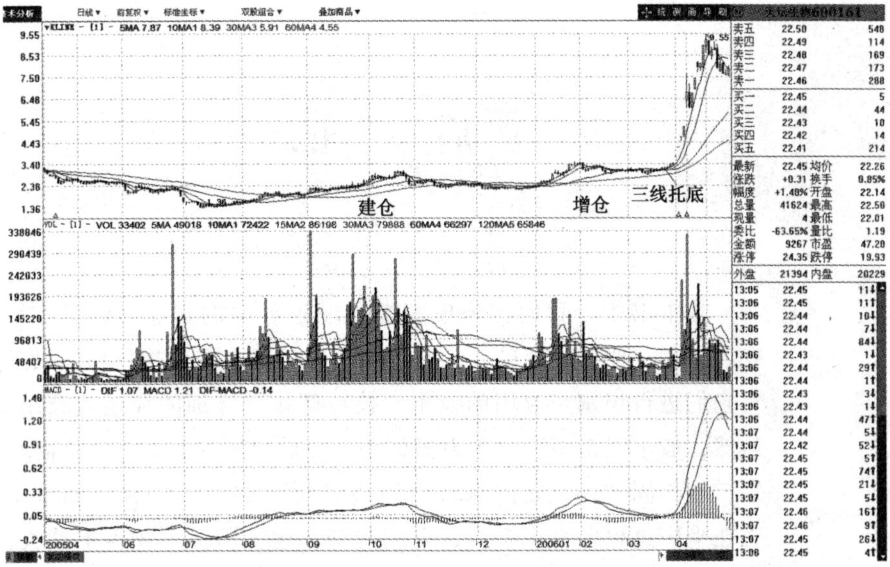

图 3

以上过程明显的是主力的一组增建仓动作，“增建仓组合”过后，该股在“三线托底”处一路飞涨（如图 3 所示）。

后　　记

在本书中，我们已将庄家在坐庄过程中的建仓、洗盘、增仓、试盘、回档、突破、拉升、出货等所有重要的操作环节以及对它们进行识别与应用的技术、技巧都作了详细的描述与介绍。虽然，股市复杂多变，主力操作手法也层出不穷，但万变不离其宗，就如同“两点之间直线的距离最短”的道理一样，如果主力在坐庄过程中有意绕行，设法避开上述步骤，不仅得不偿失，很可能连投资成本都难以收回，因此，我们在本书中所介绍的存在于主力操盘过程中的各主要技术环节也是主力在坐庄过程中所无法回避的客观规律。原则上，我们只要理解并掌握它们形成的原理及应用技巧，就可以在股市中准确地把握住黑马股和大牛股的发展脉络并从容获利。然而，要想在股市当中练就一双火眼金睛，也不是一朝一夕所能做到的，因此，我希望广大投资者在读此书的同时还要多看盘，勤思考，在学习与实践当中不断总结、不断进步。

由于本人水平有限，在编写过程中难免会有疏露及不妥之处，希望广大读者朋友们能够谅解并提出宝贵意见，以便今后有更好的作品奉献给大家。

电子邮箱： lnxcw@yahoo.com.cn

作者博客： http://blog.sina.com.cn/gpbk123

徐子城

2011年12月